W0057125

Eliane Reichardt

Hochsensibel

**Wie Sie Ihre Stärken erkennen
und Ihr wirkliches Potenzial entfalten**

Meinen Kindern und meinen Enkelkindern
in Liebe

Eliane Reichardt

Hochsensibel

Wie Sie Ihre Stärken erkennen
und Ihr wirkliches Potenzial entfalten

IRISIANA

Inhalt

Vorwort

Schon in meiner Kindheit und Jugend kamen Freunde und Bekannte zu mir, die mir ihre Sorgen und Nöte erzählten und mir ihr Herz ausschütteten. Ich war die gute Freundin, die aufmerksam und interessiert zuhörte und, wenn nötig und gewünscht, gemeinsam mit ihnen nach Lösungen suchte. Während meiner Ausbildung zur Arzthelferin begann ich mich für den menschlichen Körper zu interessieren und saugte alles Wissen, was dank der etwas ungewöhnlichen Ausbildung verhältnismäßig viel war, in mich auf. Unter anderem gab es das Fach „Medizingeschichte". Der Lehrer hatte kein Interesse daran, uns Zahlen, Daten und Fakten auswendig lernen zu lassen, und las uns stattdessen oft sehr alte überlieferte Geschichten von Heilungsmethoden, unter anderem Operationen, vor. Dabei lernte ich die Begriffe „Selbstheilungskräfte" und „Selbsthypnose" kennen und war sofort fasziniert. Beides, Medizin und (im weitesten Sinn) Psychologie, ließ mich bis heute nicht mehr los.

Lange Zeit beschäftigte ich mich mit positivem Denken, (Selbst-)Hypnose, NLP und ähnlichen Methoden und Techniken. Dadurch wurden mir viele Fragen beantwortet, und diese Antworten konnte ich bei meinen unterschiedlichen Tätigkeiten immer auf irgendeine Weise weitergeben. Genau genommen war ich mein Leben lang als Beraterin tätig: Lebensberaterin, Existenzgründungsberaterin, Unternehmensberaterin, Beraterin für Persönlichkeitsentwicklung, Kommunikationstrainerin und vieles mehr. Das alles war anregend, sehr spannend, und ich habe sehr viel gelernt. Irgendwo auf diesem Weg wurde mir deutlich bewusst, dass ich anders war als viele andere. Natürlich kannte ich dieses Gefühl bereits seit meiner frühen Kindheit. Es tauchte situationsbedingt immer mal wieder auf. Doch dass es sich so glasklar, so tief und so dauerhaft darstellte, das kannte ich noch nicht. Mir fehlte etwas. Und dieses Etwas musste etwas Grundlegendes sein. Mir wurde klar, dass ich nicht für andere, sondern für mich selbst nach Antworten, nach dieser einen Antwort suchte. Fortan ging ich zwar bewusster durchs Leben, aber in gewisser Weise auch unsicherer, weil ich nicht wusste, wonach ich konkret auf der Suche war. Ich las, recherchierte, tauschte mich mit jeweils sach- und fachkundigen Menschen über die unterschiedlichsten Themen aus. Aber so viel ich auch lernte, so sehr ich mein Wissen erweiterte, etwas fehlte immer. So verständlich, nachvollziehbar und hilfreich die Dinge auch waren, eines war immer ganz klar: Ich fühlte es nicht in meinem tiefsten Inneren und konnte nur kurzfristig das so oft versprochene Lebensgefühl entwickeln.

Ich sah mich zwischen zwei Welten: Zum einen waren da die Menschen, die einen Teil meiner Interessen teilten, aber teilweise eine Dauereuphorie an den Tag legten, die ich als unglaubwürdig empfand. Zum anderen gab es die, die das alles überhaupt nicht interessierte und deren Leben dennoch in gleichförmiger Regelmäßigkeit zu verlaufen schien. Ich war nicht unzufrieden oder gar leidend, doch mir wurde immer deutlicher, dass ich mich weder den einen noch den anderen zugehörig fühlte. Herauszufinden, warum ich mich so anders fühlte und zum großen Teil auch von anderen so gesehen wurde, wurde für mich immer dringlicher. Warum waren mir manche Dinge so außerordentlich wichtig und anderen offenbar nicht? Warum musste ich immer alles hinterfragen und andere nicht? Warum konnte ich nicht wie die meisten anderen etwas lernen und dann einfach nur über Jahrzehnte hinweg einen entsprechenden Job machen? Warum erschien mir so oft so schnell etwas sinnlos? Und warum hatte ich so oft das Gefühl, nicht (richtig) verstanden zu werden? Ich hatte eine tiefe Sehnsucht in mir, dort anzukommen, wo ich hingehörte. Denn dass es diesen Ort, diese Menschen, dieses Lebensgefühl geben musste, davon war ich überzeugt. Doch wo sollte das sein?

Aufgrund eines äußeren Anlasses begann ich, mich mit psychologischen Störungsbildern auseinanderzusetzen. Erschrocken stellte ich fest, dass viele der Symptome, denen ich dort begegnete, auch auf mich zutrafen. Zwar passte alles nicht wirklich und es fühlte sich auch nicht richtig an, aber ich wurde zunehmend unsicherer. Ich konsultierte einen Psychologen, um mit ihm darüber zu sprechen und mich entsprechend testen zu lassen. Nein, ich hatte keine Störung. Ganz im Gegenteil: Ich war völlig normal. Dass ich psychisch gesund war, spürte ich tief in mir. Aber normal …? Und so suchte ich weiter.

In einem Frühjahr fand mich das Buch *Jenseits der Norm – hochbegabt und hoch sensibel?* von Andrea Brackmann. Nein, ich habe mich nicht verschrieben. Es fand mich! Nach dieser Lektüre, die meinen tiefsten inneren Kern nicht nur berührte, sondern mich dort auch nachhaltig erschütterte, wusste ich, was bisher nicht stimmte, und es ist wahrlich nicht übertrieben, wenn ich sage, dass dieses Buch mich „nach Hause" brachte.

Da stand ich nun mit meinem ganzen Gepäck in der Eingangstür und sah nur Chaos. Dieses Haus war bis zum Dach voll mit allen möglichen Dingen, die kreuz und quer verstreut lagen. Aber ich war mir sicher, dass ich hier richtig war. Was tun? Wo anfangen? Zuerst nahm ich eine Grobsortierung vor und begann mit dem Thema „Hochsensibilität". Ich las, was ich finden konnte: Bücher, Internetseiten, Zeitungs- und Zeitschriftenartikel, meldete mich in unterschiedlichen Internetforen an und initiierte reale Treffen für Hochsensible. Und dabei brachte ich die einzelnen Dinge an die richtigen Stellen in meinem neuen Heim. Als danach immer noch viel herumlag, begab ich mich unsicher und zögerlich an das Thema „Hochbegabung". Aber noch bevor ich richtig damit begonnen hatte, fiel mir auf, dass es da noch eine dritte Sache zu beleuchten gab: meine Synästhesie. Sie lag versteckt unter all den anderen Dingen und ich konnte anfangs nur ein Zipfelchen davon erkennen. Ich machte mich daran, auch für diese Dinge einen geeigneten Platz in meinem Haus zu finden, und es dauerte eine Weile, bis alles in den entsprechenden Schränken und Regalen verstaut war. Mittlerweile war der Sommer ins Land gegangen. Die Hochbegabung lag immer noch in Einzelteilen auf dem Boden verstreut und ich wagte mich nicht so recht daran. Ich ahnte, dass diese Dinge teilweise für mich allein zu schwer waren. Also suchte ich mir jemanden, der mir beim Tragen und Sortieren helfen sollte, und fand eine Mentorin. Mit ihrer Hilfe kamen die Dinge recht schnell an den richtigen Platz, und auch die anderen Themen konnte ich nochmals genau betrachten, teilweise umsortieren und an ihren endgültigen Platz bringen. Nebenbei lernte ich eine Menge mehr von ihr und entwickelte allmählich ein tiefes Verständnis nicht nur für *meine* individuellen Angelegenheiten, sondern auch für die anderer Hochsensibler. Immer wenn meine Mentorin abends nach getaner Arbeit ging, ließ sie mir eine Denkaufgabe da – und ich dachte nach, las, recherchierte und sortierte die ganze Nacht. Es war anstrengend. Es hat mich an jedem einzelnen Tag viel Kraft gekostet, es war mit Freude und Euphorie verbunden, aber auch mit Trauer, Frustration und vielen Tränen. Und immer wieder neuen Fragezeichen. So manches Mal war ich nahe daran aufzugeben, aber was wäre dann gewesen? Heute ist mein Haus meine Heimat. Immer mal wieder stelle ich kleine Dinge um, doch im Großen und Ganzen hat alles seine feste Ordnung. Viele Sachen, die ich damals mitbrachte, habe ich in dieser Zeit entsorgt, auf den Müll geworfen. Neue Dinge sind hinzugekommen und ergeben zusammen mit den noch vorhandenen alten ein stimmiges Gesamtbild. Es ist gemütlich geworden in meinem neuen Heim. Eine wohltuende Ruhe umgibt mich. Und im Kamin brennt ein Feuer, das mich im Winter wärmt und im Sommer belebt. Manchmal lodert es und manchmal glimmt es, aber es erlischt nicht. Es bleibt. Endlich.

Nach meinen Ausbildungen im Trappmann-Institut (Näheres auf S. 252, 254) arbeite ich seit 2013 als Beraterin und Coach für hochsensible und hochbegabte Erwachsene und bin Counselor für Unternehmen. (Mehr dazu finden Sie auf meiner Website: www. eliane-reichardt.de) Ich initiierte einige monatliche Stammtische für hochsensible und hochbegabte Erwachsene, und im März 2014 gründete ich auf Facebook eine Gruppe mit dem Namen „Hochsensitivität-Hochbegabung-Synästhesie", deren Mitgliederzahl innerhalb nur eines Jahres auf etwa 3.000 gestiegen war und stetig weiterwächst. Ich moderiere diese Gruppe nach wie vor aktiv.

Dabei stelle ich immer wieder fest, dass viele sich regelmäßig wiederholende Fragen offen sind. Es handelt sich zum größten Teil um Fragen nach Identifizierungsmöglichkeiten von Hochsensibilität (der Begriff „Diagnose" ist hier nicht angemessen), nach der Ursache, nach Intensität, Umfang und Ausmaß und nicht zuletzt um Fragen des Umgangs damit. Sehr oft höre und lese ich auch die Frage „Woher kommen denn plötzlich die vielen hochsensiblen Menschen?".

Auch in meiner Praxis erfahre ich, dass aufgrund fehlenden oder bruchstückhaften Wissens eine teilweise große Unsicherheit besteht. Diese Unsicherheit ist oft die Ursache dafür, dass sich Hochsensible nur schwer oder gar nicht in ihrem Sosein annehmen können, was wiederum verhindert, dass entsprechende Tipps oder Übungen in die Tiefe, an den Kern der Person gehen können. Die Erfolge solcher Kurse – im Sinn eines positiven Lebensgefühls – sind meist nur von kurzer Dauer, weswegen diese Menschen auch einen Kurs nach dem anderen besuchen. Aus diesem Grund bin ich recht schnell dazu übergegangen, Grundlagen- und Hintergrundwissen über Hochsensibilität zu vermitteln, um damit ein tieferes Verständnis für das Thema an sich und für die individuelle Intensität und Ausprägung zu fördern. Das ist ähnlich der *Psychoedukation* in der Medizin und Psychologie, die die Patienten durch genaue Kenntnis ihrer Krankheit in die Lage versetzt, besser damit umzugehen. Dieses Prinzip funktioniert auch in der Beratung hochsensibler und hochbegabter Erwachsener sehr gut und zeigt dauerhafte Erfolge. Die Antworten auf die Fragen „Was?", „Wie?" und „Warum?" bilden eine sehr gute Grundlage für eine nachhaltige Veränderung, denn Veränderung beginnt im Bewusstsein.

Psychoedukation ist ein ausgezeichnetes Werkzeug, es ist der Generalschlüssel, der Ihnen Zugang zu jedem Raum in Ihrem Haus verschafft. Mit diesem Buch gebe ich Ihnen dieses Werkzeug an die Hand und zeige Ihnen darüber hinaus an Beispielen, wie Sie damit umgehen können, um zukünftig Ihre eigenen, ganz individuellen Lösungen zu finden. Ganz nach Konfuzius:

„Gib einem Mann einen Fisch, und du ernährst ihn für einen Tag. Lehre einen Mann zu fischen, und du ernährst ihn für sein Leben."

In diesem Sinn wünsche ich Ihnen einen reichen Erkenntnisgewinn und viel Erfolg mit diesem Buch!

Nottuln, im Mai 2015

Einleitung

Selbstverständlich sind alle Menschen individuell unterschiedlich. Dennoch gibt es einige Merkmale und Verhaltensweisen, die hochsensible Menschen gemeinsam haben, an denen sie sich selbst erkennen und erkannt werden können.

Sie erleben sich selbst als anders – oft schon seit sie denken können. Ihre fünf Sinne sind empfindsamer, sodass sie eben auch Geräusche, Gerüche, Geschmäcker, Licht, Farben und Berührungen stärker empfinden und stärker darauf reagieren. Sie verfügen über eine ausgeprägte Empathie, können sich gut in andere Menschen, aber auch in Tiere und sogar in Pflanzen hineinversetzen. Dabei zeigen sie aber nicht unbedingt eine erhöhte Emotionalität. Aufgrund ihres komplexen Denkens verfügen sie über ein reiches, buntes und vielgestaltiges Innenleben und eine ebensolche Traumwelt. Aus diesem Grund ermüdet sie Small Talk, wogegen sie in tiefsinnigen Gesprächen geradezu aufblühen. Sie empfinden andere Menschen oft als oberflächlich – und im Gegenzug werden sie von anderen mitunter als „kompliziert" bezeichnet. Auch Aussagen wie „Stell dich nicht so an!", „Du bist aber mal wieder empfindlich!", „Nimm doch nicht alles so persönlich!", „Leg dir mal ein dickeres Fell zu!" und Ähnliches sind Hochsensiblen wohlbekannt. Sie gelten häufig als „ruhig", „schüchtern" oder „ängstlich", als „vorlaut" oder „altklug" und bisweilen als „zickig", „launisch" oder „unberechenbar".

In allen ihren Eigenschaften und Verhaltensweisen scheinen sie *zu* irgendetwas zu sein. *Zu* schüchtern, *zu* empfindlich, *zu* ruhebedürftig, *zu* nervös, *zu* ängstlich, *zu* ruhig, aber auch: *zu* ungeduldig, *zu* laut, *zu* quirlig, *zu* wissbegierig, *zu* unbequem und vieles andere mehr. Scheinbar grübeln sie *zu* viel, erklären *zu* viel und interpretieren in alles *zu* viel hinein.

Etwa 15 Prozent aller Menschen sind hochsensibel, doch erst seit wenigen Jahren wird diese Tatsache öffentlich thematisiert, und seither erkennen immer mehr Menschen diese Eigenart an sich selbst. Mitunter wird sie auch von – bisher leider noch wenigen – Therapeuten oder Ärzten festgestellt.

Die Begrifflichkeiten für dieses Phänomen sind uneinheitlich und vielfältig. „Hochsensibilität", „Hochsensitivität",

„Hypersensibilität", „feinfühlig", „empfindsam", „zart besaitet" oder „dünnhäutig" sind nur einige davon. Sehr häufig liest man auch die Abkürzung „HSP" für den amerikanischen Begriff „Highly Sensitive Person". Ich selbst benutze lieber die deutsche Variante „HSM" für „Hochsensitiver" oder „Hochsensibler Mensch" (unter anderem deshalb, weil HSP hierzulande die Krankheit Hereditäre Spastische Spinalparalyse bezeichnet) und HSK für „Hochsensitive" oder „Hochsensible Kinder". All diese Begriffe gehen zurück auf die Forschungen der amerikanischen Psychologin Prof. Dr. Elaine N. Aron aus den 1990er-Jahren, die sie 1996 in ihrem Buch *The Highly Sensitive Person* (dt.: *Sind Sie hochsensibel?*) erstmalig für eine breite Öffentlichkeit zusammenfasste. Während im wissenschaftlichen Sprachgebrauch der Begriff „Hochsensitivität" üblich ist, hat sich in der Öffentlichkeit der Begriff „Hochsensibilität" (HS) etabliert, den ich in diesem Buch verwende.

Seit der ersten deutschsprachigen Veröffentlichung ist auch hier bei uns vieles zum Thema gesagt und geschrieben worden. In den Medien ist von „geringerer Belastbarkeit" die Rede, von „erhöhtem Rückzugsbedürfnis", „erhöhter emotionaler Sensibilität", von „Gabe und Fluch", ja gar von einem „Leben ohne Filter".

An einigen Stellen wird spekuliert und gerätselt, warum es immer mehr hochsensible Menschen zu geben scheint, und daraus entwickeln sich geradezu abenteuerliche Theorien, die von evolutionärer Weiterentwicklung bis hin zu Traumata in allen Varianten reichen. Und manchmal wird Hochsensibilität auch als „der neue Hype" abgetan. Die Frage nach der Ursache von Hochsensibilität hat ebenfalls viele unterschiedliche Vermutungen aufgeworfen.

All das hört sich nicht gerade positiv an und erweckt den Eindruck, dass HSM so gar nicht in unsere heutige Gesellschaft zu passen scheinen. Wer möchte auch schon – und hier sind insbesondere Männer betroffen – als „Sensibelchen" gelten? Dabei ist Hochsensibilität zunächst ein auf beide Geschlechter gleichmäßig verteiltes, ganz normales Persönlichkeitsmerkmal, das in seinen Grundzügen wundervolle Eigenschaften beinhaltet. Und es unterscheidet sich grundlegend von einer hohen emotionalen

Sensibilität. Während emotionale Sensibilität für ein tieferes Empfinden steht, bedeutet Hochsensibilität „mehr wahrnehmen, mehr denken, mehr fühlen". Der Schwerpunkt liegt nur in einigen Fällen und nur augenscheinlich auf den Emotionen. Tatsächlich gründet Hochsensibilität auf einer anderen Art der Wahrnehmung. Daraus resultieren „typische" Merkmale hochsensibler Menschen, die – je nach Persönlichkeit und Leidensdruck – auch mit rein emotionaler Sensibilität verwechselt werden können. Nicht jeder sichtlich emotionale Mensch ist also hochsensibel und nicht jeder Hochsensible ist sichtlich emotional.

Elaine Aron sagt dazu in ihrem Buch *Hochsensible in der Psychotherapie*:

„Sensibilität im hier definierten Sinne darf nicht mit Fürsorglichkeit für andere oder Einfühlungsvermögen gleichgesetzt werden und auch nicht mit einer Überempfindlichkeit gegenüber Kritik." [...] *„Wenn man Hochsensibilität feststellen will, hält man Ausschau nach vier Kategorien: gründliche Informationsverarbeitung, Übererregbarkeit, emotionale Intensität und sensorische Empfindlichkeit."*

Ich habe eine kleine private Umfrage unter etwa 50 HSM durchgeführt, um zu erfahren, wie die allgemeine Berichterstattung bei hochsensibel veranlagten Menschen ankommt. Die meisten empfinden sie als zu einseitig auf das Emotionale fokussiert und teilweise an der Grenze zur Pathologisierung. Sie wünschen sich einen sachlicheren Umgang damit, sie meinen, dass mehr Facetten der HS aufgezeigt und vor allem die Vorteile stärker in den Vordergrund gerückt werden sollten. Allgemein hegen die von mir Befragten die Befürchtung, dass bei der bisher gängigen Art der Berichterstattung HS entweder als Hype abgetan oder als Wahrnehmungsstörung aufgefasst werden könnte.

Doch Hochsensibilität ist weder das eine noch das andere. Es hat sie immer schon gegeben, sie existiert im Tierreich genauso wie unter den Menschen. Und sie hatte schon immer denselben Anteil von etwa 15 Prozent in jeder Population. Elaine Aron hält dies für aus entwicklungsgeschichtlicher Sicht ganz normal und postuliert, es sei für jede Population überlebenswichtig, ihren

Anteil Hochsensibler zu haben. Wenn man bedenkt, dass Hochsensible über eine intuitive Wahrnehmung verfügen und damit Subtiles sehr gut und schnell erkennen, macht dies auch Sinn. Bei Tierherden in freier Wildbahn kann man noch heute gut beobachten, dass es immer dieselben Tiere sind, die zuerst aufhorchen, wenn sie Gefahr oder neue Wasser- und Futterquellen wittern. Im Fall der Flucht sind genau diese Tiere ganz vorne, lassen dabei aber die schwächeren niemals aus den Augen. Kommt es zum Kampf, stehen sie ganz sicher in einer der hinteren Reihen. Und bei genauerem Hinschauen kann man ebenfalls erkennen, dass diese Tiere den kleineren Teil der Herde ausmachen. Es muss diese sensiblen Tiere geben, genauso wie die weniger sensiblen, die viel besser kämpfen können und damit ihren Anteil zum Überleben der Population leisten. Offenbar ist es von Natur aus nicht möglich, beide Seiten in einem Lebewesen zu vereinen.

Sicher war dies in den Frühzeiten der Menschheitsgeschichte auch unter uns ganz normal und jeder hat ganz selbstverständlich die Vorzüge des anderen zum Wohle aller genutzt. Mit der Weiterentwicklung unserer kognitiven Fähigkeiten und den damit verbundenen Erfindungen hat dieser Unterschied sukzessive an Präsenz verloren. Die Menschen, Normalsensible wie Hochsensible, kamen mehr und mehr in die Lage, die vermeintlichen eigenen Schwächen beispielsweise durch die Nutzung von Erfindungen auszugleichen. Und so sind im Lauf der Jahrtausende die Besonderheiten dieser zwei so unterschiedlichen und doch gleichen Typen in Vergessenheit geraten. Das heißt aber nicht, dass es sie nicht mehr gäbe. Angefangen beim griechischen Arzt Hippokrates über die großen Philosophen und Künstler wie Leonardo da Vinci und Picasso bis hin zu Charlie Chaplin, um nur einige zu nennen, gab und gibt es immer Menschen, bei denen deutliche Merkmale von Hochsensibilität sichtbar waren und sind. Meiner Ansicht nach kann eine ganze Population überlebensnotwendige Fähigkeiten nicht grundsätzlich verlieren. Nur die Art und Weise, wie wir diese Fähigkeiten in unserer heutigen Gesellschaft nutzen können und sollten, ja gar müssen, ist eine andere geworden. Und dies gilt gleichermaßen für Normalsensible wie für Hochsensible.

Immer noch sind *beide* für das Überleben unserer Population *gleich wichtig*. Allein aus diesem gewichtigen Grund sollten sich Hochsensible ihrer selbst wieder bewusst werden und lernen, sich in dieser sich immer schneller verändernden Welt so gut zurechtzufinden, dass sie ihre Aufgabe von leichter Hand erfüllen können. Sowohl ganz individuell in ihrem persönlichen Umfeld als auch in unserer Gesellschaft.

Weil es Hochsensibilität – wie beispielsweise auch die Hochbegabung – immer schon gab, kann man davon ausgehen, dass sie auch genauso „normalverteilt" ist. Dies lässt sich anhand der Gauß-Kurve analog zur Verteilung der Intelligenz sehr gut verdeutlichen:

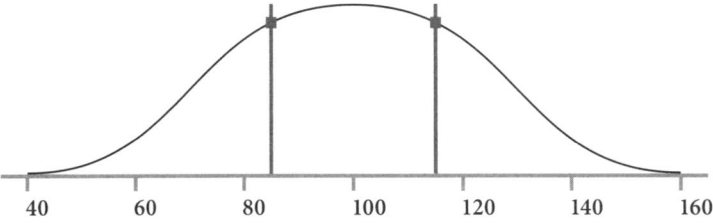

| 40 | 60 | 80 | 100 | 120 | 140 | 160 |

Die Mitte der Kurve, der Scheitelpunkt (unten mit „100" gekennzeichnet), stellt eine normalintensive Sensibilität dar. Der mittlere Bereich, durch die beiden senkrechten Linien gekennzeichnet, ist also der Normbereich. In diesen Bereich fallen etwa 68 Prozent der Bevölkerung. Die etwa 16 Prozent auf der linken Seite sind demnach wenig sensibel und die etwa 16 Prozent auf der rechten Seite hochsensibel.

Anmerkung: In Verbindung mit meiner Herleitung über die Normalverteilung der Intelligenz drängt sich hier möglicherweise die Vorstellung auf, Hochsensibilität sei identisch mit überdurchschnittlicher Intelligenz. Und die Tatsache, dass Hochsensiblen in nahezu jeder Abhandlung eine überdurchschnittliche Intelligenz bescheinigt wird, bestärkt diese Vermutung. Doch entbehrt meine Vorgehensweise natürlich jeglicher wissenschaftlichen Grundlage und müsste mithilfe adäquater Methoden erst noch bewiesen werden.

Betrachtet man nun ausschließlich den Anteil der Hochsensiblen (rechts), so ist davon auszugehen, dass die Intensität der Hochsensibilität innerhalb dieser Gruppe ebenfalls normalverteilt ist.

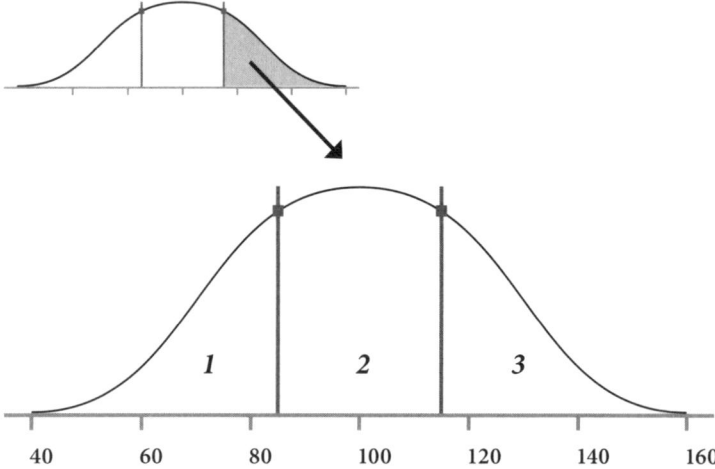

Hier lässt sich die jeweilige Intensität der Hochsensibilität erkennen. Der linke Teil (1) mit etwa 16 Prozent liegt nicht sehr weit von der Normalsensibilität entfernt. Das mögen Menschen sein, denen ihre Hochsensibilität selbst nicht besonders auffällt und für die die Information, dass sie hochsensibel sind, kaum einen Unterschied macht. Die Hochsensiblen, die zum großen mittleren Teil gehören (2), sind sowohl für sich selbst als auch für andere deutlich erkennbar, können ihre Veranlagung aber noch recht gut kompensieren. Bei denen, die dem ganz rechten Teil der Kurve zugehören (3), ist die Hochsensibilität stark bis extrem ausgeprägt und sie empfinden in unserer hoch technisierten Gesellschaft einen großen Leidensdruck, der sie möglicherweise sehr belastet.

Ob ein Mensch mit seiner Hochsensibilität im Alltag gut zurechtkommt, ist also von vielen Faktoren abhängig. Elaine Aron stellte bereits fest, dass es Hochsensible gibt, die von Normalsensiblen kaum zu unterscheiden sind, und die obigen Grafiken bestätigen dies. Weshalb also können manche Hochsensible ihr Leben ganz „normal" gestalten, während andere unter ihrer Veranlagung regelrecht leiden?

Es sind vielfältige Einflussfaktoren, die entscheidend zum persönlichen Empfinden eines jeden Menschen, vor allem eines Hochsensiblen, beitragen. Wie meine bisherigen Ausführungen zeigen, ist die Intensität der eigenen HS ein wesentlicher Faktor. Weitere Faktoren sind das Umfeld, in dem ein Mensch aufwächst, und seine individuelle psychische Resilienz (Widerstandskraft). Bei Hochsensiblen sind darüber hinaus die Ausprägung ihrer Hochsensibilität und – je nach Intensität – ganz besonders auch ihr Erkenntnisstand darüber von wesentlicher Bedeutung – vor allen Dingen im heutigen gesellschaftlichen Kontext.

Die Erkenntnis, selbst hochsensibel zu sein, ist für die so Veranlagten in den meisten Fällen zunächst eine große Erleichterung. Einen Namen für sein Sosein gefunden zu haben, eine Erklärung, warum man sich zeit seines Lebens so anders gefühlt hat, vermittelt einem das Gefühl, dass nun etwas ganz massiv geradegerückt wird. Es ist, als sei man sein ganzes Leben lang in den falschen Schuhen herumgelaufen und habe jetzt endlich die passenden gefunden. Bei manchen HSM reicht schon diese Erkenntnis aus, damit sie in Zukunft anders und besser mit sich selbst und ihrem Umfeld umgehen können. Bei anderen verliert sich diese Wirkung im Alltag wieder. In meiner praktischen Arbeit habe ich die Erfahrung gemacht, dass die Betrachtung dieses Persönlichkeitsmerkmals im entwicklungsgeschichtlichen und gesellschaftlichen Kontext große Aha-Effekte hervorruft, und deshalb ist die Sicht aus dieser Perspektive außerordentlich förderlich für ein tief greifendes und umfassendes Verständnis der HS an sich. Dieses Persönlichkeitsmerkmal losgelöst von der eigenen individuellen Befindlichkeit zu betrachten, gewissermaßen von einer Metaebene aus, trägt maßgeblich dazu bei, sich schneller, besser und wirklich stimmig verorten zu können. Danach fällt der vorbehaltlose Blick auf die eigene individuelle HS erheblich leichter, und die Akzeptanz erfolgt schneller. Von der grundsätzlichen Akzeptanz der Hochsensibilität an sich ist es nur noch ein kleiner Schritt zur Selbstakzeptanz, und damit ist der Grundstein für eine nachhaltige Veränderung gelegt. Diese Veränderung basiert zum großen Teil auf der veränderten Sichtweise und beginnt damit, sich auf die Unterschiede zu Normalsensiblen zu konzentrieren. Ich werde oft gefragt, ob dies denn Sinn mache und man sich dadurch nicht noch weiter von anderen entferne. Man sollte doch eher bestrebt sein, sich auf Gemeinsamkeiten zu fokussieren. Das ist absolut richtig! Natürlich müssen wir uns für ein angenehmes und harmonisches Leben miteinander auf die Gemeinsamkeiten fokussieren. Doch dafür ist eine *Abgrenzung* zwingend nötig. „Abgrenzung" bedeutet hierbei nicht etwa „Ausgrenzung", sondern meint die sichere Verortung der eigenen Person. Dies geschieht normalerweise bereits im Kindesalter unbewusst, spielerisch und „nebenbei" durch Interaktion und Kommunikation mit anderen. Ist jemand aber in einem seine Persönlichkeitsmerkmale ablehnenden Umfeld aufgewachsen und/oder hat(te) niemanden, in dem er sich spiegeln, mit dem er sich messen kann oder konnte, kann diese Abgrenzung nicht in natürlicher Weise erfolgen und mündet oft in einem Gefühl des Ausgegrenzt-Seins. Dazu muss ein Mensch nicht zwingend hochsensibel veranlagt sein. Doch sind Hochsensible hier deutlich stärker gefährdet, weil sie subtile Signale sehr stark wahrnehmen und es von daher keiner verbalen Ablehnung bedarf, um sie zu irritieren, sondern schon kleinste Hinweise nonverbaler Natur ausreichen.

Wenn Sie selbst nicht wissen, wie und wer Sie überhaupt sind und wo Sie stehen, werden Sie sich nicht korrekt abgrenzen und verorten können, und es ist nur menschlich, dass daraus Unsicherheit entsteht. Ein selbst-unsicherer Mensch wird sich kaum unbeschwert in eine Gemeinschaft einfügen können. Diese Erfahrung haben Sie in Ihrem bisherigen Leben vermutlich schon zur Genüge gemacht. So sehr Sie sich auch bemühten, Sie fühlten sich nicht zugehörig, nicht „kompatibel", immer irgendwie „anders". Weil Sie nicht wussten, woraus dieses Gefühl entstanden ist, konnten Sie auch nichts daran ändern. Ein Dilemma!

Dem hochsensiblen Menschen wird aus dem Erkennen und Anerkennen der spezifischen Unterschiede zu normalsensiblen Menschen ein neues Selbstverständnis erwachsen, aus dem letztendlich ein positives Selbstwertgefühl entsteht, was wiederum Selbst-Sicherheit zur Folge hat. Sie holen die kindliche

Entwicklung praktisch nach, was sich für einen Erwachsenen um einiges schwieriger gestaltet, aber ganz sicher möglich ist. Nur geht das im Erwachsenenalter nicht mehr spielerisch vonstatten, sondern läuft als Lernprozess über den Verstand. Erst dadurch entsteht die Möglichkeit für ein harmonisches Miteinander, auch und besonders mit Normalsensiblen. Denn dies ist das Ziel der Reise zum hochsensiblen Selbst: ein gemeinschaftliches, harmonisches Miteinander mit allen Menschen.

Heinz beschreibt es so:

„Ich werde dadurch bewusster im Umgang mit mir selbst und mit meiner Umgebung. Zu wissen, was, wie und vor allem warum es so ist, wie es ist, lässt mich meine Verhaltensmuster verstehen und bringt mich mir und meinem Sein näher. Damit verändert sich meine innere Haltung zu mir selbst: Ich akzeptiere mich in meinem Sosein, und mein Selbstwertgefühl hat sich spürbar verbessert.“

Claudia sagt:

„Als ich einen Namen für mein Anderssein gefunden hatte, war ich so erleichtert. Leider hat dieses Gefühl nicht lange angehalten. Ich kam mit mir und der Gesellschaft deswegen nicht besser zurecht. Immer noch habe ich mich gefragt, warum mich niemand verstand. Seit ich weiß, wo und wie genau ich „anders“ bin und meine Warum-Fragen beantwortet wurden, habe ich keine großen Probleme mehr. Sogar in der Familie und im Freundeskreis wurde das bemerkt. Ich sei ganz anders geworden, sagt man mir oft. So leicht und unbeschwert. Ja, das stimmt: Ich fühle mich, als wäre mir eine große Last von den Schultern genommen worden. Aber nicht, weil ich eine andere geworden bin, sondern weil ich endlich ich selbst bin.“

Test: Sind Sie hochsensibel?

Elaine Aron entwickelte einen Test zur Hochsensibilität, der heute die Grundlage nahezu aller Tests bildet, die im Internet und in Büchern zu finden sind. Auch dieser von mir auf der Basis meiner Erfahrungen selbst entwickelte, sehr ausführliche Test geht in seinen Grundzügen natürlich auf den von Elaine Aron zurück. Ich habe einige Punkte ergänzend hinzugefügt, die sich im Lauf meiner Praxiszeit als bezeichnend herauskristallisiert haben. Dabei habe ich auch Erkenntnisse aus angrenzenden Bereichen miteinbezogen, deren Zusammenhang mit HS bisher noch nicht wissenschaftlich belegt ist, die sich in meiner Praxis aber ausnahmslos bestätigt haben. Beim Lesen bedenken Sie bitte, dass Sie nicht alle Punkte bejahen müssen, um sich selbst als HSM einstufen zu können. Des Weiteren sind auch Aussagen eingeflochten, die speziell auf extravertierte und/oder *High Sensation Seeker* abzielen (nähere Erläuterungen dazu finden Sie unter der gleichnamigen Überschrift ab Seite 81). Das Gros der HSM ist jedoch introvertiert. Lassen Sie sich also nicht verunsichern und bestätigen oder verwerfen Sie die jeweilige Aussage einfach ganz spontan, ohne lange zu überlegen.

Selbstverständlich ist dieser Test, wie jeder andere auch, eine Selbsteinschätzung. Derzeit gibt es (noch) keine Möglichkeit einer objektiven Identifizierung. Der Begriff „Diagnose" ist hier nicht angemessen, denn HS ist keine Krankheit. Die körperlichen Aspekte sind meines Wissens noch nicht eindeutig belegbar.

Doch machen Sie sich darum keine Sorgen: Sie werden deutlich spüren, ob Sie mit den einzelnen Aussagen in Resonanz gehen oder nicht. Anhand Ihrer Bejahung der Aussagen lässt sich schon recht sicher feststellen, ob dieses Persönlichkeitsmerkmal bei Ihnen vorliegt.

Der Test

Das Fremdbild

- Sie wurden/werden oft als „sensibel", „empfindlich", „schüchtern", „scheu", „ängstlich" oder „verträumt" bezeichnet.
- Ihnen wurde/wird gesagt, dass Sie sich Dinge einbilden, zu viel in etwas hineininterpretieren, sich in etwas hineinsteigern, dass Sie überreagieren, sich „anstellen".
- Außenstehende bezeichnen Sie als „zickig", „schwierig", „kompliziert", „launisch", „unberechenbar". Als Kind hörten Sie auch öfter, Sie seien altklug.
- Man sagt, sie seien sprunghaft in Ihren Gedanken. Sie hören oder merken häufiger, dass andere Ihnen nicht folgen können.
- Man unterstellt Ihnen Schwierigkeiten in sozialen Kontakten, bezeichnet Sie als „arrogant", „Besserwisser", als „Hemmschuh" oder „Spaßbremse".

Sensorisches

- Bei andauerndem starkem Lärm können Sie sich schlecht oder gar nicht konzentrieren.
- Martinshörner und ähnlich intensive, laute Geräusche halten Sie nur schwer aus.
- Das Ticken von Uhren, das Tropfen defekter Wasserhähne oder das Summen von Neonröhren ist Ihnen unangenehm – Sie werden unruhig, nervös oder gar ungehalten.
- Hintergrundgespräche und -geräusche stören Sie.
- Sie hören auch leise, entfernte Geräusche, die andere nicht wahrnehmen.
- Kaugeräusche oder eine laute oder schwere Atmung anderer sind Ihnen unangenehm.
- Musikalische Misstöne hören Sie sofort heraus, auch wenn Sie selbst kein Musiker sind.
- Grelles Licht, wie zum Beispiel Neonlicht, ist Ihnen nur schwer erträglich. Durch das Halogenlicht entgegenkommender Fahrzeuge, aber auch die Reflexion in den Spiegeln, fühlen Sie sich stark beeinträchtigt bis extrem geblendet.

- Dämmerung, Zwielicht kann Sie verunsichern.
- Sie nehmen Farben deutlich intensiver wahr als andere; grelle Farben können Sie nicht ansehen.
- Kleine oder nicht klare Muster, zum Beispiel Pepita oder Hahnentritt, beginnen vor Ihren Augen ineinander zu verlaufen oder sich zu bewegen.
- Sie genießen zarte Düfte, können sich aber auch an kräftigen Düften der Natur erfreuen. Sie riechen beispielsweise Pilze, die sich noch im Waldboden befinden, herannahenden Regen oder Schnee.
- Vor Unwettern oder anderen Naturereignissen in Ihrer unmittelbaren Umgebung sind Sie nervös, gereizt oder reagieren mit körperlichen Symptomen wie starker innerer Unruhe, Zittern, Herzrasen oder Atemnot.
- Sie haben eine Abneigung gegen künstliche Düfte und fühlen sich in der Nähe stark parfümierter oder desodorierter Menschen unwohl. In parfümierten Wohnungen oder Autos wird Ihnen übel.
- Intensive unangenehme Gerüche können Sie nur schwer ertragen, sie verursachen Ihnen mitunter sogar körperliche Übelkeit.
- Sie haben einen feinen Geschmackssinn und können einzelne Zutaten in Speisen differenziert herausschmecken.
- Sie schmecken es bereits einen Tag vorher, ob die Wurst, die Milch oder die Butter morgen verdorben sein werden.
- Schon der Anblick von Obst, Gemüse oder Kräutern kann Ihnen ihren Geschmack in den Mund zaubern.
- Sie haben allein aufgrund von deren Konsistenz eine Abneigung gegen einige Lebensmittel.
- Einige Dinge fühlen sich für Sie so gut an, dass Sie die Berührung sehr genießen können. Bei anderen Dingen vermeiden Sie die Berührung, weil es sich nicht gut anfühlt (zum Beispiel Holz, Metall, Leder, verschiedene Stoffe). So kann der eine Mensch die Berührung beispielsweise von Holz sehr genießen, während sie bei einem anderen möglicherweise eine Gänsehaut hervorruft.

- Sie können Eisstiele aus Holz nicht im Mund haben und nicht aus Pappbechern trinken.
- In Kleidung eingenähte Label oder Waschanleitungen entfernen Sie, weil Sie sie beim Tragen als störend empfinden.
- Pullover aus Wolle kratzen und jucken auf der Haut, selbst durch die Unterwäsche.
- Kleidung aus synthetischen Materialien ist Ihnen unangenehm auf der Haut. Sie haben das Empfinden, Ihre Haut könne nicht atmen.
- Sie spüren deutlich Nähte an Strümpfen, T-Shirts und Handschuhen, Falten in Bettlaken, und das ist Ihnen so unangenehm, dass Sie den Drang verspüren, diese Dinge „geradezurichten".
- Schals, Halstücher und Krawatten und Rollkragen engen Sie ein, auch die übrige Kleidung darf nicht zu eng sein. Kopfbedeckungen, vor allem Mützen, sind Ihnen unerträglich.
- Sie spüren Unebenheiten im Untergrund, auf dem Sie stehen oder gehen, selbst durch Ihr Schuhwerk hindurch.
- Sie fühlen sich körperlich bedrängt, wenn Ihnen jemand zu nahe rückt, zum Beispiel in öffentlichen Verkehrsmitteln oder an der Kasse im Supermarkt.
- Sie können im körperlichen und emotionalen Ruhezustand Ihren Herzschlag spüren.
- Sie haben Probleme damit, größere Dinge (zum Beispiel Tabletten) zu schlucken, und spüren genau, wie diese Ihre Speiseröhre passieren.
- Sie können Lage, Größe und Funktion Ihrer inneren Organe spüren und merken schnell, wenn etwas nicht in Ordnung ist.

Körperliches
- Sie mögen nicht gern an (in) den Ohren berührt werden. Ohropax und Ohrmuschel-Lautsprecher („In-ear" und „Stöpsel") sind Ihnen unangenehm und fallen manchmal nach einiger Zeit von selbst wieder heraus. Sie können auch Gleichgewichtsprobleme (Schwindelgefühle) verursachen. Routineuntersuchungen beim Ohrenarzt erfahren Sie mitunter als

schmerzhaft, und Wattestäbchen benutzen Sie gar nicht oder nur mit großer Vorsicht.

- Sie sind temperaturempfindlich. Sowohl Kälte als auch Hitze können Sie nicht gut ertragen. Am wohlsten fühlen Sie sich bei etwa 20 bis 25 Grad Celsius. Sie mögen eine leichte Brise; Zugluft wirkt sich allerdings negativ auf Ihren Gemütszustand aus.
- Sie zeigen starke Reaktionen oder Unverträglichkeiten bei Kaffee, schwarzem Tee, Alkohol und Medikamenten, sind sehr schmerzempfindlich und spüren beginnende Krankheiten schon frühzeitig. Betäubungsmittel wirken bei Ihnen oft nicht so, wie sie sollten, und vor allem beim Zahnarzt muss das Lokalanästhetikum oft nachgespritzt werden.
- Sie leiden an Allergien, Nahrungsmittelunverträglichkeiten und reagieren auf künstliche Zusatzstoffe in der Nahrung, auf Schadstoffe in der Luft; und auch die Reisekrankheit ist Ihnen wohlbekannt. Auf psychischen Stress reagieren Sie mit körperlichen Symptomen.
- Sie bekommen häufig ganz plötzlich großen Hunger und müssen dann sogleich etwas essen, weil es sonst Ihre Stimmung und Ihre Konzentration beeinträchtigt.
- Sie sind häufig motorisch unruhig, stehen immer wieder auf, laufen im Zimmer auf und ab oder wippen hektisch mit einem Bein.

Das Innenleben

- Sie sind wissbegierig und lernen gern und viel, bisweilen auch exzessiv. Dabei gehen Ihnen nie die Möglichkeiten aus, denn Sie sind vielseitig interessiert.
- In Gesprächen nehmen Sie die Dinge oftmals sehr genau, sind sehr differenziert und manchmal auch detailverliebt. Sie legen Worte buchstäblich auf die „Goldwaage".
- Sie sind es gewöhnt, über den Tellerrand zu blicken, Verbindungen zwischen unterschiedlichen Themen herzustellen und sie auch miteinander zu verknüpfen.
- Als aufmerksamer Zuhörer und Zuschauer nehmen Sie schnell Informationen auf, die Sie dazu bringen, neue

Querverbindungen herzustellen oder etwas neu zu differenzieren, und manchmal geraten Sie dabei auf geistige Höhenflüge.

- Sie denken sehr komplex, berücksichtigen alle Ihnen bekannten Möglichkeiten und betrachten die Dinge aus unterschiedlichen Perspektiven. Dabei können Sie auch „durch die Augen anderer" schauen und werden nicht selten zum *Advocatus Diaboli*.
- Zwischen den Zeilen zu lesen und Zwischentöne zu hören ist für Sie völlig normal.
- Sie haben eine ausgeprägte Wahrnehmung von Unterschwelligem, können dies deuten und so auch unterdrückte oder überspielte Stimmungen bei anderen Menschen sehr gut spüren.
- Sie haben häufig Gedankenblitze, Eingebungen und neue Erkenntnisse, die aus dem Nichts zu kommen scheinen.
- Sie sind ein guter Zuhörer und spüren schnell, wie es anderen geht. Deshalb kommt jeder gern zu Ihnen, um sein Herz auszuschütten. Dabei erfahren diese Personen großes Mitgefühl von Ihnen. Manchmal leiden Sie auch mit den Menschen und haben das große Bedürfnis, ihnen zu helfen. Dabei können Sie sich oft nicht vom Leid anderer distanzieren.
- Dementsprechend können Sie für andere besser Partei ergreifen als für sich selbst. Geht es darum, sich selbst zu behaupten, ziehen Sie sich lieber zurück.
- Sie spüren auch Konflikte, von denen Sie selbst nicht betroffen sind, und lassen sich dabei oft von den Gefühlen anderer beeinflussen.
- Mit Kritik können Sie nicht gut umgehen.
- Teilweise sind Sie mehr oder weniger starken Stimmungsschwankungen ausgesetzt.
- Sie haben Probleme, mit Lügen klarzukommen. Wenn Sie selbst belogen werden, sind Sie lange untröstlich. Oft glauben Sie von sich selbst, Sie seien zu gutgläubig oder gar naiv.
- Von Ungerechtigkeiten gegen andere fühlen Sie sich auch selbst betroffen, und manchmal fühlen Sie sich für Geschehnisse verantwortlich.
- Sie haben häufig das Gefühl, sich erklären zu müssen, und

fühlen sich daher missverstanden, unverstanden, vielleicht auch einsam. Sie scheinen nicht mit anderen kompatibel zu sein, anders, verkehrt und fühlen sich zuweilen „wie von einem anderen Stern".

- Positive wie negative Gefühle klingen bei Ihnen mitunter sehr lange nach. Sie sind sehr verletzlich, aber nicht nachtragend.
- Sie sind sehr harmoniebedürftig und stellen aus diesem Grund Ihre eigenen Bedürfnisse und Wünsche oft zurück. Konfliktsituationen weichen Sie deshalb auch lieber aus.

Weiteres

- Wann immer es möglich ist, meiden Sie Menschenansammlungen in jeder Form. Auf großen Konzerten, Volksfesten, in öffentlichen Schwimmbädern oder in Einkaufszentren fühlen Sie sich nicht wohl.
- Ein Spaziergang in der Natur, ein Besuch in einem Museum oder auch nur ein Aufenthalt in einem ruhigen Café ist für Sie dagegen Genuss pur.
- Sie haben einen ausgeprägten Sinn für Ästhetik und lieben daher Musik, Kunst und Schöngeistiges.
- Naturereignisse können größte Glücksgefühle in Ihnen auslösen. In solchen Momenten fühlen Sie sich eins mit der Natur.
- Sie sind sehr schreckhaft und empfinden eine Abneigung gegen Gewalt in jeder Form. Entsprechende Filme im Fernsehen mögen Sie sich daher nicht ansehen, Nachrichten von Krieg oder Katastrophen jedweder Art erschüttern Sie nachhaltig. Solch eindringliche negative Bilder gehen Ihnen lange nicht aus dem Sinn.
- Sie spüren die Schmerzen anderer körperlich an derselben Stelle Ihres eigenen Körpers. Oftmals auch dann, wenn Ihnen nur davon erzählt wird.
- Sie haben oft das dringende Bedürfnis, die Welt zu einem besseren Ort zu machen.
- In neuen Situationen brauchen Sie länger als andere, um sich zu orientieren, manchmal sind diese auch beunruhigend für Sie. Mit Veränderungen können Sie nicht gut umgehen, und

eine Trennung, ein Umzug, ein neuer Arbeitsplatz kann Sie für einige Zeit aus der Bahn werfen.

- Sie haben häufig das Gefühl, dass Sie Beziehungen intensiver empfinden als das entsprechende Pendant. Versprechen nehmen Sie sehr ernst.

- Bei zu viel Unruhe, Hektik und Turbulenz um Sie herum werden Sie fahrig, ungehalten, aggressiv oder verunsichert oder brechen möglicherweise plötzlich in Tränen aus. Nach solchen Tagen benötigen Sie viel Zeit und Ruhe für sich allein.

- Sie empfinden manchmal eine bemerkenswerte innere Stärke, in Extremsituationen, zum Beispiel bei einem Unfall, behalten Sie die Ruhe und den Überblick und können andere anweisen, was wann und in welcher Reihenfolgen zu tun ist. Anschließend sind Sie von sich selbst überrascht und können sich nicht erklären, wie Sie das bewerkstelligt haben.

- Sie haben häufig Tagträume und merken nicht, wie darüber die Zeit vergeht.

- Sie reflektieren oft und intensiv, denken gründlich nach und gehen den Dingen gern auf den Grund. Manchmal fällt es Ihnen deswegen schwer, Entscheidungen zu treffen.

- Sie sind pflichtbewusst, gewissenhaft und zuverlässig und haben einen hohen Anspruch an die Qualität Ihrer eigenen Arbeit. Ihre Neigung zum Perfektionismus lässt Sie manchmal Arbeiten nicht abschließen oder gar nicht erst beginnen.

- Unter Zeit-, Leistungs- oder Erwartungsdruck können Sie schlecht oder gar nicht arbeiten, Wettbewerb liegt Ihnen nicht. Routinearbeiten fallen Ihnen schwer.

- Sie machen nur wenig Alters- und Geschlechterunterschiede. Klischees gehören nicht in Ihre Gedankenwelt. Sie haben wenig bis keine Vorurteile, Diskriminierungen liegen Ihnen fern.

- Sie haben ein bemerkenswertes Gedächtnis und können sich gut an Ihre frühe Kindheit erinnern. Situationen und Gespräche können Sie oft noch nach Jahren haargenau wiedergeben. Sie wissen, wer was gesagt oder getan hat, wie die Umgebung aussah, welche Kleidung die Beteiligten getragen haben und wie die Stimmung war. Sie erinnern sich an Gerüche, den

Geschmack des Essens, an Ihre eigenen Gefühle und den Anlass der Situation. Oftmals können Sie sich an Gespräche wortwörtlich erinnern.

- Sie halten (Ihre eigene!) Ordnung. Bücherregale sind nach einer ganz bestimmten Struktur geordnet, beispielsweise nach Einbandfarbe, Größe, Themen, Autoren, und auch in Ihren Schränken stehen und liegen die Dinge wohlgeordnet immer am selben Platz. Wehe dem, der etwas umsortiert! In solchen Fällen können Sie sehr ungehalten reagieren.
- Sie trennen sich nur schwer von Dingen. Alles ist für Sie mit Erinnerungen verknüpft. Wenn Sie sich schweren Herzens doch einmal von Dingen trennen, tut es Ihnen später oft sehr leid und Sie denken noch lange daran.
- Ihr Schreibtisch ähnelt dem von Albert Einstein. Die ihm innewohnende Ordnung erschließt sich oft nur Ihnen selbst.
- Sie sind kreativ in Kunst, Handwerk, Musik oder Literatur oder auch im Entwickeln oft unkonventioneller neuer Lösungen und Strategien.
- Sie suchen in allem, was Sie tun, einen Sinn, ermüden von Small Talk und lieben tiefsinnige Gespräche. Der intensive Umgang mit Menschen*gruppen* kostet Sie viel Kraft.
- Wortwitz, Ironie und auch Sarkasmus liegen Ihnen, Sie können auch herzlich über sich selbst lachen. Witze auf Kosten anderer bringen Sie eher zum (peinlich berührten) Schweigen.
- Manchmal können Sie Spaß und Ernst nicht auseinanderhalten, sind dann irritiert, verunsichert oder verletzt.
- Sie haben ein reiches, buntes und vielgestaltiges Innenleben, eine rege Fantasie und eine ebensolche Traumwelt. An Ihre Träume können Sie sich oft noch lange erinnern. Manchmal wissen Sie während des Träumens, dass Sie träumen, und können das Traumgeschehen beeinflussen oder sich selbst zum Aufwachen bringen („luzides Träumen").

Wenn Sie sich in etwa der Hälfte der hier aufgeführten Punkte sehr deutlich oder in etwa zwei Dritteln gut wiedererkennen, sind Sie mit großer Wahrscheinlichkeit ein hochsensibler Mensch.

Aufgrund meiner vorhergehenden Ausführungen wissen Sie bereits, dass sich Hochsensibilität unterschiedlich intensiv ausdrückt. Aus diesem Grund lässt sich nicht konkret sagen, ab welchem Punkt denn nun tatsächlich eine HS vorliegt. Sie können viele Punkte vielleicht in nur schwacher Form an sich feststellen und/oder einige ganz intensiv. Das ist abhängig von der individuellen Ausprägung und Intensität. Achten Sie darauf, unter welchen Überschriften Sie den Aussagen am häufigsten zustimmen konnten. Das gibt Ihnen einen Anhaltspunkt, welche Form der Ausprägung bei Ihnen vorliegt. Sollten Sie so gar nichts unter den Überschriften „Sensorisches" und „Körperliches" bestätigen können, ist es möglich, dass bei Ihnen keine HS, sondern eine hohe emotionale Sensibilität vorliegt. Auch diese emotionale Sensibilität ist eine großartige und wichtige Eigenschaft, und Sie sollten sie sich erhalten. Tipps und Hinweise aus dem vorliegenden Buch können Ihnen auch in diesem Fall helfen, besser damit zurechtzukommen, sollte es Sie belasten.

Teil 1

Die Forschungsgeschichte

Frau Prof. Dr. Elaine N. Aron gilt als die Begründerin des psychologischen Konstrukts „Hochsensibilität". Ein Konstrukt ist eine auf gedanklicher Ebene konstruierte Erklärungshilfe für einen Sachverhalt, der nicht direkt zu beobachten ist, sich aber aus anderen messbaren Eigenschaften ergeben kann. Im Falle der HS wurden hierzu auch andere Untersuchungen herangezogen, die eindeutige Hinweise liefern. Weil die Kenntnis dieser Untersuchungen zum besseren Verständnis der HS beiträgt, weise ich in diesem Kapitel auf einige maßgebliche hin.

Prof. Aron entdeckte und beschrieb also das Konstrukt HS Mitte der 1990er-Jahre als ein ganz normales Persönlichkeitsmerkmal (engl. *trait*) und nannte es wissenschaftlich *„sensory processing sensitivity"* (SPS). Nach ihrer Schätzung sind 15 bis 20 Prozent der Weltbevölkerung hochsensibel, wovon etwa 70 Prozent introvertiert und 30 Prozent extravertiert sein sollen. Sie vermutet den Ursprung der HS im Gehirn und forscht nach wie vor auf diesem Gebiet.

Doch Elaine Aron war nicht die Erste, die entdeckte, dass es offenbar Menschen gibt, die sich deutlich von anderen unterscheiden.

Der deutsche Naturwissenschaftler Dr. Carl Ludwig von Reichenbach stellte bereits Mitte der 1880er-Jahre umfangreiche Untersuchungen dazu an und beschrieb auf insgesamt über 1.700 Seiten den „sensitiven, begabten Menschen". Er führte – entsprechend den damaligen Möglichkeiten – mit und an diesen Menschen unzählige Versuche auf naturwissenschaftlicher Ebene durch und ermittelte einige Gemeinsamkeiten, die mit den von Prof. Aron formulierten Eigenschaften der HSM weitgehend übereinstimmen. Damals steckte die Psychologie als eigenständiges Fachgebiet sozusagen noch „in den Kinderschuhen". Die Einschätzung der Psyche von Menschen war Medizinern und/oder Philosophen vorbehalten, und Dr. von Reichenbach war Chemiker – möglicherweise auch ein Grund dafür, dass seine Ergebnisse keine wesentliche Beachtung fanden und die Untersuchungen nicht fortgeführt wurden.

In den 1930er-Jahren beschäftigte sich der Psychologe Carl Gustav Jung mit Intro- und Extraversion, wobei er viele Eigenschaften von Introversion entdeckte, die deutliche Zusammenhänge mit Hochsensibilität aufweisen. Nach Frau Prof. Arons Forschungen sind sie aber nicht identisch damit.

Ebenfalls in den 1930er-Jahren schrieb der Theologe, Pfarrer und Therapeut Eduard Schweingruber das Buch *Der sensible Mensch*, in dem er sehr genau das Wesen von HSM beschreibt. Auch er verstand dieses Persönlichkeitsmerkmal als ganz natürlich und erläuterte in seinem Buch, dass und warum diese Menschen keine Therapie, sondern lediglich eine Anleitung zu ihrer Lebensführung benötigen. Dass dies nicht unbedingt ein leichtes Unterfangen ist, beschreibt er sehr schön mit folgendem Satz:

„Die gesamte Eigenart ist das Instrument, auf dem der Sensible die Melodie des Lebens zu spielen hat." Diese Aussage zeigt, dass auch Herr Schweingruber (Hoch-)Sensibilität als zentrales Merkmal vorausgesetzt hat.

In den 1960er- und 1970er-Jahren befasste sich der Psychiater Prof. Dr. med. Wolfgang Klages mit der Sensibilität. Er war lange Zeit Inhaber des Lehrstuhls für Psychiatrie an der Medizinischen Fakultät der Universität Aachen. Auf der Basis zweier Jahrzehnte Erfahrung kommt er in seinem Buch (Titel ebenfalls *Der sensible Mensch)* zu dem Ergebnis, dass *„früher noch gut kompensierte sensible Menschen in zunehmendem Maße ins Psychopathologische gehende Verhaltensweisen [zeigen]"*, weil *„im Zuge der zeitgeschichtlichen Entwicklung die technisch geprägte Welt [stimulationsreicher] wird."* Damit hatte er eine tief greifende Erkenntnis, die leider nicht in nennenswertem Maß Einzug in die Psychiatrie und die Psychologie gehalten hat, obwohl das Buch als Monografie an Fachkollegen gerichtet war. Für Prof. Klages liegt die Ursache von hoher und Hochsensibilität im Gehirn, genauer gesagt: im Thalamus, der für die Filterung von Reizen verantwortlich ist.

Daneben existiert eine Reihe von Studien, die nicht unter der Annahme von Hochsensibilität als natürlichem Persönlichkeitsmerkmal im Sinn von Frau Prof. Aron durchgeführt, aber ebenfalls zur Formulierung des Konstrukts HS herangezogen wurden und werden. Neben dem bereits erwähnten C. G. Jung seien hier der berühmte russische Arzt und Physiologe Iwan Pawlow und der amerikanische Entwicklungspsychologe Prof. Jerome Kagan genannt.

Pawlow suchte als Verhaltensforscher nach einer Möglichkeit, die Empfindlichkeit von Menschen zu messen, ihre Sensitivität für Sinnesreize (sensorische Stimulationen). In seinen Untersuchungen fand er heraus, dass es einen Punkt gibt, an dem jemand eine Belastung nicht mehr aushält und deutliche (körperliche) Reaktionen zeigt. Er nannte dies *„transmarginal inhibition"* („Überlastungshemmung"). Diese Reaktionen sind ein natürlicher Schutz, und deshalb gibt es diesen Punkt auch bei jedem Menschen. Aber natürlich geschieht eine solche heftige Reaktion nicht plötzlich. Der Körper sendet Warnsignale aus, bevor es zum Äußersten kommt. Diese Signale beginnen unmerklich und steigern sich in ihrer Intensität parallel zur Belastung. In den Versuchen, in denen er seine Probanden einer immer stärker werdenden Beschallung aussetzte, stellte Prof. Pawlow fest, dass eine kleinere Gruppe von Menschen deutlich eher an den Punkt der Überlastungshemmung gelangt als die größere Gruppe. Dazwischen lag ein Zeitraum, in dem nichts passierte. Die kleinere Gruppe bezifferte er mit zwischen 10 und 20 Prozent. Pawlow schloss aus diesen und vielen weiteren seiner Versuche, dass diese Unterschiedlichkeit auf das Temperament eines Menschen zurückzuführen sei, die kleinere Gruppe ein „fundamental unterschiedliches Nervensystem" habe und dass dies angeboren sei.

Prof. Kagan, einer der weltweit führenden Entwicklungspsychologen, erforschte an Säuglingen ihre Reaktionen auf unterschiedliche Bedingungen und stellte ebenfalls fest, dass eine kleinere Gruppe von 15 bis 20 Prozent schneller und intensiver auf Reize reagierte. Ganz offenbar mochten sie neue Geräusche, Stimmen, Spielzeuge oder Geschmäcker nicht und zeigten dies, indem sie sich krümmten, strampelten und weinten. Sie reagierten grundlegend anders, empfindsamer, schreckhafter, wenn sie neuen Reizen ausgesetzt wurden. Diese Säuglinge nannte er *„high-reactive"*, also sinngemäß „hochreaktiv". Im deutschen Sprachgebrauch findet man hierfür auch häufig den Ausdruck „gehemmt", der die Bedeutung jedoch nicht korrekt wiedergibt. Prof. Kagan postuliert, dass diese Säuglinge aufgrund ihres angeborenen Temperaments so grundlegend anders reagieren.

Seit Elaine Arons Buch 2005 ins Deutsche übersetzt wurde, ist im deutschsprachigen Raum eine Vielzahl populärwissenschaftlicher Bücher zum Thema „Hochsensibilität" erschienen; auch in der Psychologie und in der Pädagogik ist ein steigendes Interesse zu verzeichnen, das sich in vielen Facharbeiten niederschlägt. Einige dieser Arbeiten betrachten ausgewählte Aspekte aus der Perspektive der Hochsensibilität und kommen zu der Annahme, dass HS ein grundlegendes Persönlichkeitsmerkmal ist, das zwingend berücksichtigt werden muss. Manchmal wird aber auch auf die negativen Aspekte abgehoben und HS mit allerlei psychischen Störungen in Zusammenhang gebracht. Diese Sichtweise geht jedoch weit an dem vorbei, was Elaine Aron meint.

Sie nannte dieses Konstrukt wissenschaftlich *„sensory processing sensitivity"* (SPS).

Als „sensorisch" werden nur „afferente" (zuführende, eingehende) Nervenbahnen im Gehirn bezeichnet. Übersetzt heißt dies also etwa: Die eingehenden Reize (Informationen) werden empfindsamer verarbeitet. Dies kann an einer anderen Art der Verarbeitung liegen beziehungsweise daran, dass die Sinnesorgane eines HSM zwar nicht mehr Reize aufnehmen als die eines Normalsensiblen, sein Gehirn aber dennoch mehr beziehungsweise intensivere Reize/Informationen verarbeiten muss, weil der Thalamus des HSM mehr Reize/Informationen hineinlässt, was zur Folge hat, dass sie ins Bewusstsein gelangen.

Eine deutsche Studie auf der Grundlage des von Elaine Aron entwickelten Fragenkatalogs (auch „Messskala" genannt) aus dem Jahr 2012 stellte die Frage „Gibt es die Hochsensiblen?". An einer Gruppe von etwa 900 Menschen wurde mittels unterschiedlicher psychologischer Methoden festgestellt, dass es mit der Wahrscheinlichkeit von 99,8 Prozent in der Tat eine deutlich unterscheidbare Gruppe SPS gibt, die sich in einer qualitativen

Andersartigkeit ausdrückt. Dies bedeutet, dass es sich hierbei nicht nur um ein „mehr von allem" handelt, sondern auch und gerade um eine andere Beschaffenheit. Welcher Art diese andere Beschaffenheit konkret ist, wurde in dieser Studie nicht untersucht.

In einer weiteren – ebenfalls deutschen – groß angelegten Studie aus dem Jahr 2014 mit fast 5.000 Probanden stellte sich heraus, dass dieser Unterschied in der Art der Wahrnehmung liegt, hier im Sinn der *Aufnahme* von Reizen/Informationen, die im Anschluss auch eine andere Art der Verarbeitung dieser Reize bedingt. HSM haben eine intuitive Wahrnehmung, was bedeutet, dass sie auch Informationen aufnehmen, die außerhalb ihres Aufmerksamkeitsfokus liegen. Im Ergebnis zeigte sich, dass SPS im Sinn von Prof. Aron mit an Sicherheit grenzender Wahrscheinlichkeit identisch ist mit intuitiver Wahrnehmung.

Und dieses Ergebnis ist außerordentlich wichtig für das Verständnis von Hochsensibilität und die Abgrenzung zu anderen psychologisch relevanten Themen.

Hochsensible Menschen nehmen intuitiv wahr. Das heißt, viele Reize (Informationen) werden teilbewusst oder unbewusst aufgenommen. Und das heißt auch, dass mehr Reize ins Gehirn gelangen. Dort werden sie zu einem Großteil ebenfalls teilbewusst oder unbewusst verarbeitet. Sie werden sortiert, mit anderen, bereits vorhandenen Informationen in Zusammenhang gebracht, zu vorhandenen Informationen in Beziehung gesetzt und entsprechend abgelegt. Daraus resultiert auch, dass Hochsensible manchmal Dinge wissen, ohne sie bewusst gelernt zu haben und bei denen sie sich selbst nicht erklären können, woher ihr Wissen stammt. Ebenso erklärt es plötzliche Eingebungen und (kreative) Ideen.

Den Unterschied zwischen diesen Formen der Wahrnehmung könnte man in etwa beschreiben mit „*intuitive* Wahrnehmer denken in Möglichkeiten (theoretisch), *sensing* Wahrnehmer denken in Fakten (praktisch)". Zur Verdeutlichung stellt die nachfolgende Tabelle diese unterschiedlichen Wahrnehmungsformen einander gegenüber:

Theoretisch *(Intuitive)*	Praktisch *(Sensing)*
Macht sich tief gehende Gedanken	Denkt an das, was ist
Beschäftigt sich mit geistigen Tätigkeiten	Beschäftigt sich mit praktischen Dingen
Hinterfragt die Dinge	Bevorzugt Greifbares, Bekanntes
Ist offen für alles Neue	Ist Neuem gegenüber zurückhaltend
Hat eine ausgeprägte Vorstellungskraft und viel Fantasie	Bleibt lieber bei den Fakten, hat wenig Interesse an Fantasie
Hat Interesse an Kunst und Kultur	Hat wenig Interesse an Kunst und Kultur
Neigung zu philosophischen Themen	Neigung zu praktischen, im Alltag anwendbaren Themen
Häufig kreativ	Wenig kreativ
Hang zur Mehrdeutigkeit	Bevorzugt Eindeutigkeit
Guter Umgang mit vielschichtigen Lösungsmöglichkeiten	Braucht klare Lösungsmöglichkeiten
Sehr ästhetisch	
Neigt zu Selbstbeobachtung und -reflexion	

Selbstverständlich kann ein Mensch mit intuitiver Wahrnehmung auch praktisch denken und umgekehrt. Hier geht es um die überwiegende Art, die Präferenz, wie Menschen aufgrund ihrer Wahrnehmungsform denken, handeln und fühlen. Grundsätzlich ist dies jedoch nicht bewusst steuerbar.

So unterschiedlich kann Wahrnehmung sein ...

Ein Ehepaar lebt in einem alten Haus. Peter ist ein eher intuitiver Wahrnehmer, während Beate die andere Form der Wahrnehmung bevorzugt.

Eines Tages hat Peter die Idee, den Dachboden auszubauen und sich dort ein Büro einzurichten. Er hat bereits jetzt ein vollständiges Bild vor Augen, wie es dort einmal aussehen könnte, und kann jetzt schon fühlen, wie es ist, dort zu arbeiten. Er sieht sich vor einer großen Fensterfront – vielleicht mit Balkon – am Schreibtisch sitzen, in die Landschaft hinausschauen und mit einem Kunden telefonieren. Er ist handwerklich auch recht geschickt und sieht sich schon mit viel Eifer und großer Freude bohren, hämmern und schrauben. Natürlich ist ihm klar, dass er dazu auch Handwerker benötigt und diese Fremdarbeiten Kosten verursachen werden. Aber das ist bei seiner Vorstellung zunächst nicht wichtig. Vielmehr denkt er auch daran, dass er nicht mehr bei Wind und Wetter ins Büro fahren muss, dadurch etwas länger schlafen kann und auch für seine Frau und die Kinder viel öfter und bequemer verfügbar sein kann. Er wünscht sich schon lange, mehr am Familienleben teilhaben zu können, und schwelgt bereits jetzt in Vorstellungen von gemeinsamen Mahlzeiten und Pausenzeiten mit seinen Kindern im Garten. Voller Vorfreude erzählt er Beate von dieser Idee. Sie ist überhaupt nicht begeistert, sieht den Dachboden so, wie er jetzt ist, und zählt Peter sämtliche zu erwartenden Unannehmlichkeiten auf. Der Schmutz, den dieser Umbau über einen langen Zeitraum verursacht, die eingeschränkte Lebensqualität, bis das neue Büro fertiggestellt ist, die hohen Kosten.

Peter denkt in Möglichkeiten und ist im Geist – ungeachtet des Weges – bereits an seinem Ziel angekommen. Beate denkt in Fakten und bleibt auf dem Boden der Tatsachen. Sie sieht den Weg, und darüber scheint ihr das Ziel nicht erstrebenswert.

Beide Sichtweisen sind wichtig, beide haben ihre Berechtigung und können sich wunderbar ergänzen. Und doch ist genau dies oftmals Ursache von Missverständnissen und Streit. Insbesondere solange beide nichts von ihren unterschiedlichen Wahrnehmungsformen wissen.

In den letzten Jahren wurde auch auf neurologischer Ebene zur Hochsensibilität geforscht. Dabei wurde bei HSM eine höhere Gehirnaktivität im Vergleich zu Normalsensiblen festgestellt, man hat Hinweise auf eine genetische Andersartigkeit entdeckt und auch im Hirnstoffwechsel scheinen Unterschiede zu bestehen. Das menschliche Gehirn ist sehr komplex und trotz der zahlreichen modernen Untersuchungsmöglichkeiten noch lange nicht komplett erforscht. Das macht es natürlich schwierig, eindeutige Ursachen zu finden. Insbesondere wenn man nicht weiß, wonach eigentlich konkret gesucht wird. Insofern kann es derzeit nur eine Annäherung geben, und die zeigt sich in diesen neurologischen Untersuchungen sehr deutlich.

Abschließend lässt sich festhalten, dass Hochsensibilität bei einem Anteil von etwa 15 Prozent der Bevölkerung ein ganz normales, angeborenes und zentrales Persönlichkeitsmerkmal ist. Es hat seinen Ursprung im Gehirn und basiert im Wesentlichen auf einer intuitiven Informationsaufnahme.

Was Hochsensibilität ausmacht

Um sich Besonderheiten in Situationen des täglichen Lebens bewusst vor Augen zu führen, ist es wichtig, sich immer wieder darauf zu besinnen, was Hochsensibilität ausmacht, welche Eigenschaften HSM im Allgemeinen in sich tragen. Trotz der unterschiedlichen Ausprägung und Intensität der HS haben alle einige Merkmale gemeinsam, wenn auch nicht im selben Ausmaß. *Ein hochsensibler Mensch ist immer hochsensibel.* Auch dann, wenn er ganz normale und banale Dinge tut wie jeder andere Mensch auch. Die HS durchdringt jeden einzelnen Lebensbereich. Man kann sie nicht abschalten oder ausblenden, und man ist auch dann nicht wie andere, wenn man dieselben Dinge tut. Sie werden immer anders sein. Die Umkehrung einer möglicherweise negativen in eine positive Sicht darauf ist Ihre Aufgabe, wenn Sie mehr Freude und Gelassenheit erreichen wollen.

Ich habe die grundlegenden Merkmale von HSM in einer prägnanten Liste mit kurzen Erläuterungen zusammengefasst. In meiner Beschreibung der Alltagssituationen werden Sie Hinweise auf die jeweiligen Merkmale finden, und mit der Zeit werden sie sich Ihnen einprägen. So können Sie in Zukunft besser einschätzen, wie und in welchem Ausmaß jetzt gerade Ihre HS „am Werk" ist, und sich selbst wohlwollend, vielleicht mit einem inneren Schmunzeln und einem kleinen Augenzwinkern sagen: „Schöne Grüße von meiner Hochsensibilität!"

Gefühle des „Anders-Seins", augenscheinliche Schwierigkeiten mit sozialen Kontakten

Hochsensible erzählen, dass sie sich schon zeit ihres Lebens anders fühlen. Sie sehen die Welt mit anderen Augen als die meisten ihrer Mitmenschen. Für gewöhnlich fällt dies erst auf, wenn sie regelmäßigen Kontakt zu gleichaltrigen Kindern außerhalb ihrer Familie bekommen, nämlich im Kindergarten. Bis dahin haben sie die meiste Zeit in ihrer Familie verbracht und wurden in ihrem Sosein angenommen. So wie sie waren/sind, konnten sie sich „richtig" fühlen. Im Kindergarten stellen sie häufig erstmals fest, dass viele nicht so denken wie sie, nicht so fühlen wie sie und sich auch anders verhalten. Ihre – fallweise etwas speziellen – Interessen werden von Gleichaltrigen nicht geteilt und durchaus auch mit für sie unverständlichen Reaktionen und Bemerkungen bedacht. Zudem geht es in diesen Einrichtungen so manches Mal recht hoch her: Da wird geschrien, gejauchzt und gejubelt, Spielzeuge knattern und rattern bei Gebrauch, und im Eifer des Gefechts wird auch schon einmal jemand angerempelt oder gar umgelaufen. Dieser Trubel ist oftmals so gar nichts für ein hochsensibles Kind und führt häufig zu seinem inneren und äußeren Rückzug, was von Außenstehenden nicht selten als grundsätzliche soziale Kontaktschwierigkeit gedeutet wird. Kennzeichnend für HS ist hierbei, dass diese Kinder (auch später als Erwachsene) zu Hause in ihrem gewohnten (kleinen) Umfeld und/oder mit einigen wenigen Personen keinerlei Probleme haben. Bringt man hochsensible Kinder mit anderen hochsensiblen Kindern zusammen, stellt man meist recht schnell fest, dass sie untereinander keinerlei Kontaktschwierigkeiten und ein ausnehmend gutes Sozialverhalten an den Tag legen. Dasselbe gilt natürlich auch für erwachsene HSM.

Ausgiebiges Reflektieren, augenscheinliche Schwierigkeiten bei der Entscheidungsfindung

„Reflexion" bedeutet hier nicht nur Rückschau, sondern auch Vorausschau. Zum einen reflektieren HSM sich selbst und vergangene Situationen. Viele tun das täglich, zum Beispiel, wenn sie von der Arbeit nach Hause kommen. Dafür brauchen sie etwas Zeit und Ruhe. Der komplette Tag läuft noch einmal vor ihrem geistigen Auge ab, Erfahrungen und Empfindungen werden (neu) bewertet und abgespeichert. Manche tun dies auch beim Fernsehen. Sie schauen dann zwar in Richtung Bildschirm, sehen und hören aber nicht wirklich, was dort geschieht. Sie haben ihren Blick nach innen gerichtet. Einige merken es manchmal auch beim Lesen: Sie stellen nach einigen Seiten fest, dass sie diese Seiten zwar gelesen haben, aber nicht wissen, was darin steht. Sie waren mit ihren Gedanken woanders, nämlich in ihrer Innenwelt.

Zum anderen spielen Hochsensible auf der Grundlage ihrer Erfahrungen mit Menschen und Situationen vor einer Entscheidung unterschiedliche Möglichkeiten gedanklich durch, verhalten sich also vorausschauend: „Wenn ich mich so … entscheide, dann könnte das Ergebnis dieses sein. Es ist aber auch möglich, dass eine Person, die von dieser Entscheidung ebenfalls betroffen sein wird oder in anderer Weise Anteil daran hat, völlig anders reagiert, als ich es jetzt vermute. Sie könnte so … oder so … oder so … reagieren, was dann den Endzustand so … oder so … oder so … beeinflussen kann …" Auf diese Weise durchdenken sie alle Eventualitäten, die ihnen einfallen, und benötigen daher mehr Zeit, um Entscheidungen zu treffen. Es ist eine sorgsame Abwägung aller möglichen Szenarien, und genau das betrachten Außenstehende möglicherweise als Schwierigkeit oder Langsamkeit bei der Entscheidungsfindung.

Ausgeprägte Empathie

HSM können sich sehr gut in andere Menschen, Tiere und auch Situationen einfühlen. Dieses Einfühlungsvermögen beschränkt sich allerdings nicht nur auf andere, sondern ist auch auf sie selbst bezogen. In den meisten Fällen können sie ihre eigenen Gefühle sehr gut deuten und auch benennen. Zur Empathie gehört es auch, gut zuhören zu können. Sich selbst und anderen. Aus diesem Vermögen heraus erkennen und erspüren HSM Gedanken, Emotionen und Motive anderer, erfassen sie kognitiv und emotional und können so adäquat darauf reagieren. Steht zum Beispiel ein Umzug an oder ein Arbeitsplatzwechsel, können sie sich selbst auch in die zukünftige neue Situation einfühlen und so erfahren, ob sie sich wohlfühlen werden oder nicht.

Ausgeprägtes Gerechtigkeitsempfinden, Loyalität, Wahrheitsliebe

Der Gerechtigkeitssinn hochsensibler Menschen bezieht sich selten auf sie selbst. Wenn ihnen Ungerechtigkeit widerfährt, reagieren sie darauf meistens mit Rückzug und Verschlossenheit. Werden aber Menschen in ihrem Umfeld mit Ungerechtigkeiten konfrontiert, können sie zu Kämpfern werden, ja regelrecht „auf die Barrikaden" gehen! Sie legen großen Wert darauf, dass Lebewesen *gerecht und fair* (nicht: gleich!) behandelt werden. Dementsprechend sind sie ausgesprochen loyal und nehmen auch Unannehmlichkeiten auf sich, wenn es anderen oder einer (ihrer)

Sache dienlich ist. Dies gilt ebenso für ihre Familie, ihre Freunde und auch ihre Arbeitgeber beziehungsweise ihre Angestellten. In engeren persönlichen Zusammenhängen sind sie meist kompromisslos loyal und stehen immer zu den Menschen, zu denen sie sich in irgendeiner Weise bekannt haben und mit denen sie sich verbunden fühlen. Es sei denn, ihre Werte werden massiv „mit Füßen getreten", das heißt verletzt. Dann kann es mit der Loyalität auch einmal ganz schnell und gänzlich vorbei sein. Weil HSM aber grundsätzlich sehr nach Harmonie streben und von daher auch fast immer versöhnungsbereit sind, geschieht dies selten. Mit Lügen kommen sie gar nicht zurecht: Sie erkennen die Situation nicht mehr klar und sind irritiert, weil sie spüren, dass etwas nicht stimmt. Um andere vor so etwas zu schützen und weil Lügen für sie keinen Sinn machen, lügen sie selbst auch nicht. Kleinere „Notlügen" wie „Ich habe keine Zeit" anstatt „Ich habe keine Lust" sind davon natürlich ausgenommen, was allerdings auch durch andere Merkmale der Hochsensibilität begründet ist.

„Anderer" Humor – davon aber reichlich!

Aufgrund ihrer anderen Wahrnehmung der Welt haben Hochsensible auch einen anderen Humor. Sie können nicht über Witze lachen, die davon handeln, wie andere Lebewesen – ganz gleich ob Mensch oder Tier – ungerecht behandelt werden, ihnen in irgendeiner Form Schaden zugefügt wird oder sie wegen eines erlittenen Schadens mit Spott überzogen werden. Ebenso ergeht es ihnen, wenn jemand über einen Schaden lacht, den sie selbst erlitten haben. Schadenfreude ist ihnen gänzlich fremd. Auf der anderen Seite können sie herzhaft über sich selbst lachen, wenn ihnen ein Missgeschick passiert ist und strotzen manchmal vor Selbstironie. Sie schätzen Wortwitz, Ironie und leisen Sarkasmus, nicht wenige lieben schwarzen Humor. Wobei sie so manches Mal Aussagen allzu wörtlich nehmen, wenn es sie selbst trifft, und „verschnupft" reagieren. Diese Missstimmung lässt sich dann aber durch eine Erklärung recht schnell wieder beheben.

Kreative, künstlerische Fähigkeiten

Viele HSM üben kreative oder wirklich künstlerische Berufe aus oder haben ein solches Hobby, das sie intensiv betreiben. Das können so typische Dinge wie Malen, Zeichnen, Bildhauern, Musizieren/Komponieren, Fotografieren, Basteln oder Nähen sein. Aber auch kreative geistige Dinge wie Schreiben, Schauspielern oder das Organisieren von Projekten jedweder Art sind die Domänen hochsensibler Menschen. Sie sind oftmals hervorragend bei der theoretischen Planung, insbesondere wenn viele unterschiedliche Aspekte miteinbezogen werden müssen. Die Umsetzung überlassen sie dann aber gern anderen, denn das wäre Routine, und damit haben viele HSM ihre liebe Not.

Ausgeprägte emotionale Verwundbarkeit

Genauso wie sie sich in mitunter unglaublichem Maße in andere einfühlen können, sind HSM auch sehr empfänglich für Reize und dadurch leicht verletzbar. So sind sie zum Beispiel ausgeprägte Ästheten, auch was Menschen, Kleidung oder ihre eigenen Konventionen angeht. Aber sie sprechen nicht darüber, wenn ihnen an jemandem etwas Negatives auffällt. Fragt sie jemand nach ihrer Meinung über etwas für sie Negatives, wobei ersichtlich ist, dass es der Fragesteller als positiv oder schön empfindet, ringen sie um Worte und äußern sich bestätigend oder neutral. Dasselbe erwarten sie im umgekehrten Fall auch von anderen und können dabei unverblümte Ehrlichkeit nur schwer ertragen, auch wenn sie sich das vor Außenstehenden gar nicht oder nur wenig anmerken lassen. In ihrem Inneren sind sie fassungslos, und das Gesagte beschäftigt sie lange. Werden ihre Werte nicht ernst genommen, geringgeschätzt, ins Lächerliche gezogen oder gar negiert, sehen sie ihre Authentizität infrage gestellt und sind dadurch oftmals tief verletzt. Dies kann geschehen, wenn ihnen etwa eine Lüge oder Illoyalität unterstellt wird. Sie sind mitunter lange verstimmt, aber sie sind nicht nachtragend. Wenn sie bei etwas immer wieder nachfragen, heißt dies, dass es ihnen noch nicht klar ist und sie es deswegen nicht *ad acta* legen können. Haben sie es verstanden, ist es auch nach dem Abklingen der Emotionen verarbeitet und vergessen, sofern sich diese Situation nicht wiederholt.

Überhöhte Selbstansprüche, Selbstzweifel, Selbstkritik, Perfektionismus

Diese Eigenschaften bilden in vielen Fällen die größten Blockaden für HSM. Sie sehen bei allem eine solche Fülle von Möglichkeiten, dass sie manchmal schier daran verzweifeln und ein Projekt deshalb gar nicht erst in Angriff nehmen. Sie haben an sich selbst den Anspruch, alles perfekt machen zu müssen, und sind dabei doch immer selbstkritisch und zweifeln an ihren Fähigkeiten. Fragen wie „Habe ich jetzt wirklich alles bedacht?", „Könnte ich dies nicht noch schöner, besser, größer machen?", „Haben andere wirklich einen Nutzen davon oder liege ich mit meiner Idee völlig falsch?" und nicht zuletzt die vermeintliche Gewissheit, dass andere besser, klüger, weitsichtiger, umfassender agieren, können bei HSM zur Entscheidungsunfähigkeit führen.

Reiches Innenleben

Viele HSM sind „Bilderdenker": Sie sehen bei jedem Gedanken gleich ganze Filme vor ihrem geistigen Auge ablaufen. Dabei ist es unerheblich, ob sie Situationen reflektieren, ob sie sich Möglichkeiten vorstellen, an eine zukünftige Tätigkeit denken oder sich einfach nur ihren Fantasien hingeben. Informationen wie das Szenario der Umgebung, beteiligte Menschen (und Tiere), ihr Aussehen, ihre Kleidung, Gefühle, Gerüche und Geschmäcker werden dabei gleich „mitgeliefert". Das hört sich möglicherweise sehr positiv an, kann sich aber auch ins Gegenteil verkehren. Viele HSM sind mehr oder weniger häufig durch ihre unablässigen Gedanken (Bilder) erschöpft und wünschen sich in manchen Momenten nichts sehnlicher als einen Ausschalteknopf. Einmal nicht mehr denken zu müssen. Ruhe zu haben. Doch diesen Knopf gibt es nicht. Bei vielen nicht einmal während des Schlafens, weil sie sehr angeregte und bunte Träume haben. Apropos Träume: Nahezu alle HSM träumen farbig!

Komplexe Denkweise

Durch ihre intuitive Wahrnehmung haben HSM eine Fülle von bewussten, teilbewussten und unbewussten Einzelinformationen im Kopf, die sie immer wieder unterschiedlich kombinieren können, um daraus Zusammenhänge herzustellen oder sich neue zu erschließen. Sehr viele haben Spaß daran, bestimmte Dinge oder Sachverhalte immer wieder aus einer anderen Perspektive zu betrachten und zu schauen, welche neuen Konstellationen sich ergeben, wo sich Zusammenhänge möglicherweise auflösen und welche neuen Schlussfolgerungen sich daraus ziehen lassen. Deshalb geben HSM in Gesprächen auch gern mal den *Advocatus Diaboli*.

Sehr gutes Gedächtnis

Viele HSM berichten von Erinnerungen aus ihrer frühen Kindheit. Sie können sich Situationen bis ins kleinste Detail ins Gedächtnis zurückrufen. Sie wissen noch genau, wo ein Ereignis stattgefunden hat, wie die Umgebung aussah, wer etwas wie gesagt hat, wie die beteiligten Personen gekleidet waren, in welcher Stimmung sie sich befanden, was wer gegessen und getrunken hat, welche Stimmung vorherrschte, was sie selbst gefühlt haben und vieles mehr. Einige HSM vergessen einmal Gelerntes ihr ganzes Leben nicht mehr, insbesondere dann, wenn es zu einem Themengebiet gehört, das sie interessiert. Daten und Fakten aus ihrem eigenen Leben und teilweise auch aus den Leben nahestehender Menschen können sie oft bis auf den Tag genau rekonstruieren und ohne großes Nachdenken wiedergeben.

Überdurchschnittliche Intelligenz

Dieser Punkt wurde bereits von Elaine Aron herausgearbeitet und nachfolgend von vielen anderen HS-Experten bestätigt. Aus meiner Erfahrung pflichte ich dem bei, denn ich selbst habe bisher ausschließlich Hochsensible kennengelernt, die eine überdurchschnittliche Intelligenz aufweisen. Viele mögen dies aber von sich selbst zunächst nicht glauben. Deshalb möchte ich an dieser Stelle eine kurze, aber wichtige Erläuterung einfügen, die ich auf meiner Website (www.eliane-reichardt.de) bereits formuliert habe:

„Etwas unübersichtlicher wird es bei der Definition von Intelligenz. Man könnte fast meinen, es gibt so viele Intelligenzmodelle, wie es Intelligenzforscher gibt. Die Begriffe Talent und Begabung möchte ich hier gar nicht erst einbringen. Eine sehr wichtige Unterscheidung ist jedoch weitgehend als allgemeingültig anzusehen, und das ist die zwischen *Potenzial* und *Performance*. Eine hohe Intelligenz ist zunächst ein Potenzial. Wenn dieses Potenzial sich in Form von Leistung zeigt, so ist dies die Performance (Vorführung). Während das Potenzial angeboren ist, ist die Performance zum Teil abhängig von der (sozialen) Entwicklung des Menschen, seinem Umfeld. Hohe Intelligenz ist also ein angeborenes Potenzial, große Leistungen zu erbringen. Potenzial und Performance führen *gemeinsam* zu hohen oder Höchstleistungen." Mehr dazu im Kapitel über Hochbegabung ab Seite 104.

Hohe Empfindlichkeit gegenüber Lärm, Geruch, Geschmack, Licht und Farben sowie Berührungen

Dies betrifft die körperliche Komponente von Hochsensibilität, die mehr oder weniger stark in einem, mehreren oder allen Bereichen vorhanden ist. Sehr viele HSM sind geräusch- und lichtempfindlich, viele geruchsempfindlich und einige reagieren besonders auf Geschmäcker oder taktile Reize (etwas berühren oder selbst berührt werden). Viele reagieren stark auf als grell empfundene Farben und kleine, gleichförmige Muster.

Starke Schmerzempfindlichkeit

Hier ist nicht etwa die Rede vom „Sensibelchen", das bei jeder Kleinigkeit gleich in Tränen ausbricht, sondern von einem *intensiveren* Schmerzempfinden der HSM. Sie nehmen alle Reize intensiver wahr und dabei werden die Reize aus dem Körperinneren nicht ausgespart. Auf diese Weise spüren HSM mitunter viel früher als andere, dass in ihrem Körper etwas nicht stimmt, und können, sofern sie die Signale beachten, rechtzeitig entgegenwirken. Oftmals fühlen sie sich nicht ernst genommen oder werden deshalb von manchen Ärzten tatsächlich nicht ernst genommen. Ihr Schmerzempfinden oder auch das Gefühl des Unwohlseins setzt schon ein, bevor überhaupt etwas messbar wird, oder sie spüren Dinge, die andere Menschen überhaupt nicht spüren würden und die den Ärzten in dieser Form dann auch nicht bekannt sind.

Empfindlichkeit gegenüber Arzneimitteln, insbesondere Psychopharmaka und/oder Betäubungsmitteln

Arzneimittel sind für viele HSM ein heikles Thema. In vielen Fällen erfahren Hochsensible sämtliche auf dem Beipackzettel aufgeführten Nebenwirkungen und manchmal sogar noch weitere – unabhängig davon, ob sie den Zettel gelesen haben oder nicht! Vielen wird auch einfach nur übel. Über Psychopharmaka wird von vielen HSM berichtet, dass sie schon kurz nach der Einnahme einer minimalen Dosis das Gefühl haben, gänzlich neben sich zu stehen. Sie können ihrer Umwelt nicht mehr folgen, reagieren langsamer bis gar nicht. Sie fühlen sich unangenehm gedämpft. Bei einigen haben derartige Medikamente auch eine völlig gegenteilige Wirkung: Beruhigungsmittel putschen auf und Amphetamine dämpfen ab. Bei örtlichen Betäubungsmitteln (Lokalanästhetika), zum Beispiel beim Zahnarzt, passiert es einigen, dass sie sich innerlich völlig „überdreht" fühlen, den Schmerz aber immer noch deutlich spüren, sodass das Mittel mehrfach nachgespritzt werden muss. Dabei kann es geschehen, dass der Patient eher sein Bewusstsein als sein Schmerzempfinden verliert.

Meiden von Menschenmassen, Abneigung gegen „Small Talk"

HSM sind meistens gern und viel ganz allein beziehungsweise sie bleiben gern im Kreis ihrer Lieben. Wenn sie darüber hinaus Gesellschaft möchten, bevorzugen sie kleine Gruppen mit maximal etwa drei bis fünf Gesprächspartnern und intensiven, sinnreichen Gesprächen in ruhiger Umgebung. Massenveranstaltungen wie Konzerte, Kirmes, Volksfeste, überfüllte Fußgängerzonen oder auch nur private Partys meiden sie. Sie fühlen sich bei derartigen Zusammenkünften schnell überreizt und reagieren darauf mit individuell unterschiedlichsten Symptomen wie Kopfschmerzen, Übelkeit, Übererregbarkeit (ein falscher Blick genügt!), extremer Schweigsamkeit oder auch Aggressivität.

Weil Hochsensible die „geborenen Sinnsucher" (Birgit Trappmann-Korr) sind, hegen sie auch eine Abneigung gegen den sogenannten Small Talk. Sie können keinen Sinn darin finden, sich über das neue Auto des einen oder das lila gestrichene Garagentor des anderen Nachbarn oder über die Ernährungsvorlieben und -abneigungen fremder Ehepartner zu unterhalten und empfinden dies mitunter als Zeitverschwendung. Wenn sie kein wirkliches Interesse an ihrem Gegenüber haben, strengt sie die Konzentration auf Gespräche oftmals über Gebühr an, und sie verspüren ziemlich bald das Bedürfnis nach Rückzug.

Hochsensibilität gestern und heute

Es sind bereits 20 Jahre vergangen, seit Prof. Elaine Aron ihr Konstrukt der Hochsensibilität aufstellte und es in Worte fasste. Prof. Klages formulierte seine Mahnung, die hohe Sensibilität müsse unter der Perspektive der fortschreitenden Technisierung zwingend berücksichtigt werden, bereits vor 40 Jahren. Seit zehn Jahren bekommt dieses Thema endlich auch im deutschsprachigen Raum allmählich immer mehr öffentliche Aufmerksamkeit. Doch worin liegt das begründet? Warum wirkt es so, als träten Hochsensible heute so viel deutlicher und zahlreicher in Erscheinung? Es sei noch einmal darauf hingewiesen, dass es Hochsensibilität als solche schon immer gab. Dieses Persönlichkeitsmerkmal hatte nur keinen Namen, und das war auch nicht nötig. Doch innerhalb der letzten 50 Jahre hat sich unsere Gesellschaft, unsere Lebensform komplett gewandelt. Ein derartiger Wandel in einer so kurzen Zeit hat in der ganzen Menschheitsgeschichte noch niemals stattgefunden, und er hat tief greifende Auswirkungen. Nicht nur, aber zuerst für HSM. Um dies zu verdeutlichen und zu illustrieren, lade ich Sie ein, die vergangenen Jahrzehnte hier gemeinsam mit mir Revue passieren zu lassen. Betrachten wir die gesellschaftliche Entwicklung, die maßgeblich vom technischen Fortschritt beeinflusst wird, einmal nur über die letzten 55 Jahre hinweg. Wie lebten wir 1960, als Hochsensibilität noch kein Thema war?

Anno 1960 gab es nur wenige Haushalte, in denen ein Fernseher stand, und noch weniger, die ein Telefon besaßen. Auch ein Auto konnte sich kaum jemand leisten. Die Wochenarbeitszeit lag bei 48 Stunden. Und Frauen waren überwiegend noch nicht berufstätig. Man beschäftigte sich in seiner wenigen Freizeit mit der Gemüsezucht im eigenen Garten, kochte für den Winter ein, hörte Radio, las Zeitung oder eine der wenigen Zeitschriften. Am Wochenende ging man mit den Kindern spazieren oder machte ein Picknick, und man pflegte den Kontakt zu Nachbarn, Freunden und Verwandten. Man traf sich im Winter bei jemandem zu Hause, während der wärmeren Jahreszeiten im Garten, auf einer Bank vor der Haustür oder auch in einem Park. Kino-, Gasthaus- und Restaurantbesuche waren seltene Vergnügen. Die Kinder gingen vormittags zur Schule und am Nachmittag spielten sie draußen, im Sommer und im Winter. In Wäldern, auf Wiesen und Feldern oder einfach auf der Straße vor dem Haus. Andere Kinder kamen spontan dazu oder wurden zu Hause abgeholt. Sie hatten noch keinen Terminplan, der ihnen vorgeschrieben hätte, wann sie zu welchem Kurs gehen mussten. Man hatte noch viel mehr Verbindung zur Natur und damit auch zur Stille, es herrschte noch keine Dauerbeschallung in (fast) allen Lebensbereichen. Auch mit Duftstoffen in jeglicher Form war man eher selten konfrontiert. Dieses Leben war sicher nicht in allem besser, aber es war vor allem eines: reizärmer!

Und genau aus diesem Grund fielen Hochsensible damals noch weit weniger auf, und auch ihnen selbst erschien ihre Andersartigkeit nicht so prägnant, wenngleich sie sehr wohl von ihnen selbst und auch von anderen wahrgenommen wurde.

Vieles, was damals das Leben ausmachte, ist mittlerweile in Vergessenheit geraten, und die jüngere Generation kennt einige Dinge nur noch aus Erzählungen oder gar nicht mehr. Heute kann sich kaum noch jemand vorstellen, wie es sich ohne Technik im Alltag leben lässt. Gestatten wir uns deshalb einen Rückblick.

1960 in Deutschland

Das „Wirtschaftswunder" der Nachkriegszeit ist geschafft! Nicht, dass man den Krieg und die danach folgenden entbehrungsreichen und anstrengenden Jahre vergessen hätte, doch das Leben geht wieder seinen Gang. Einen lange herbeigesehnten, noch etwas ungewohnten, im Großen und Ganzen aber locker-leichten Gang. Man freut sich auf das, was da alles noch kommen mag. Es herrscht Vollbeschäftigung, Deutschland ist nach den USA die zweitgrößte Wirtschaftsmacht.

Die ersten technischen Alltagshilfen und Luxusgüter sind in die Haushalte eingezogen und versprechen ein immer angenehmeres Leben.

Gesamtdeutschland zählt 73 Millionen Einwohner, die sich in etwa 24 Millionen Haushalte aufteilen und von denen über 75 Prozent Arbeiterhaushalte sind. Nach der Trennung Deutschlands 1961 verblieben in der BRD rund 54 Millionen Einwohner in etwa 18 Millionen Haushalten, davon 14 Millionen Arbeiterhaushalte.

Durch den wirtschaftlichen Aufschwung in den 1950er-Jahren haben die Arbeitnehmer materielle Sicherheit und wesentliche soziale Verbesserungen erlangt. Die Arbeitgeber suchen weiterhin – häufig vergeblich – nach gelernten und ungelernten Arbeitskräften. Der bereits Mitte der 1950er-Jahre begonnene Zuzug von „Gastarbeitern" setzt sich verstärkt fort. Der vom damaligen Bundeswirtschaftsminister Ludwig Erhard 1957 in seinem gleichnamigen Buch ausgerufene „Wohlstand für alle" scheint in greifbare Nähe gerückt. Es ist der Beginn der Konsumgesellschaft. Und der Beginn einer Veränderung im Denken. Die kommenden Jahrzehnte werden sich sehr turbulent gestalten. Vorher unbekannte Begriffe wie „modern" und „international" und vor allem „neu" werden zu Schlagwörtern. Die Beatles werden dramatische Veränderungen in der Musikszene einleiten, der erste Mensch wird den Mond betreten, massive Generationenkonflikte stehen an, die im Flower-Power und der Studentenrevolte ihre Höhepunkte finden. Aber das ist alles noch Zukunftsmusik. Im Jahr 1960 ist das Leben für kurze Zeit noch recht beschaulich, wenn sich auch in den vergangenen zehn Jahren schon einiges verändert hat.

Doris erinnert sich:
„Ich war zehn Jahre alt und lebte mit meinen Eltern und drei Geschwistern in einer Wohnung, die uns von der Fabrik, in der mein Vater arbeitete, zur Verfügung gestellt worden war. Alle Häuser in dieser Siedlung waren den Werksangehörigen vorbehalten, und so lebten wir mitten unter den Arbeitskollegen meines Vaters. Die Familien teilten einen wesentlichen Aspekt des Lebens miteinander, nämlich die Arbeit. Das verband aber nicht nur die Männer, sondern auch die Frauen und Kinder, die ja dadurch bedingt in sehr ähnlichen Verhältnissen lebten, dieselben Sorgen und Nöte, aber auch dieselben Freuden hatten.
Die Wohnung war eigentlich ein Haus mit eigenem Eingang und einem großen Garten, in dem meine Eltern allerlei Obst und Gemüse anbauten, welches meine Mutter dann für den

Winter einkochte. Obwohl mein Vater im Gegensatz zu anderen recht gut verdiente, waren wir auf diese Lebensmittel angewiesen. Es ermöglichte meinen Eltern, Geld zu sparen. Sie wollten sich noch einiges leisten. Meine Mutter träumte von einer Waschmaschine, die damals sehr viel Geld kostete. Ich weiß heute, dass unsere Miete damals 110 D-Mark betrug und mein Vater etwa 500 D-Mark verdiente. Eine Waschmaschine kostete ab 900 D-Mark aufwärts und man musste lange dafür sparen. Mein Vater träumte von einem eigenen Auto. Bei vier Kindern musste der Wagen aber schon eine Menge Platz bieten, und das war damals auch immer mit einem höheren Geldaufwand verbunden. Ein Fiat 500, der damals schon fast 3.000 D-Mark kostete (und obendrein keine Heizung hatte), kam für ihn also nicht infrage. Auch des Deutschen liebstes Auto, der VW Käfer, der mit 3.900 D-Mark noch recht günstig war, war für uns aus Platzgründen indiskutabel. Ein Ford 17 M wäre da das Mindeste gewesen, aber der war mit einem Kaufpreis von über 6.800 D-Mark (noch) unerschwinglich. Und ein Führerschein musste vorher ja auch noch bezahlt werden. Dennoch träumte und schwärmte mein Vater davon, manchmal auch laut. Meiner Mutter wäre so ein Auto sicher auch willkommen gewesen, aber ihr schien eine Waschmaschine erst einmal wichtiger. Über die Anschaffung eines Telefons wurde in unserer Familie gar nicht gesprochen. Wozu sollten wir das auch benutzen? Nur 15 Prozent aller deutschen Familien besaßen überhaupt ein Telefon und in unserem Verwandten- und Bekanntenkreis niemand. Unser Leben spielte sich auf kleiner Fläche ab, mit entfernt wohnenden Verwandten blieben wir per Brief in Kontakt. Meine Eltern konnten sich nicht vorstellen, dass sich das ändern könnte.

Nach Abschluss der Volksschule mit 14 Jahren gingen die Kinder in die Lehre oder arbeiteten ohne Ausbildung. Es wurden händeringend Arbeiter gesucht, und in vielen Familien war es notwendig, dass möglichst schnell mehr Geld in die Haushaltskasse kam. Es war ja noch normal, dass die Kinder, wenn sie dann arbeiteten, zu Hause ein ‚Kostgeld‘ abgaben. Bis es aber so weit war, halfen wir Kinder bei anfallenden Arbeiten alle mit: den Garten umgraben, Kartoffeln ausmachen (ernten) oder auch beim Kohleschippen helfen. Eine Heizung gab es ja in den meisten Wohnungen noch nicht, und so bekamen wir zweimal im Jahr eine Ladung Kohle oder Koks. Die wurde am Straßenrand abgekippt und musste mit der Schubkarre oder mit Eimern in den Kohlenkeller transportiert werden.

Meine Tage bestanden aus Schule, einigen Hausarbeiten, die ich schon ausführen konnte, und draußen spielen. Jeden Tag in der Woche, ob Sommer oder Winter, war ich nachmittags draußen. Wie alle Kinder. Wir wurden nie müde, die bekannten Spiele zu spielen oder uns neue einfallen zu lassen. Den ganzen Nachmittag rannten, sprangen und hüpften wir, fuhren Fahrrad oder Rollschuh, kletterten in Bäume und sprangen über Bäche, und manchmal machten wir auch Unsinn. ‚Streiche‘ nannte man das damals noch. Abends fielen wir abgekämpft und müde ins Bett. Unsere Eltern hatten uns den ganzen Nachmittag nicht gesehen.

Nur sonntags war alles anders: Wir wurden fein herausgeputzt und gingen nach dem Frühstück gemeinsam in die Kirche. Nachmittags durfte nicht herumgetobt werden. Wir trugen ja alle unseren Sonntagsstaat, der auf keinen Fall schmutzig werden durfte. Bei schlechtem Wetter durften wir nachmittags manchmal eine Stunde Kinderstunde im Fernsehen anschauen. In Schwarz-Weiß natürlich! Das Fernsehgerät war die neueste Errungenschaft meiner Eltern, und weil noch lange nicht jeder einen besaß, durfte auch der eine oder andere unserer Freunde dabei sein. Für uns Kinder war das etwas ganz Außergewöhnliches: Es gab nämlich nur einen Sender, das Erste Deutsche Fernsehen (heute ARD), und die Sendezeiten waren eingeschränkt: In der Woche ging es erst um 17 Uhr los, und spätestens um 24 Uhr war Schluss. In der Zeit zwischen 0 und 17 Uhr sah man nur eine unbewegliche Grafik, das sogenannte Testbild, und hörte einen unglaublich penetranten Dauerpiepton. Kinderstunde gab es ausschließlich am Sonntag.

Einen Plattenspieler hatten wir auch, aber der wurde nur sehr selten benutzt. Nur wenn eine etwas größere Familienfeier stattfand, zu der auch Verwandte kamen, die wir sonst nicht so häufig sahen, wurden schon einmal Platten aufgelegt.

Sauber gemacht wurde bei uns nur in der Woche von montags bis freitags. Dabei genoss es meine Mutter, wenn sie ihren noch fast neuen Staubsauger benutzte, und dehnte diese Arbeit für mein Empfinden oftmals zu lange aus. Ich mochte das Geräusch nicht, es war mir einfach zu laut. Am Waschtag verbrachte meine Mutter den ganzen Tag großteils im Keller zwischen Waschkessel und Waschbrett. Die Kochwäsche stand in der Küche in einem großen Topf auf dem Kohleofen und köchelte, geziert von einem Holzlöffel zum Umrühren, den halben Tag vor sich hin. Geschäfte hatten von 8 Uhr bis 18.30 Uhr geöffnet, samstags nur bis 13 Uhr. Friseure hatten den ganzen Montag geschlossen und Ärzte waren alle am Mittwochnachmittag nicht in ihren Praxen. Wobei alle in der Mittagspause für mindestens zwei Stunden geschlossen hatten. Da musste man sich zeitlich drauf einrichten. Einkäufe des täglichen Bedarfs fanden im nächsten kleinen Laden oder auf Wochenmärkten statt. Nur für Bekleidungseinkäufe fuhren wir zweimal im Jahr mit der Straßenbahn in die nächste Stadt.

Das Wort ‚Urlaub‘ kannten wir nur in der Bedeutung, dass unser Vater dann 18 Arbeitstage im Jahr zu Hause bleiben konnte, aber Urlaub fehlte uns auch nicht. Mein Alltag war ausgefüllt und erfüllt und in den Ferien war ich nicht nur nachmittags, sondern den ganzen Tag draußen. Das war mir mehr als genug. So war das 1960 bei uns."

Die rasante Entwicklung der nächsten Jahrzehnte

Anmerkung: 1961 wurde die Mauer gebaut und es manifestierte sich der Kalte Krieg (der Ost-West-Konflikt), der über die nächsten Jahrzehnte ein Dauerthema bleiben sollte. Die Entwicklung in der DDR unterschied sich grundlegend von der in Westdeutschland. Im

Folgenden meine ich, wenn von Deutschland die Rede ist, immer die „alte" Bundesrepublik Deutschland.

1960 bis 1970

Innerhalb dieser zehn Jahre haben sich die Anmeldungen für Pkws mehr als verdreifacht. Ganz ähnlich lief es auch mit Haushaltsgeräten wie Waschmaschine und Kühlschrank, mit Fernsehgeräten und Telefonen. 1963 war der Sendestart für das Zweite Deutsche Fernsehen. In den folgenden sechs Jahren nahmen acht Regionalsender („das Dritte"), die auch wirklich nur regional zu sehen waren, ihren Betrieb auf. Erstmals gab es auch vormittags für einige wenige Stunden Fernsehen: Schulfernsehen und Telekolleg. Außerhalb dieser Ausstrahlungen sah (und hörte!) man bis etwa 17 Uhr auch hier das Testbild. Am Ende dieses Jahrzehnts kam der Farbfernseher auf den Markt, den sich damals freilich noch nicht viele leisten konnten, und 1970 war Fernsehen weiträumig an die Stelle anderer Freizeitbeschäftigungen getreten.

Es vollzog sich eine grundlegende Veränderung im Denken und Handeln. Individuelle Freiheit und Gerechtigkeit für alle waren die großen Themen: Bildungsnotstand, Abitur und Studienmöglichkeiten für alle, unabhängig von ihrer sozialen Herkunft, Proteste gegen den Vietnamkrieg, Demonstrationen für Freiheit in Kunst und Kultur und für den Frieden prägten das öffentliche Leben und die Medien. Der materielle Wohlstand stieg weiterhin stetig. Es war ein auf allen Ebenen turbulentes und bis heute das lauteste und bunteste Jahrzehnt, das später kurz gefasst als „die 68er" in die Geschichte einging. Und die Kulturrevolution war mit dem Beginn des nächsten Jahrzehnts noch nicht zu Ende.

Für die hochsensiblen Freigeister war dies geradezu ein Jahrzehnt der Euphorie. Sie haben einen ausgeprägten Gerechtigkeitssinn, eine Vorliebe für Kunst und Kultur, sind loyal, verabscheuen Gewalt in jeglicher Form, sind sehr harmoniebedürftig und wissbegierig. Die Aktivitäten, die gewünschten und eingeleiteten Veränderungen, der Zeitgeist dieses Jahrzehnts stimmen mit diesen Werten absolut überein. Immerzu wollen die HSM unsere Welt zu einem besseren Ort machen, und in den 1960er-Jahren bestand berechtigte Hoffnung, dass dies möglich sein könnte.

Zwar brauchen sie ebenfalls Halt in ihrem Leben, was bisher durch feste Familienverbände und auch feste gesellschaftliche Strukturen gegeben war und sich jetzt langsam aufzulösen begann. Aber die Euphorie über lange schon überfällige Veränderungen und die Möglichkeit der Solidarisierung mit Gleichgesinnten, ob praktisch oder theoretisch, gleicht das allmähliche Wegbrechen der alten Strukturen noch aus. Das neue Freiheitsgefühl ist größer und verschleiert noch die damit einhergehenden Verluste.

1970 bis 1980

Der Beginn der 1970er-Jahre war geprägt von der Studentenbewegung und dem Flower-Power der Hippies. Jugendliche und junge Erwachsene waren extrem politisiert, Proteste und Demonstrationen an der Tagesordnung. Die erste und bisher folgenreichste Ölkrise von 1973 bescherte unserem Land einen massiven wirtschaftlichen Einbruch, der dem stetigen Wirtschaftswachstum ein Ende setzte. Kurzarbeit, Arbeitslosigkeit und Unternehmenskonkurse wurden wieder traurige Realität. 1974 erreichte die Arbeitslosenquote die Rekordzahl von 4,2 Prozent und sollte sich innerhalb der nächsten zehn Jahre mehr als verdoppeln. In den Medien waren die Studenten- und die Frauenbewegung (gegen § 218) wie auch die Gewalttaten der RAF (Rote Armee Fraktion) ständig präsent. Auch die jetzt massiver werdenden Proteste der Atomkraftgegner, die Friedensbewegung und die ersten Hausbesetzungen in Frankfurt sorgten für Aufregung, was noch lange so blieb. Die Partei Die Grünen wurde gegründet. Nach wie vor waren die Jugendlichen in weiten Teilen politisch, beteiligten sich jetzt auch aktiv am Umwelt- und Tierschutz.

Das Familienleben hatte sich bereits drastisch verändert, und das betraf nicht nur die klassische Rollenverteilung. Die Zahl der Einpersonenhaushalte stieg allmählich an und die Esskultur wandelte sich grundlegend: Zwar gab es die ersten Imbisse bereits in den 1960er-Jahren, doch in diesem Jahrzehnt sollten sie ihren Siegeszug antreten. Zusätzlich zu den bisher üblichen Imbissbuden eröffnete McDonald's 1971 seine erste Filiale in München, 1976 siedelte sich Burger King in Westberlin an. Mit Beginn des Fast-Food-Zeitalters veränderten sich der Rhythmus und die Qualität der Nahrungsaufnahme gravierend. Nach dem Vorbild der 16-jährigen Engländerin Twiggy, die ab 1966 als spindeldürres Supermodel zu enormer Popularität gelangte, etablierte sich ein neues Bild vom „perfekten Körper". Schon jetzt, Mitte der 1970er-Jahre, registrierte man einen bemerkenswerten Anstieg von Anorexie-(Magersucht)-Fällen bei Mädchen und jungen Frauen.

Bei uns zunächst weitgehend unbemerkt, gründeten sich in den USA die Unternehmen Microsoft und Apple.

HSM haben ein ausgeprägtes Sicherheitsbedürfnis auf materieller und emotionaler Ebene. Sie lieben tiefgründige Gespräche, brauchen Rückzugsmöglichkeiten, um zu reflektieren, und auch den direkten und intensiven Kontakt zur Natur. Die Ölkrise und die damit einhergehende Stagnation des Wirtschaftswachstums mit all ihren Folgen verunsichert und beängstigt sie. Durch die zunehmende Gewalt, auch bei Protesten und Demonstrationen, fühlen sie sich in ihrer aktiven und auch passiven Rolle der Reformer nicht mehr wohl, denn sie sind grundsätzlich friedlich gesinnt. Zwar können sie sich immer noch mit den Ideen identifizieren, aber nicht mehr unbedingt mit der Art der Umsetzungsversuche. Zudem sind die alten Gesellschafts- und Familienstrukturen mittlerweile weitestgehend weggebrochen, wodurch sich Rückzugsorte, an denen sie sich geborgen und sicher fühlen können, stark reduziert haben. Zwar wird hier ein vermeintlicher Ausgleich für die emotionale Sicherheit einer Familie in Wohngemeinschaften (Kommunen) gefunden, aber zur Ruhe kommt man dort nicht. Nicht nur durch den Fernsehkonsum, auch durch die vermehrte Berufstätigkeit der Frauen beginnen sich die Lebensumstände massiv zu wandeln. Zwar wird die Wissbegier der HSM durch die neuen Möglichkeiten zunehmend besser befriedigt, doch die sozialen Kontakte verringern und verändern sich: Statt geistig befriedigender Gespräche ist immer häufiger Small Talk angesagt. Und aufgrund der neuen Ernährungsgewohnheiten, der veränderten

Lebensmittel und der fehlenden Bewegung meldet sich auch der Körper. Der direkte und regelmäßige Kontakt zur Natur wird immer seltener gesucht, bestimmte körperliche und auch psychische Krankheiten werden deutlich häufiger diagnostiziert.

1980 bis 1990

Auch in diesem Jahrzehnt setzten die Menschen ihren Kampf gegen die Atomkraft und ihre Bemühungen für den Frieden und für Umwelt- und Tierschutz und vieles andere fort. Doch war eine gewisse Müdigkeit festzustellen. Es bildeten sich einzelne Gruppen, die keine konkret formulierten Ziele mehr hatten – so entstand zum Beispiel die „Null-Bock-Generation". Diese Jugendlichen und jungen Erwachsenen grenzten sich sozial ab, sie sahen keinen oder wenig Sinn im Leben. Radikalisierung, Frustration und auch Depression und vor allem Drogenkonsum waren ihre Zeichen. Sie rebellierten gegen bestehende Strukturen und fanden keinen Halt, keine Sicherheit und keine Geborgenheit. Ganz anders hingegen die neue Gruppe der Popper, die eine bewusst konformistische und unpolitische Haltung zur Schau trugen und dabei gleichzeitig unverhohlenen Egoismus und materialistisches Imponiergehabe zelebrierten. Kennzeichen der ursprünglich aus New York und London stammenden Punker waren eine rebellische Haltung und nonkonformistisches Verhalten, was vor allem in ihrer Kleidung und ihren allmählich immer grell-bunteren Frisuren („Irokesenschnitt") weithin sichtbar zum Ausdruck kam. Einen mehr als deutlichen Kontrast dazu bildeten die Yuppies, jene jungen, modisch top gestylten, erfolgreichen Menschen, die sich ihren Weg in gehobene Positionen bahnten, vor allem in den neuen Geschäftsfeldern, der New Economy. Diese krassen Gegensätze von Interessenlosigkeit, Konformismus, Nonkonformismus und Aufbruchsstimmung in eine neue Zukunft hatte es in dieser Form noch nicht gegeben. Die junge Generation war zerrissen, und ihre Mitglieder grenzten sich untereinander voneinander ab. Außerhalb Deutschlands tobten Kriege.

Zu Beginn der 1980er-Jahre verfügte beinahe jeder Haushalt über alle Annehmlichkeiten, die der Wohlstand bietet:

Haushaltsgeräte, Telefon, Fernseher und Auto waren in fast jeder Familie vorhanden, manchmal sogar schon in mehrfacher Ausführung. Man besaß Plattenspieler, Kassettenrekorder, Fotoapparate, Diaprojektoren und mitunter sogar schon Videorekorder, fuhr mehr oder weniger regelmäßig in den Urlaub, und so manche Familie hatte es mittlerweile zu bescheidenem Wohneigentum gebracht. Die täglichen Nachbarschaftskontakte hatten sich noch weiter verringert, was dem gestiegenen Fernsehkonsum zugeschrieben wurde und wird. Aber auch die zunehmende Berufstätigkeit der Frauen hatte ihren Anteil daran. Und die Esskultur veränderte sich weiter. Die alten Tante-Emma-Läden verschwanden einer nach dem anderen, denn am Rand der Ortschaften und Städte waren große Supermärkte und „Shopping"-Zentren entstanden, zu denen man jetzt mit dem Auto fuhr, um den Wocheneinkauf zu erledigen. Täglich einkaufen zu gehen war aus Zeitmangel gar nicht oder nur selten möglich, und der Einkauf in größeren Mengen war und ist auch finanziell günstiger – Qualitätseinbußen werden dabei in Kauf genommen. 1980 eröffnete der 100. McDonald's in Hamburg und 1986 das erste Drive-in von Burger King in Nürnberg. Ab Ende der 1980er-Jahre konnte man die Programme der ersten privaten Fernsehsender empfangen, und damit wurde einmal mehr ein fundamentaler gesellschaftlicher Wandel eingeleitet. Stundenlanges Fernsehen etablierte sich binnen kurzer Zeit als fester Bestandteil des täglichen Lebens, was auch Auswirkungen auf die Kommunikation innerhalb der Familien hatte. Langsam, aber unaufhaltsam eroberte der Computer die Privathaushalte.

Doch auch erste massivere Gegenbewegungen machten sich bemerkbar: Es bildeten sich Gruppen, die die östliche Philosophie vertraten, die insgesamt sanfter erscheint und andere Aspekte des Lebens betrachtet als das, was in der westlichen Welt großgeschrieben wird. Der deutliche Ruf nach ethischen Werten wurde laut, verhallte jedoch noch weitestgehend.

Die Diagnose AD(H)S wurde immer häufiger gestellt, und auch die Zahl der Allergien, insbesondere bei Kindern, nahm drastisch zu.

Hochsensible sind nicht nur wissbegierig, sie sind auch allem Neuen gegenüber aufgeschlossen, denken sehr komplex und haben eine rege Fantasie. Sie sind grundsätzlich positiv eingestellt, sehen sehr schnell, in welche Richtung etwas läuft – insofern kam und kommt vielen von ihnen die Computertechnologie sehr entgegen. Auf diesem und in Randgebieten können sie ihre Neugier befriedigen und ihr „gefräßiges Gehirn" beschäftigen. Unabhängig von einem bestimmten Interessengebiet oder einer bestimmten Branche. In diesem Jahrzehnt ist ihr Geist gefragt, und das lenkt ihre Aufmerksamkeit von vielen anderen Dingen ab. Doch einige wenden sich weitgehend ab und begeben sich auf die Suche nach anderen, ihnen wichtiger erscheinenden Dingen. Und da erscheint die im Wachstum begriffene „neu-esoterische" und „neu-spirituelle" Bewegung gerade zum richtigen Zeitpunkt. Sehr viele HSM sehen hier ihre ethischen Werte wieder stärker oder überhaupt beachtet und finden mehr Sympathie dafür. Die Welt wird immer lauter, bunter und schneller, die Sinne von Hochsensiblen immer stärker gefordert. Ruhige Rückzugsorte und -zeiten sind weniger und seltener geworden. Zunehmend unter künstlichen Bedingungen gezogene, hergestellte und mit jeder Menge Zusatzstoffe befrachtete Nahrungsmittel fordern ihren Tribut. Das belastet den hochsensiblen Körper genauso wie der Mangel an ausgewogener Bewegung in freier Natur, was auch die hochsensible Psyche zunehmend in Mitleidenschaft zieht. Damals wusste man noch nicht, dass das Erkrankungsrisiko sinkt, je traditioneller die Lebensweise ist. Insbesondere im Hinblick auf Ernährung, Bewegung und den natürlichen Umgang mit Tieren und der Natur. Sie hält Immunsystem und Psyche gesund.

1990 bis 2000

Dieses Jahrzehnt begann euphorisch: Deutschland wurde wiedervereint, der 3. Oktober zum Nationalfeiertag. 1993 fand die RAF ihr letztes Opfer, 1998 gab sie ihre Auflösung bekannt. Die für notwendig befundenen Umstrukturierungen im Land schienen weitestgehend geschafft, und das allgemeine Interesse verlagerte sich. Die Themen „Umweltschutz", „Umweltkatastrophen" und auch „Fremdenhass", der mit einer gewaltvollen Aktion in Rostock seinen vorläufigen öffentlichkeitswirksamen Höhepunkt erreichte, halten ihren Einzug in die Medien und in die Köpfe der Menschen. Der zweite Golfkrieg begann, in Jugoslawien herrschte Krieg. Neben all den aufregenden Geschehnissen stieg die Arbeitslosenquote im Land weiter, vorhandene Berufsbilder wurden verändert und neue geschaffen, nicht zuletzt durch die rasche Entwicklung der Computertechnologie. Die Berufe, ja das ganze Leben wurde vermehrt in für Computer passende Datenstrukturen gepresst. Randerscheinungen oder Besonderheiten hatten nun keinen Platz mehr in unserer technisierten Gesellschaft. Alles wurde normiert, damit es mithilfe der Technologie ausgewertet und bewertet werden konnte. Immer mehr Spezialisten wurden für immer mehr differenzierte Berufe gebraucht. Daneben wuchs die Medienpräsenz an allen Orten der Welt, und Nachricht über Nachricht erreichte auch die deutschen Haushalte. Der Informationsradius erweiterte sich ins Unermessliche. Ob es um das Leben von Prominenten ging, um politische, kulturelle, sportliche Ereignisse oder Nachrichten aus Wissenschaft, Medizin und Technik – alles erreichte jeden. Und alles war (vermeintlich) wichtig. Niemals zuvor hatte es eine derartige Informationsflut gegeben. 1995 erklärte Bill Gates auf der Elektronikmesse CeBIT in Hannover, wie sich seine Vision *„Information at your fingertips"* („Informationen auf Fingerdruck") in den kommenden zehn Jahren auf den digitalen Alltag auswirken würde. Am Ende der 1990er-Jahre befanden sich bei einer Zahl von rund 65 Millionen Einwohnern in den alten Bundesländern knapp 16 Millionen Computer in deutschen Haushalten, und diese Zahl wird sich in den nächsten 15 Jahren verdreifachen. Etwa 3 Millionen davon besaßen einen Internetzugang, über den die Benutzer an noch mehr Informationen gelangten. Dabei ist es schon fast nicht mehr nötig zu erwähnen, dass es in einigen Haushalten bereits mehr als ein Telefon gab und in jedem zwölften Haushalt ein Mobiltelefon. Die Anzahl körperlicher, psychosomatischer und psychischer Krankheiten stieg sprunghaft an. AD(H)S wurde jetzt noch stärker in den Fokus der öffentlichen Aufmerksamkeit gerückt und immer

mehr Kinder medikamentös behandelt. Früher noch fachspezi-
fische Begriffe wie „Borderline", „posttraumatische Belastungs-
störung" (PTBS), „Trauma" und „Bindungsstörung" hielten ihren
Einzug in den allgemeinen Sprachgebrauch. Es trat genau das
ein – und noch erschreckend viel mehr –, was Prof. Dr. Klages bereits Mitte der 1970er-Jahre nur für besonders sensible Menschen
vorausgesagt hatte! Daher wundert es nicht, dass in diesem Jahrzehnt Hochsensible erstmals in Massen und sehr deutlich auffie-
len. 1996 erschien das Buch *Sind Sie hochsensibel?* von Frau Prof.
Elaine Aron in den USA.

Konnten HSM bisher noch viele Veränderungen, die ihnen
nicht guttaten, kompensieren, so sind sie jetzt auch sensorisch
(körperlich) völlig überlastet. Sie werden von jeglicher Art senso-
rischer Reize geradezu bombardiert. Zudem sind sie aufgrund ihrer komplexen Denkweise eher Generalisten als Spezialisten, aber
die neu strukturierte Berufswelt bietet Generalisten anscheinend
keinen adäquaten Platz mehr. Einzelne Berufe haben einen derart
kleinen Wissens- und Betätigungsradius, dass sich HSM permanent unterfordert fühlen und es tatsächlich sind. Und auch das
bedeutet Stress. Dementsprechend sind die Reaktionen. Doch diese Menschen werden nicht als besonders oder gar als hochsensibel
erkannt. Sogar sie selbst glauben, dass mit ihnen oder, schlimmer
noch, mit ihren Kindern etwas nicht stimmt, und nehmen vermehrt ärztliche oder psychologische Hilfe in Anspruch. In allen
Praxen macht sich ein deutlicher Zuwachs bemerkbar, der Medi-
kamentengebrauch steigt drastisch an.

2000 bis heute
Seit der Kommerzialisierung des Internets hat sich nicht viel
verändert, es ist alles nur noch intensiver geworden. Das Zeitalter
der sozialen Netzwerke hat begonnen. Vor allem bei jungen Leuten,
zunehmend aber auch bei älteren, erfreuen sie sich großer Beliebt-
heit. Jetzt gibt es nicht mehr nur Informationen auf Fingerdruck,
sondern auch Freunde. Jeder kann zu jeder Zeit und – durch die
UMTS-Technik – von jedem Ort aus seinem Mitteilungsbedürfnis

(und seiner Neugier) nachgeben, und von dieser Möglichkeit wird teilweise bis zur Erschöpfung Gebrauch gemacht.

Nach einigen kleineren Netzwerken, die in Deutschland vorwiegend von Studenten genutzt wurden, gewann das 2004 gegründete Facebook nach einiger Zeit auch in Deutschland zahlreiche Anhänger. 2012 wurde bei den Usern die Milliardengrenze überschritten, davon entfielen etwa 20 Millionen auf Deutschland. Daneben gibt es andere, kleinere Netzwerke sowohl für private als auch für unternehmerische Zwecke.

2001 wird die Online-Enzyklopädie Wikipedia gegründet. Im Februar 2005 startet YouTube.

Klassisches Spielzeug wird von elektronischem verdrängt, Playstation 3, Xbox 360 und Wii stehen hoch im Kurs, sogenannte WLAN-Partys, bei denen sich Jugendliche oder junge Erwachsene treffen, um stundenlang zu „daddeln" (Online-Spiele zu spielen), werden Normalität. Online-Spiele sind ohnehin sehr beliebt. Schon ist ohne Computer die Ausübung eines Berufs nicht mehr denkbar, und selbst bei der Arbeit ist jeder jederzeit mobil erreichbar.

Fast-Food-Ketten, Imbisse sowie italienische, griechische, türkische und chinesische Schnellrestaurants sind fester Bestandteil des täglichen Lebens geworden. McDonald's zählt 2010 1.386 Filialen in Deutschland, Burger King etwa 600. Zusätzlich zu den althergebrachten etwa 30.000 Imbissbuden, Autobahnraststätten und Tankstellen. Andere Ketten wie Subway mit 800 und Kentucky Fried Chicken mit etwa 100 Läden sind noch hinzugekommen. Aber das ist noch längst nicht alles: Unsere Nahrungsmittel sind derart verändert worden, dass sie mit dem, was wir noch vor 50 Jahren als „Lebensmittel" bezeichnet haben, nicht mehr viel gemein haben. Angereichert mit allen möglichen „Hilfsstoffen", verseucht durch Schädlingsbekämpfungsmittel und neuerdings auch genmanipuliert, dienen sie nur mehr der Beseitigung des Hungergefühls.

Heute stehen in nahezu jedem Haushalt gleich mehrere Fernseher, es gibt mindestens einen Computer mit Internetanschluss und jeder, selbst die Kinder, besitzt sein eigenes Mobiltelefon, ebenfalls mit Internetanschluss. Wir arbeiten insgesamt weniger und haben mehr Freizeit. Die Gärten sind keine Nutzgärten mehr, sondern Ziergärten, die möglichst wenig Arbeit machen sollen. In der Freizeit und mittlerweile auch während der Schul- und Arbeitsstunden ist jeder ständig über sein Handy erreichbar, die Freunde tummeln sich auf Facebook, wodurch reale soziale Kontakte oftmals in den Hintergrund gedrängt werden. Es gibt kaum noch einen Beruf, in dem man nicht täglich stundenlang am Computer sitzt. Am Wochenende geht man aus, in die Disco oder in völlig überfüllte Restaurants, auf Partys und Veranstaltungen, weil man innerhalb der Woche nach einem anstrengenden Arbeitstag dazu nicht mehr in der Lage ist. Man sieht kaum noch Kinder frei draußen herumtollen, und wenn ein Kind mit einem anderen spielen möchte, muss es vorher telefonisch nachfragen, ob Freundin oder Freund denn gerade abkömmlich ist. Kinder haben ein volles Nachmittagsprogramm und bewegen sich kaum noch allein in der freien Natur unter ihresgleichen. Nur selten sieht man Kinder ohne die Begleitung eines Erwachsenen, sie sind ständig unter Aufsicht. In ihrer wenigen wirklich freien Zeit sind sie mit ihrem Telefon und/oder ihrem Computer beschäftigt. Wo man geht und steht, klingelt irgendein Mobiltelefon. Überall wird man mit Musik beschallt, kaum noch eine Gaststätte, eine Arztpraxis, wo kein Fernseher oder Videobildschirm zu finden ist. Die Angebote in den Geschäften sind unüberschaubar groß und machen mit grellbunter Werbung auf sich aufmerksam. Duftstoffe aller Art werden verschwenderisch eingesetzt. Wohin man sich auch bewegt, alle Sinne werden permanent *ge*fordert, ja *über*fordert.

Psychologen- und auch Arztpraxen erleben einen regelrechten Boom. Neben den bereits bekannten psychologischen Begriffen sind jetzt auch „Asperger-Autismus" und „bipolare Störung" im alltäglichen Sprachgebrauch angekommen. Depressionen sind schon fast normal und werden auch bei Jugendlichen und gar Kindern diagnostiziert, AD(H)S wird jetzt auch Erwachsenen bescheinigt. Der Gang zum Psychologen, vor nur 30 Jahren noch selten angetreten und dann auch häufig schamvoll verheimlicht, ist heute so normal wie ein Zahnarztbesuch.

Hochsensibilität heute

Die Dynamik der Konsumgesellschaft hat ungeahnte Ausmaße angenommen. Mittlerweile betrifft sie alle Lebensbereiche und bei genauer Betrachtung der Persönlichkeitsmerkmale von Hochsensiblen ist es kein Wunder, dass sie verstärkt den Eindruck haben, mit ihnen sei etwas nicht in Ordnung. Wenn diese Überreizung unserer fünf Sinne die einzige Veränderung wäre, könnte man meinen, Hochsensible bräuchten sich nur ein wenig zurückzuziehen, sich Zeiten in Ruhe und Stille zu gönnen, und schon wäre alles gut. Aber ganz so einfach ist es nicht. Die technischen und gesellschaftlichen Veränderungen haben noch viel tiefer gehende Auswirkungen auf HSM, denn Hochsensibilität betrifft Körper, Geist und Seele. Um dies in Gänze zu erfassen und zu verstehen, schauen wir uns einmal die „Persönlichkeitsausstattung" von Hochsensiblen im Kontext der gesellschaftlichen und technischen Veränderungen an:

Der ausgeprägte *Gerechtigkeitssinn* ist ein prägnantes Merkmal von Hochsensibilität, und daher sind HSM immer bestrebt, unsere Welt zu einem besseren Ort zu machen. Unermüdliche Weltverbesserer. Das heißt nicht, dass alle gleich behandelt werden sollten, sondern dass es jedem Menschen (jedem Tier, jeder Pflanze) erlaubt sein soll, sich nach seinen individuellen Fähigkeiten und Möglichkeiten zu entwickeln, um ein entsprechendes Leben führen zu können. Die ersten beiden Jahrzehnte des betrachteten Zeitraums wurden dieser Haltung umfassend und tief greifend gerecht. Alle sollten – unabhängig von ihrer Herkunft und nur noch abhängig von ihren Fähigkeiten – die Möglichkeit bekommen, sich zu bilden. Das große Thema war Gleichberechtigung (Gerechtigkeit) auf allen Ebenen und in allen Bereichen. Auch Umwelt- und Tierschutz bekamen mehr Gewicht, was der *Liebe zur Natur* von HSM sehr entspricht. Außerdem stieg der *Wohlstand für alle*. Ein Aufbruch in die richtige Richtung, und das war gerade nach den vergangenen Jahrzehnten eine Wohltat. Ganz gleich, ob HSM aktiv oder passiv beteiligt waren, es war ein allgegenwärtiges positives Lebensgefühl und vermittelte die Aussicht und Vorfreude auf eine bessere Welt. Ganz im Sinn der Hochsensiblen.

In diesen zwei Jahrzehnten hatten sie auch in ihrem Alltag noch viele Rückzugsmöglichkeiten. Fernsehen gab es nur abends, und auch sonst war die Welt noch recht still und insgesamt reizarm, was ihren *fünf Sinnen* guttat. In Ermangelung finanzieller und technischer Möglichkeiten blieb ihre Freizeitgestaltung eher bescheiden, und aufregende Unternehmungen waren selten. Sie konnten und mussten ihre *Kreativität* aktiv ausleben, weil vieles Gewünschte noch nicht erschwinglich oder gar nicht erhältlich war und von daher selbst gemacht werden musste. Ob es um Nähen, Stricken, Basteln, Malen, das Anlegen und Pflegen eines Gartens oder das Haltbarmachen von Lebensmitteln aus dem Garten ging, Reparaturen im und am Haus, das Erfinden von Spielen oder den Nachbau von zu teuren Spielsachen: Der Kreativität waren kaum Grenzen gesetzt. Die Ernährung war zwar einfach, aber gesund und im Einklang mit der Natur und ihren Jahreszeiten auch abwechslungsreich. Kinder wurden eher „nebenbei" groß und spielten unbeaufsichtigt in Gruppen und an der frischen Luft. Wobei auch der eine oder andere gebrochene Arm oder ausgeschlagene Zahn dazugehörte. So konnten die Kinder sich untereinander messen, sich selbst in der Gruppe verorten und Sozialkompetenzen erwerben. Erwachsene mischten sich selten ein und nur, wenn es einmal ganz schlimm wurde. Als besonders belastend empfundene Vorkommnisse oder hartnäckige Probleme mit anderen wurden abends im Familienkreis besprochen und in der Folgezeit im Alleingang gelöst. Und das entsprach dem *Freiheitsdrang*, der bei Hochsensiblen meist sehr stark ausgeprägt ist. Auf der anderen Seite wurde ihr ebenfalls großen *Sicherheitsbedürfnis* durch den Familienzusammenhalt gestillt. Es war eine für Hochsensible recht angenehme Zeit, da nahezu allen ihren Eigenschaften positiv entsprochen wurde. Die Gesellschaft spiegelte einen Großteil des ausgeprägten Gerechtigkeitssinns wider, und auch der stets *neugierige Geist* wurde durch den leichteren Zugang zu Bildung umfassender befriedigt als vorher. Dem hochsensiblen Körper wurde durch eine einfache Ernährung mit naturbelassenen und regionalen/saisonalen Lebensmitteln (sowie aus Kostengründen wenig Fleisch) und viel Bewegung gerecht, und gegessen wurde immer zu Hause und zu festgesetzten Zeiten. Dies entspricht dem elementaren Bedürfnis von HSM nach **Ordnung und Struktur** – hochsensible Menschen brauchen beides dringend zu ihrer Orientierung. Dies hilft ihnen, Ordnung und Struktur auch in ihren Kopf zu bringen, der doch permanent beschäftigt ist. Doch der Fernseher (das „Pantoffelkino") war bereits in nahezu allen Haushalten präsent, und das hatte natürlich auch Auswirkungen auf *das soziale Miteinander* innerhalb der Familie und des Bekanntenkreises. Gespräche wurden immer unpersönlicher, das individuelle persönliche Leben trat bei der Kommunikation mit anderen in den Hintergrund und im Fernsehen Gesehenes mehr und mehr in den Vordergrund. Dies ist ein Aspekt, der dem Bedürfnis von Hochsensiblen nach persönlichen, privaten und mit Vorliebe *tiefgründigen Gesprächen* völlig entgegensteht. Doch das aktive Fernsehen hatte und hat auch physische und psychische Folgen: Aufgrund ihrer *intuitiven Wahrnehmung* wirken Bilder auf Hochsensible viel intensiver, auch wenn sie selbst das nicht immer bewusst wahrnehmen. Wenn es dann auch noch bunte bewegte Bilder in schneller Abfolge sind, muss das Gehirn Höchstleistungen vollbringen, um diese Eindrücke zu verarbeiten. Das kostet Kraft und Energie und beeinflusst damit das gesamte körperliche Befinden. Immer wiederkehrende Schreckensmeldungen mit häufig schockierenden Bildern belasten HSM unter Umständen sehr stark. Sie können *nicht gut mit Leid umgehen,* und derartige Bilder brennen sich mitsamt dem dazugehörigen Text geradezu in ihre Netzhaut und ihr Gehirn ein. Das führt möglicherweise dazu, dass sie sich ständig um Gott und die Welt sorgen und eine große Hilflosigkeit empfinden, die ja bekanntlich lähmen kann. Derartige Berichterstattungen waren in diesen Jahrzehnten zwar schon zu sehen und sie wurden auch am nächsten Tag wiederholt. Doch es gab bei Weitem noch nicht so viele Sender, weshalb sich die Auswirkungen auf die hochsensible Seele noch in Grenzen hielten.

In den 1980er-Jahren begann sich das Bild deutlich zu wandeln: Die Familien waren kleiner geworden und boten den HSM nicht mehr dieselbe Sicherheit wie vorher. Auch das Familienleben hatte sich insoweit verändert, dass viele Regelmäßigkeiten, die früher noch gelebt wurden, mittlerweile weggefallen waren. Nur Schule und Arbeit boten noch vermehrt Ordnung und Struktur, während das Fernsehprogramm immer stärker den Tagesablauf vorgab. Fernsehserien mit über Jahre fortlaufender Handlung suggerierten ihren Zuschauern ein Mitleben in anderen Familien. Das Gefühl von Sicherheit und Stabilität innerhalb der Familie schwand allmählich dahin, und das Bedürfnis danach wurde stärker in Richtung Fernsehen und auf den Beruf verlagert. Das von Schauspielern dargestellte Leben anderer trat in den Vordergrund. Auch die körperliche Seite wurde sukzessive von diesen Veränderungen beeinflusst. Weniger Bewegung, weniger frische Luft, ein anderer Rhythmus bei den Mahlzeiten im Gefolge einer sich verändernden Ernährung hatten und haben natürlich Folgen. Adipositas (Fettleibigkeit) wurde auch bei Kindern häufiger und auch andere, neue Krankheiten traten auf. Dafür waren der teilweise *unstete Geist* und auch die Neigung Hochsensibler zum *komplexen Denken* jetzt mehr gefragt. Den Hochsensiblen kam dabei der Wandel von einer Arbeiter- in eine Dienstleistungsgesellschaft entgegen. Denn nun konnten sie ihre *Hilfsbereitschaft* zum Einsatz bringen und den mitunter stupiden Routinearbeiten eines Arbeiters durch den Wechsel in die Dienstleistungsbranche aus dem Weg gehen. Dieser Wandel entsprach aber auch ihrer *Neugier auf neues, unbekanntes Terrain*, ihrer Vielseitigkeit und ihrer Wissbegier. Und da kam das Computerzeitalter gerade recht: Mit der Fokussierung auf ihre jetzt beruflich und gesellschaftlich notwendigen und anerkannten Fähigkeiten konnten die HSM den Wegfall anderer wichtiger Bestandteile ihres Lebens in den 1980er-Jahren noch ganz gut kompensieren.

Doch der Einsatz von Computern führte auch zu immer stärkeren Spezialisierungen. HSM sind eher *Generalisten*, die sich durch eine Spezialisierung eingeschränkt fühlen. Dazu kommt ihre *Abneigung gegen Routinearbeiten*, in denen sie keinen Sinn sehen können. Je kleiner das Themenfeld, desto eher haben sie es durchdrungen und verstanden, und an diesem Punkt beginnen sie sich zu langweilen. Die EDV erfordert es aber auch, dass Sachverhalte in ein Schema gepresst werden, und das widerspricht dem komplexen Denken von Hochsensiblen ebenfalls. Sie *erkennen viele Details*, deren Wegfall einen Sachverhalt durchaus komplett verändern kann, und daher haben sie oftmals ihre liebe Not mit dieser Vorgehensweise. Wenngleich sie natürlich verstehen, dass es im Hinblick auf technische Aus- und Verwertbarkeit nicht anders geht. Doch ein unbefriedigendes Gefühl bleibt.

Mit der Kommerzialisierung des Internets brachten uns die 1990er-Jahre noch einmal eine sprunghafte Veränderung: Innerhalb kürzester Zeit wurde alles noch um ein Vielfaches schneller, bunter, lauter, mehr. Und kurzlebiger. Heute noch brandaktuell, war dasselbe Ereignis wenige Wochen später schon wieder Geschichte. Der Begriff „Nachhaltigkeit" schien ein Fremdwort, und auch andere Werte waren plötzlich nicht mehr wichtig oder völlig auf den Kopf gestellt. Gab es in den letzten Jahrzehnten schon stetig steigende Mengen von Informationsquellen zu allen möglichen Themen – vorwiegend durch Printmedien –, so katapultierte das Internet die Informationsflut noch einmal in eine ganz andere Dimension. Bis heute verläuft die technische Entwicklung immer schneller, und vermutlich wird sich das auch nicht mehr ändern. Ein Segen nur noch für den hochsensiblen Geist, für die anderen Merkmale der Hochsensibilität mit wenigen Ausnahmen ein Fluch – in Kombination mit den anderen gravierenden Veränderungen unserer Zeit für so manchen hochsensiblen Menschen nicht auszuhalten.

Auch der Arbeitsmarkt außerhalb dieses Szenarios hat sich grundlegend gewandelt. Auch hier gibt es keinerlei Sicherheit mehr: Zeitarbeitsfirmen, befristete Verträge und viel zu niedrige Löhne und Gehälter sind Normalität geworden. Millionen Menschen können von ihrer Arbeit nicht mehr leben und sind trotz Vollzeitarbeit auf staatliche Hilfe oder abendliche/sonntägliche Nebenjobs angewiesen. Ein Zustand, der für Hochsensible kaum erträglich ist. Auch und gerade dann, wenn sie selbst nicht betroffen sind. Täglich 24 Stunden lang erreichen uns Schreckensnachrichten und spektakuläre Bilder von Unfällen, Naturkatastrophen, Kriegen, Kindesmisshandlungen, Menschen- und Tierquälerei und anderen Verbrechen. Das kann in hochsensiblen Menschen einen tiefen Weltschmerz hervorrufen, der unter Umständen in eine Depression mündet. Sie haben das dringende Bedürfnis zu helfen, die Gerechtigkeit wiederherzustellen, doch sie fühlen sich ob der Vielzahl der Hilfsbedürftigen überfordert und selber hilflos. Drastisch verstärkt wird dieses Gefühl bei HSM in helfenden Berufen, wo viele tätig sind und bei denen die von ihnen geforderten Verwaltungstätigkeiten mehr Raum einnehmen als ihre Arbeit für und mit Hilfsbedürftigen. Minutengenaue Zeiteinteilungen für die zu verrichtenden Arbeiten verursachen bei HSM Stress und Frustration, Gefühle von Sinnlosigkeit machen sich breit, bilden die Grundlage für Depressionen. Viele Hochsensible sind – aufgrund der Diversifikation der Berufsbilder bis in kleinste Teilbereiche – in ihren Berufen geistig völlig *unter*fordert, was zum Bore-out führen kann, wohingegen unsere empfindsamen Sinnesorgane permanent derart *über*fordert sind, dass wir für Burn-outs geradezu prädestiniert sind. Elaine Aron schätzte, dass Hochsensible 50 Prozent der Klientel in psychologischen Praxen und Kliniken ausmachen. Ich persönlich schätze diesen Anteil heute noch höher ein. Mit weiterhin steigender Tendenz.

Veränderte Lebensbedingungen, Ernährungsgewohnheiten sowie häufig minderwertige und stark veränderte Lebensmittel fördern Unverträglichkeiten, Allergien und sonstige Krankheiten. Wir leiden häufig unter Vitamin- und Mineralstoffmangel, ohne unsere Nahrungsmenge reduziert zu haben, und weisen teilweise hohes Übergewicht auf, ohne wesentlich mehr zu essen. Aufgrund der massiven äußeren und inneren Reize muss unser Gehirn permanent Höchstleistungen vollbringen, was unseren Organismus viel Energie kostet, doch diesen „Treibstoff" können ihm die modernen Nahrungsmittel nicht mehr in ausreichender Menge liefern. Die zunehmende Oberflächlichkeit der Gesellschaft ertränkt uns in überflüssigem Small Talk und lässt uns tiefgründige und feinsinnige Gespräche schmerzlich vermissen. Auf der einen Seite haben wir von allem viel zu viel, und auf der anderen Seite leiden wir unter massiven Mangelerscheinungen. Es ist an der Zeit, das zu ändern!

Was sollte ich wissen? – Kurzer Abriss angrenzender Themen

Zusätzlich zu den unterschiedlichen Bezeichnungen, die alle das von Prof. Dr. Elaine Aron formulierte Konstrukt „*sensory-processing-sensitivity*" meinen, gibt es weitere Begriffe oder Konstrukte, die in Verbindung mit Hochsensibilität immer wieder auftauchen. In erster Linie ist dies die *Introversion*, weil die meisten HSM eher introvertiert wirken, doch schreiben und erzählen Betroffene überraschend viel auch von *High Sensation Seeking* (HSS), obwohl diese Form der Hochsensibilität sehr selten sein soll. Und auch *Hochbegabung* und *Synästhesie* werden in diesem Zusammenhang sehr oft thematisiert. Ich höre häufig, dass diese Konstrukte als zusätzliche Persönlichkeitsmerkmale empfunden werden. Ausrufe wie „Wie, das bin ich auch noch? Was kommt denn noch alles?" sind keine Seltenheit, wenn ein HSM entdeckt, dass er ebenfalls HSS, hochbegabt oder synästhetisch veranlagt ist. Alle diese Konstrukte liegen nahe beieinander und sind in einer Person oftmals so stark miteinander verwoben, dass sie sich nicht mehr auseinanderhalten lassen. Sie sind also nichts Zusätzliches, sondern lediglich individuelle Ausprägungen Ihrer ureigenen Persönlichkeit. Die Persönlichkeitsmerkmale dieser unterschiedlich erscheinenden Konstrukte ähneln sich in weiten Teilen auffallend, sie sind teilweise sogar identisch, und ich persönlich gehe davon aus, dass empfundene Unterschiedlichkeiten lediglich aus den unterschiedlichen Perspektiven herrühren. Deshalb kann es hilfreich sein, sich auch mit Literatur zu diesen Themen zu beschäftigen. Allein das Bewusstsein dafür kann schon viele innere Spannungen auflösen. Ich stelle diesem Teil meines Buchs kurze Erläuterungen einiger mit HS zusammenhängender Bereiche voran, weil das Wissen darum meiner Erfahrung nach zu einem umfassenden Verständnis der eigenen Persönlichkeit beitragen und damit eine gute Voraussetzung für den langfristigen Umgang mit sich selbst bilden kann.

Introvertiert oder extravertiert, spielt das eine Rolle?

Die Begriffe „Intro-" und „Extraversion" werden im heutigen Sprachgebrauch für eine sichtbare *soziale* Verhaltensweise verwendet. Lebt jemand weitgehend zurückgezogen, wird er als „introvertiert" bezeichnet. Jemand, der sich vermehrt unter Menschen bewegt, der viel ausgeht und auch Besuch empfängt, an Unternehmungen mit anderen teilnimmt, gilt als „extravertiert".

Diese Sichtweise ist nicht identisch mit der ursprünglichen Bedeutung der beiden Bezeichnungen. Das Begriffspaar „Introversion – Extraversion" wurde von dem Psychologen C. G. Jung in den 1920er-Jahren in die Persönlichkeitspsychologie eingeführt und beschreibt zwei recht stabile Persönlichkeitsmerkmale. Zwar ging Jung später selbst auch auf die äußere Sicht auf das soziale Verhalten über, doch anfänglich sollten diese Begriffe beschreiben, aus welchem Verhalten ein Mensch seine Kraft schöpft, seine Energie bezieht. Oftmals kann man das am sichtbaren Verhalten ablesen, aber eben nicht immer und nicht bei jedem Menschen. Insbesondere bei HSM nicht.

Introvertierte können sich besser regenerieren, wenn sie allein sind. Vielleicht in der Natur oder in Gesellschaft nur weniger, enger Freunde. Sie lenken ihre Aufmerksamkeit gewöhnlich auf ihr Innenleben, um zu reflektieren, Eindrücke zu verarbeiten und zu neuen Schlüssen zu kommen. Introvertierte erfahren durch Reflexion, durch das Darüber-Nachdenken. Das heißt nicht, dass sie keine sozialen Kontakte suchen. Ganz im Gegenteil: Sie lieben den Kontakt, die Interaktion mit anderen Menschen. Nur nicht im selben Umfang wie manch anderer. Sie benötigen für den Blick auf ihr Innenleben mehr Zeit als andere und genießen diese Zeit mit sich allein, gewinnen daraus neue Kraft, um dann erfrischt und gestärkt wieder auf andere zugehen zu können.

Extravertierte schöpfen ihre Kraft aus der Interaktion mit anderen. Sie empfinden es als anregend, viele Kontakte zu haben und an zahlreichen Unternehmungen beteiligt zu sein. Sie umgeben sich gern und oft mit vielen, auch fremden Menschen. Sie gleichen viele unterschiedliche Eindrücke ab, ordnen sie ein und kommen zu neuen Ergebnissen. Extravertierte erfahren durch Erleben. Sie können nur schwer über einen längeren Zeitraum allein sein. Es kostet sie Kraft und ermüdet sie.

Nun könnte man meinen, dass Menschen gemäß ihrer Veranlagung leben und sich auch so verhalten. Das mag in früheren Zeiten auch annähernd so gewesen sein, doch in unserer heutigen Gesellschaft ist dies nicht immer und nicht für jeden möglich, denn es bestehen viele unterschiedliche Anforderungen, denen wir uns anpassen müssen. Vielleicht nur temporär, vielleicht über einen langen Zeitraum. Das kann es einem erschweren, einen Menschen als intro- oder extravertiert zu erkennen. Mitunter auch dem Betroffenen selbst. Gerade für Hochsensible ist es wichtig zu wissen, wie sie veranlagt sind. Denn ein Leben entgegen der naturgegebenen Veranlagung kostet übermäßig viel Kraft und kann in psychosomatische oder auch psychische Krankheiten wie zum Beispiel Burn-out oder Depressionen münden.

„Der Idealmensch unserer Zeit ist gesellig, risikofreudig, ein Alphatier. Er arbeitet gut im Team, ist gern unter Leuten, hat ein großes gesellschaftliches Netzwerk. Momente der Stille nutzt er, um zu twittern. Hauptsache, nicht allein sein.

Aber es gibt viele, die anders sind. Sie halten nicht gern Reden, wirken ungelenk im Small Talk. Netzwerken ist ihnen ein Gräuel. Momente der Stille brauchen sie, um sich vom allgegenwärtigen Lärm zu erholen. Hauptsache, allein sein."

Aus: Der Spiegel Nr. 34 vom 20.08.2012, Kerstin Kullmann:
„Die Kraft der Stillen"

Nach Elaine Arons Schätzungen sind etwa 70 Prozent der HSM introvertiert und 30 Prozent extravertiert. Damit ist nicht das sichtbare Verhalten der Menschen gemeint, sondern die Veranlagung, aus der sie ihre Kraft schöpfen. Extravertierte scheinen es vor allem in der heutigen Zeit leichter zu haben. Gerade im Beruf sind die Lauten gefragt. Die, die sich zu Wort melden, auch wenn sie nicht direkt angesprochen werden. Die, die sich geschickt präsentieren und gut „verkaufen" können. Die, die immer und überall dabei sind. Und in der Tat ist es so, dass laute Menschen, die schnell und sicher sprechen, als kompetenter, klüger und interessanter wahrgenommen werden. Sie sind Sympathieträger. HSM sind von Kindheit an bemüht, sich anzupassen. Und sie sind überdurchschnittlich intelligent. So ist es durchaus möglich, dass sich ein von seinem Naturell her introvertierter hochsensibler Mensch auch diesen Gegebenheiten anpasst und damit ein Leben lebt, das nicht wirklich seines ist. Weil er es für notwendig hält und auch immer wieder bestätigt bekommt, dass es notwendig *ist*. Diese Anpassungsbemühungen können so weit gehen, dass der Betroffene von sich selbst glaubt, er sei extravertiert. Doch wenn ein introvertierter HSM lebt, als sei er extravertiert, muss er sehr viel Energie aufbringen. Wenn er sich dabei nicht die dringend nötigen Zeiten des Alleinseins und der Ruhe zugesteht, resultiert daraus eine dauerhafte, extreme Überforderung, und das bedeutet Stress. Dauerstress. Umgekehrt kann ein Extravertierter auch leben wie ein Introvertierter. Das hängt in hohem Maß von seiner Umgebung ab und kommt in der heutigen Gesellschaft eher selten vor. Aber es gibt auch diese Variante. Wenn zum Beispiel das Umfeld des Betreffenden aus überwiegend introvertierten Menschen besteht und er sich deren Lebensstil anpasst. Oder er hat einen Beruf, der ihm keine oder zu wenig Möglichkeiten zur Interaktion mit anderen bietet. Oder er hat einen introvertierten Partner und verzichtet ihm zuliebe auf Unternehmungen, weil er aus seinem eigenen Empfinden heraus glaubt, den Partner nicht allein lassen zu können. Manchmal geschieht es auch nur zeit- oder phasenweise, wenn dieser Mensch zum Beispiel regelmäßig an Unternehmungen teilnehmen soll, die ihn nicht interessieren – vielleicht weil er weiß, dass ihn ausschließlich oberflächlicher Small Talk erwartet. Sie erinnern sich: HSM lieben tiefgründige Gespräche. Auch Extravertierte! Entgegen seiner Natur zu leben, kostet einen HSM viel Kraft, und so ist es möglich, dass er nicht (mehr) oder zu wenig am sozialen Leben teilnimmt. Er ist deswegen aber nicht introvertiert, sondern ein kraftloser Extravertierter. Und auch in einem solchen Fall hat sich dieser Mensch möglicherweise bereits so weit angepasst, dass ihm selbst gar nicht bewusst ist, dass er nicht sein Leben lebt. Er spürt nur eines: Er fühlt sich ständig gestresst oder gar völlig ausgelaugt, obwohl er doch ein ruhiges Leben führt. Diese Diskrepanz kann zu großer Unsicherheit führen, die zusätzlich zur Belastung wird. Auch das bedeutet Dauerstress.

Sich selbst bezüglich Intro- und Extraversion richtig einzuschätzen, ist in unserer heutigen Gesellschaft nicht immer leicht. Die Anforderungen, die gestellt und erfüllt werden (müssen), können einem hierbei den Blick auf sich selbst verschleiern. Immer schneller fortschreitende Technisierung, Konkurrenzdruck am Arbeitsplatz, Erwartungshaltungen von Partner, Familie und Bekanntenkreis können durchaus dazu führen, dass ein Hochsensibler selbst lange Zeit gar nicht merkt, dass er entgegen seiner natürlichen Ausrichtung lebt. So stellte zum Beispiel eine vermeintlich introvertierte Klientin nach dem frühen Tod ihres Mannes fest, dass ihr Energielevel stieg, je mehr Aktivitäten sie in ihr Leben einbrachte. Heute moderiert sie Veranstaltungen mit Hunderten von Zuschauern und fühlt sich dabei so gut wie noch nie in ihrem Leben!

Herauszufinden, ob man wirklich so ist, wie man sich bisher selbst gesehen hat, kann deshalb existenziell wichtig sein. Beobachten Sie sich selbst und schauen Sie dabei nicht nur auf Ihr Verhalten, sondern auch auf die Gefühle, die sich dabei in Ihnen einstellen – auch wenn sie zu Anfang vielleicht nur schwach wahrnehmbar sind. Was Sie möglicherweise jahrelang unterdrückt haben, kommt nur langsam wieder an die Oberfläche. Und natürlich nur dann, wenn Sie es zulassen. Die folgende Gegenüberstellung kann hilfreich sein, sich selbst sicherer einzuordnen:

Wesentliche Unterschiede zwischen introvertierten und extravertierten Menschen

(nach Silverman 1993)

Introvertierte Menschen	Extravertierte Menschen
bekommen ihre Energie von innen heraus	bekommen Energie aus ihrer Interaktion nach außen
die wahre Welt ist eine innere Welt von Ideen, Verstehen und Bedeutung	die wahre Welt ist die äußere Welt von Menschen und Dingen
Menschen voller Ideen und abstrakten Erfindungen	Menschen voller Handlung und praktischer Leistung
schwer zu verstehen	leicht zu verstehen
oft zurückhaltend	oft gesellig
haben ein öffentliches und ein privates Selbst	sind öffentlich und privat dieselben
intensiv und leidenschaftlich	mitteilsam, weniger leidenschaftlich
neigen dazu, Gefühle zu unterdrücken	lassen Gefühle heraus
fühlen sich durch andere Menschen ausgelaugt	fühlen sich durch andere Menschen mit Energie gefüllt
brauchen Zurückgezogenheit	fühlen sich durch Alleinsein ausgelaugt
haben wenige enge Freunde	freunden sich leicht mit vielen Menschen an
still in größeren Gruppen, befürchten Demütigung	freimütig in Gruppen, gehen Risiken ein
können sich sehr stark konzentrieren	können einfach abgelenkt werden

proben im Geiste, bevor sie sprechen	denken laut
brauchen Zeit, um Entscheidungen zu treffen	treffen schnell Entscheidungen
lernen durch Beobachtung	lernen durch Tun
leben das Leben erst, wenn sie es verstanden haben	verstehen das Leben, nachdem sie es gelebt haben
gehen vom Überlegen zum Tun und zurück zum Überlegen	gehen vom Tun zum Überlegen und zurück zum Tun

Wie schon in der Tabelle mit den unterschiedlichen Wahrnehmungsformen handelt es sich auch hier um absolute Gegensätzlichkeiten. Und natürlich gilt auch hier, dass kein Mensch ausschließlich das eine oder das andere ist. Aber eine Gewichtung, eine Präferenz lässt sich durchaus erkennen. Wenn Sie hieraus erkennen, dass Sie entgegen Ihrer natürlichen Präferenz leben, ist es wichtig, sich Gedanken zu machen, was Sie wie ändern können. Sie haben festgestellt, dass Sie als introvertierter Mensch extravertiert leben (müssen)? Dann schauen Sie, wo Sie Ruhephasen einlegen können. Oftmals reicht schon ein Spaziergang in der Mittagspause allein in einem Park, etwas häufigere Gänge zum stillen Örtchen, um nur einmal durchzuatmen und sich frisch zu machen, oder nach der Arbeit eine kleine Auszeit allein in einem ruhigen Café, bevor Sie nach Hause fahren. Es kann auch hilfreich sein, vor der Arbeit einen kleinen Spaziergang zu unternehmen oder den Arbeitsweg mit dem Fahrrad zurückzulegen. Die Bewegung bringt Sauerstoff ins Gehirn, sie erfrischt und beruhigt den Geist. Was immer Sie in Ihr Leben einbauen können, um sich Oasen der Ruhe zu schaffen, tun Sie es! Es ist nicht wichtig, wie lang diese Ruhephasen sind, sondern dass Sie regelmäßig, möglichst mehrmals am Tag solche „Verschnaufpausen" haben. Langfristig sollten Sie darüber nachdenken, ob es nicht eine andere, besser auf Ihr wahres Wesen abgestimmte Form gibt, Ihren Lebensunterhalt zu sichern und Ihre Lebensumstände zu gestalten.

Wenn Sie feststellen, dass Sie als extravertierter Mensch eher introvertiert leben (müssen), bringen Sie mehr Abwechslung in Ihr Leben. Das muss nicht gleich ein Abenteuerurlaub in Australien sein – es reicht oft schon, wenn Sie sich etwas mehr nach außen begeben. Schauen Sie, ob Sie ab und an einmal ins Kino oder essen gehen, sich in einem Verein anmelden oder sich ehrenamtlich engagieren. Wichtig ist für Sie, dass Sie in Kontakt mit Ihrer Außenwelt treten und bleiben, wann immer das möglich ist. Für den Anfang und vorübergehend oder auch begleitend kann das durchaus auch ein soziales Netzwerk im Internet sein. Es gibt dort mittlerweile für nahezu jedes Interesse ein Forum. Schauen Sie sich ausgiebig um! Für Sie sind Kommunikation, Austausch und neue Eindrücke wichtig. Und dabei ist es zunächst unerheblich, *wie* Sie das bewerkstelligen. Langfristig ist es sicher gut, wenn Sie einen Bekanntenkreis haben, mit dem Sie viele unterschiedliche Dinge unternehmen können. Vielleicht machen Sie sich auch einmal Gedanken über Ihren Beruf: Möglicherweise können Sie mittel- oder langfristig in einen für Sie geeigneteren Beruf oder in ein anderes Unternehmen wechseln. Nur Mut – am Anfang einer jeden Veränderung steht immer eine Vision!

So unterschiedlich intro- und extravertierte HSM auch sind, einige Merkmale haben sie unabhängig von ihrer (sozialen) Ausrichtung gemeinsam: Sie brauchen Zeit zum Reflektieren. Alle haben starke emotionale Reaktionen und sind leicht verletzlich, auch wenn sie das nicht unbedingt nach außen zeigen. HSM lieben tiefgründige Gespräche und machen sich viele Gedanken über andere. Sie sind sehr kreativ, was sich nicht unbedingt in der Ausübung bildender Künste oder eines künstlerischen Berufs ausdrückt, und verfügen über eine ausgeprägte Intuition. Sie lieben die Natur und sind in einigen Fällen auch hochgradig spirituell interessiert.

Bei Ihnen dominiert keine der beiden Seiten? Sie können sich nicht wirklich für die eine oder andere Seite entscheiden und stellen möglicherweise (fast) alle Merkmale beider Seiten in sich fest?

Dann ist zu überlegen, ob Sie nicht zu der kleinen Gruppe der *High Sensation Seeker* (HSS) gehören. Selbstverständlich gelten die oben genannten Gemeinsamkeiten auch für sie, doch dieses Thema ist ein eigenes Kapitel wert.

Sonderfall HSS

Wie ich ebenfalls schon auf meiner Website ausgeführt habe, gibt es neben intro- und extravertierten HSM die *High Sensation Seeker*. Das sind die wenigen Menschen, die weder eindeutig zu der einen noch eindeutig zu der anderen Gruppe gehören.

High Sensation Seeker (HSS) sind extrem: extrem introvertiert und gleichzeitig extrem extrovertiert. Ihr Leben ist eine ständige Gratwanderung zwischen dem für HSM so typischen Schutz- und Ruhebedürfnis und dem dringenden Bedürfnis, angeregt zu werden oder zu sein. Meistens leben sie ihre Bedürfnisse phasenweise aus. Das heißt, dass sie vielleicht in der einen Woche ständig unterwegs sind, immer präsent und agil, und in der nächsten Woche wie vom Erdboden verschluckt, für niemanden greifbar. Sie gehen nicht ans Telefon, beantworten keine E-Mails und machen auch die Wohnungstür nicht auf. Alles nervt! Gedanken wie „Die sollen mich doch alle in Ruhe lassen!" sind in diesen Phasen vorrangig und völlig normal. Bis ihnen die Ruhe auf die Nerven geht, sie sich von aller Welt verlassen fühlen und Gefühle wie „Niemand interessiert sich für mich!" überhandnehmen. Dann geht das Spiel von vorne los ...

Die Zeitspannen können auch länger oder kürzer sein als eine Woche: Sie reichen von wenigen Stunden über Monate bis zu Jahren, ihre Länge hängt jeweils vom individuellen Ausprägungsgrad und der persönlichen Lebenssituation ab.

Wenn dieser Typus überhaupt in der Literatur beschrieben wird, dann meistens recht kurz und knapp. Kein Wunder: Erfahrungsberichte sind naturgemäß selten. HSS sind selten! Aber es gibt sie. Und auch sie sind völlig normal. Nur eben anders. Extrem anders. Und immer Höchstleister. In ihrer aktiven Phase.

Evelyn Rittmeyer beschrieb sie in einem Vortrag wie folgt:

„Diese extravertierten, hochempfindlichen Menschen haben es nicht leicht: Sie müssen ständig den schmalen Grat finden, der die Balance der optimalen Stimulation darstellt. Sie leben in beiden Welten, was sie hin- und herreißt. Sie sind leicht überstimuliert, aber auch leicht gelangweilt. Sie neigen dazu, oft und gern Neues auszuprobieren – und sich dabei auch zu überfordern. Periodisch schwanken sie zwischen Phasen der Extravertiertheit und des Rückzugs. Entwickeln sie nicht Fähigkeiten zum Selbstmanagement (besser gesagt: zur Selbstführung!), sehen wir scheinbar sprunghafte und impulsive Menschen, die Dinge anpacken und wieder hinwerfen, die ihre Umwelt verwirren und im Extremfall den Eindruck einer gespaltenen Persönlichkeit hervorrufen."

Rolf Sellin schreibt in seinem Buch *Wenn die Haut zu dünn ist*:

„[...] Es handelt sich um die Hochsensiblen, die zugleich High Sensation Seeker sind. Bei ihnen wechseln Zeiten, in denen sie nur wenige Reize vertragen und sich typisch hochsensibel verhalten, mit Phasen, in denen ihnen die Reize nicht stark genug sein können und in denen sie große Herausforderungen suchen und Risiken eingehen, Kampf und Wettbewerb lieben, was für Hochsensible sonst völlig untypisch ist.

Hochsensible, die zugleich zur Gruppe der High Sensation Seeker gehören, verstehen sich oft selbst nicht, und ihre Mitmenschen sind ebenso irritiert über ihre Widersprüchlichkeit. Sie entsprechen nicht der landläufigen Vorstellung, nach der man entweder so ist oder so. Oft wenden sie diese Art von Logik auf sich selbst an und unterdrücken eine ihrer beiden Seiten, vielleicht zu unterschiedlichen Zeiten mal die eine und mal die andere. Sie sind jedoch beides: hochsensibel und zugleich risikofreudig."

An dieser Stelle ist anzumerken, dass hier der Begriff „Sensation" nach „sensationell" klingt, also nach im landläufigen Sinn „mit Risiko behafteten Aktivitäten" wie zum Beispiel Fallschirmspringen oder Bungee-Jumping. Diese Form des *Sensation Seeking* gibt es.

„Sensation" ist hier aber vor allem im medizinischen Sinn als Reiz zu verstehen. Reize werden in der Medizin (Neurologie) auch als „Sensationen" bezeichnet. Sie müssen also nicht unbedingt etwas mit Risiko nach allgemeingültigem Verständnis zu tun haben. Auch rein kognitive Reize können hoch sein, wenn sie die Emotionen berühren: Wenn zum Beispiel ein Wissenschaftler eine geniale Entdeckung gemacht oder man einen lange gehegten Traum realisiert hat, zum Beispiel eine außergewöhnliche Reise. Das kann der „Kick" bei einem Fußballfan sein, dessen Verein gewonnen hat, oder auch das Gefühl der Verliebtheit, das so stark ist, dass der HSS den neuen Partner gleich am nächsten Tag heiraten will. Oder auch die ständige Suche nach Herausforderungen in jedem neuen Job.

Nach dem ersten Kick, der je nach Sensation (Reiz) auch schon mal einige Monate anhalten kann, kommt der HSS meist recht schnell und manchmal auch recht unsanft auf den Boden der Tatsachen zurück. Oft sind das Menschen mit einem „unsteten" Lebenslauf, sowohl beruflich als auch privat. Häufig wechselnde Beziehungen (erziehungs- und situationsbedingt eher bei Männern), häufig wechselnde Jobs, alle drei Jahre ein neuer Wohnort, jeden Monat ein anderes Auto. Das alles ist nach dem landläufigen Verständnis nicht unbedingt riskant.

Es hat auch *weniger* mit *Unbeständigkeit* zu tun, sondern *mehr* mit *Unterforderung*. Sowohl geistig als auch emotional. Es ist die ständige Suche nach der optimalen Reizschwelle im neurobiologischen/neurophysiologischen Sinn. HSS, die in wenigstens einem Bereich „ihren Meister" gefunden haben (das muss kein Mensch sein!), sind meistens auf der anderen Seite ganz HS-like sehr bodenständig. Wenn sie ihren unsteten Geist fesseln und damit befriedigen können, brauchen sie auf der anderen Seite die Ruhe, (emotionale) Sicherheit und Zurückgezogenheit, die für HSM so typisch ist. Um sein gesamtes Spektrum ausleben und vor allem genießen zu können, muss der HSS aber zunächst wissen, dass er ein solcher ist.

Barbara Sher nennt diese Menschen „*Scanner*", freilich ohne den Hintergrund der HS zu berücksichtigen. Hochsensibilität und auch Hochbegabung sind bei ihr nicht das Thema. Hier geht es eher um Vielbegabung. Um Menschen, die vielseitig interessiert sind und die viele Dinge überdurchschnittlich gut machen. Dabei haben sie oftmals ein schlechtes Gewissen, weil sie glauben, nichts wirklich richtig zu machen und einzelne Bereiche nicht tief genug zu durchdringen. Oft halten sie es für einen furchtbaren Makel, vielleicht sogar für eine psychische Krankheit, nicht in der Lage zu sein, etwas zu Ende zu bringen. Und sie werden in diesem Glauben noch bestärkt, wenn sie oft zu hören bekommen: „Jetzt mach doch einmal etwas zu Ende!" Oder: „Du fängst alles Mögliche an und bringst nichts zu Ende!" Das ist ebenfalls ganz typisch für HSS.

Bei der Psychologin **Andrea Brackmann** (*Jenseits der Norm*) liest man unter anderem von „[...] *Grenzgängern, die sich im Milieu genauso sicher bewegen wie in philosophischen Debattierzirkeln und einen Standpunkt bis aufs Blut verteidigen können, um ihn im nächsten Moment aus der völlig entgegengesetzten Perspektive vehement zu widerlegen.*"

Diese Fähigkeit zum Perspektivenwechsel, zum *Advocatus Diaboli*, haben alle hochsensiblen Menschen. HSS scheinen hierbei oft sehr viel leidenschaftlicher zu sein als andere.

Die Psychologin **Birgit Trappmann-Korr** schreibt in einem Artikel auf ihrer Website von „hochsensitiven Scannern" und beschreibt diese als „*extrem begabt, extrem neugierig, extrem viel Wissen, extrem viele Ideen, extrem sensibel*

und extrem viele unterschiedliche Fähigkeiten und Fertigkei-
ten. Trotzdem 0 Euro auf der hohen Kante. [...] In normalen
Arbeitssituationen kommen sie sich vor, als würden sie unter
ihrem Niveau bleiben, ecken nicht selten an oder landen im
Burn-out. Manche kommen sich auch vor, als würden sie mit
angezogener Handbremse fahren. Hochsensible Scanner fas-
sen erfahrungsgemäß erst in späteren Jahren zu ihren Bega-
bungen Vertrauen, nämlich erst dann, wenn sie genug auspro-
biert haben. [...] Hier spricht eindeutig der HSM-Anteil [...]
Manche HSM-Scanner leben sehr angepasst und verstecken
ihre Fähigkeit. Manche haben auch ein schlechtes Gewissen,
weil sie vieles einfach gerne machen und sich nicht genug mit
der Familie beschäftigen. Oftmals sind HSM-Scanner intro-
vertiert, wirken aber wie Extrovertierte. Es kommt auch vor,
dass hochsensible Scanner [...] denken, dass mit ihnen viel-
leicht etwas nicht in Ordnung ist."

Kurz gesagt: Es sind genau die Menschen, die das Gefühl haben, mit einem Fuß auf dem Gaspedal und mit dem anderen auf
der Bremse zu stehen. Die tief in ihrem Inneren wissen, dass sie
viel zu leisten imstande sind, aber nicht wissen, wie sie „ihre PS
auf die Straße bringen" können. In der Arbeitswelt ist Kontinuität
wichtig und in den letzten Jahrzehnten vermehrt auch Spezialisierung. Dem gerecht zu werden, ist für HSS zuweilen eine schwierige Aufgabe, weil sie so viele Interessen haben, über eine sehr
schnelle Auffassungsgabe verfügen und so viele Möglichkeiten
sehen. Wenn sie ihren Fokus auf ein Interessengebiet ausgerichtet haben, sind sie imstande, innerhalb von einer Woche das zu
erarbeiten, wozu andere Mitarbeiter vier Wochen mitsamt allen
zulässigen Überstunden benötigen. Haben sie das System erst einmal verstanden, wird die Sache für sie oftmals schnell wieder un-
interessant. Denn was jetzt folgen würde, wäre für den HSS reine
Routine. Wie in vielen anderen Bereichen ist er auch hier extrem:
Routinearbeiten sind für ihn nicht sinnstiftend, und so macht er
sich erneut auf die Suche nach interessanten Aufgabenstellungen.

Von außen betrachtet erweckt dieses Verhalten den Eindruck großer Unstetigkeit und man könnte glauben, solche Menschen seien nicht verlässlich. Mit dieser Einschätzung läge man jedoch weit daneben: *High Sensation Seeker* sind ebenfalls extrem in den hohen ethischen Werten, die sie in sich tragen: extrem loyal, extrem ehrlich und extrem verlässlich. Sie wissen sehr schnell und sehr genau, was von ihnen erwartet wird, und geben dementsprechend alles. Genau das erwarten sie allerdings auch von ihrem Umfeld. Wenn sie ihre Leistungsfähigkeit bremsen müssen, egal in welcher Form, sind sie nicht nur gelangweilt, sie fühlen sich auch unverstanden. Sie stehen in ständigem Konflikt mit dem für Hochsensible so typischen Bedürfnis nach Sicherheit und Kontinuität, ihrem extrem neugierigen Geist und der daraus resultierenden hohen Leistungsfähigkeit. Dieser Konflikt äußert sich in ihrem Inneren mitunter durch ein Sich-hin-und-her-gerissen-Fühlen, ein Zerrissen-Sein und/oder das Gefühl, sie seien nicht „normal".

Es ist eine schwierige, aber lösbare Aufgabe, diese gegensätzlichen Bedürfnisse in sich selbst auszubalancieren.

Wenn Sie sich in diesem Kapitel wiederfinden, sind Sie wahrscheinlich ein *High Sensation Seeker*. Sie sind ständig auf der Suche nach neuen Herausforderungen, sind davon gleichzeitig überstimuliert und auf der anderen Seite schnell gelangweilt. Und Sie fühlen sich überdurchschnittlich oft unverstanden, auch von sich selbst. Das macht das Leben nicht einfacher, aber bunter, und genau das ist es, wonach es Sie verlangt. Bloß keine Langeweile! Sie stehen vor der großen Aufgabe und gewaltigen Herausforderung, diese beiden Extreme der Introversion und Extraversion miteinander in Einklang zu bringen. Für Sie ist es ganz besonders wichtig, sich Ihrer subtilen körperlichen Signale bewusst zu werden und ihnen zu vertrauen. Ihr Körper gibt Ihnen immer Hinweise, wenn etwas nicht stimmt. Spüren Sie in sich hinein. Lassen Sie alle Gedanken und Gefühle zu, registrieren und akzeptieren Sie sie, ohne sie zu bewerten. Und lernen Sie, Ihren Gefühlen, Ihrer Intuition zu vertrauen. Sie werden sehr schnell spüren, dass dies der beste Weg zu Selbstverständnis und Ausgeglichenheit ist.

Lassen Sie sich nicht von Konventionen irreleiten, die von Ihnen verlangen, entweder so oder so zu sein. Damit quälen Sie sich nur unnötig selbst. Aus einem Introvertierten wird kein Extravertierter und umgekehrt. Genauso können Sie sich nicht eine dieser beiden Seiten „abgewöhnen", und so helfen Ihnen Tipps zur Introversion *und* zur Extraversion gleichermaßen. Sie sind vielseitig interessiert, vielseitig begabt und haben eine sehr schnelle Auffassungsgabe. Das ist ein Geschenk der Natur, es macht Ihre Persönlichkeit aus. Wenn Sie dieses Geschenk vollumfänglich annehmen, werden Sie auch sehr gut damit leben können.

Meine Begegnung mit Shelly

Der Anteil der Hochsensiblen, die ihre Veranlagung erst sehr spät im Leben erkennen, ist noch sehr hoch. Viele von ihnen sind bereits jenseits der 50, und in dieser Altersgruppe ist die Nutzung des Internets (noch) nicht unbedingt üblich. Daher möchte ich all diesen Lesern das folgende Interview nicht vorenthalten, auch wenn ich es auf meiner Website bereits veröffentlicht habe:

Vor einiger Zeit lernte ich auf einer Familienfeier eines englischen Freundes eine junge Dame kennen. Sie fiel mir unter den zahlreichen Gästen gleich auf, obwohl sie sich nicht sonderlich auffällig benahm. Ich spürte eine Anziehung, wie ich sie sonst selten erlebe, und konnte nicht anders, als sie eine Weile aus der Ferne zu beobachten. Plötzlich stand sie neben mir und sprach mich an: „Gestatten, ich bin Highly. Highly Sensitive. Highly gifted. Highly crazy." Dabei lachte sie mich mit ihren strahlend blauen Augen offen an. Mit Augen, die eine grenzenlose Offenheit verrieten und gleichzeitig Vorsicht, nahezu unbändige Stärke und Neugier und gleichzeitig eine merkwürdige Melancholie. Ich war zunächst so überrascht, dass ich kaum eine Antwort herausbrachte, und sie wirkte deutlich belustigt über meine Verwirrung.

Das war meine erste Begegnung mit Shelly.

Am nächsten Tag bat ich sie ganz offen und direkt um ein Interview, und zu meiner Überraschung stimmte sie zu. Shelly ist ein *High Sensation Seeker* oder auch „Hochsensibler Scanner". Selbstverständlich sind die äußeren Gegebenheiten und die Identität von Shelly frei erfunden. Ihre Antworten auf meine Fragen habe ich jedoch nahezu wortwörtlich wiedergegeben.

Shelly, du wirkst sehr offen, unabhängig und stark, sagst aber von dir selbst, du seist eine Mimose. Das klingt nach „sehr verletzlich" und passt nicht zu dem Eindruck, den du auf Außenstehende machst. Was hat es damit auf sich?

„Ich habe ein extrem tiefes emotionales Erleben und eine ausgeprägte Empathie. Und natürlich bin ich daher auch sehr verletzlich. Lange Zeit hatte ich den Ruf, ich ‚hörte sie kommen'. Ja, so ist es: Ich erspüre die Befindlichkeit eines Menschen oft, bevor sie ihm selbst bewusst wird, und kann mich manchmal nicht von seinem Leid distanzieren, sodass ich es am eigenen Körper, in der eigenen Seele spüre, als wenn es meines wäre. Ich spüre auch, wenn jemand lügt, und manchmal „wittere" ich Gefahren. Ich habe mich gut in Menschen und sogar Tiere hineinversetzen und mich auf sie einstellen können. Unwillkürlich. Wie ein Chamäleon. Mir sind echte moralische Werte überaus wichtig. An oberster Stelle Loyalität, Ehrlichkeit und Gerechtigkeit. Doppelmoral erkenne ich sofort, und im Lügen vermag ich keinen Sinn zu finden. Kleinste Ungerechtigkeiten können mich zum Wahnsinn treiben, und die Unmöglichkeit von Aufklärung und Richtigstellung stürzt mich in ein tiefes Gefühl von Hilflosigkeit."

Das hört sich recht kompliziert an. Wie gehen denn die Menschen in deiner Umgebung damit um?

„Für mein Umfeld ist meine emotionale Seite oft nicht ganz einfach zu handeln, manchmal überhaupt nicht zu durchschauen. Ich stelle sehr hohe Ansprüche an Freundschaften. Bis ich jemanden ‚FreundIn' nenne, dauert es lange und bedarf einiger eingehender Prüfungen. Wenn ich aber jemanden

so nenne, so kann sich dieser Mensch ein Leben lang auf mich verlassen. In jeder Lebenslage. Vorausgesetzt, ich werde nicht in meinen Grundfesten erschüttert, was heißt, dass meine moralischen Werte missachtet werden. Ist zum Beispiel ein Mensch mir gegenüber nicht loyal, kann ich auch schon mal eine langjährige Beziehung postwendend, komplett und dauerhaft beenden. Natürlich geht so ein rigoroser Beziehungsabbruch auch an mir nicht spurlos vorbei, und dieser Mensch fehlt mir dann auch, aber ich kann da nicht über meine Grenzen. Das Vertrauen ist weg und damit jegliche ,Beziehung' für mich sinnlos. Wenn ich derart erschüttert bin, kann ich auch sehr verletzend werden, wenn man mich nicht in Ruhe lässt. Ähnlich einem verletzten Tier, das sich zurückzieht und bei Annäherung sehr gefährlich werden kann."

Hochsensiblen Menschen wird auch Perfektionismus nachgesagt. Inwiefern trifft diese Eigenschaft auf dich zu?

„Ich bin sehr perfektionistisch und denke ausgesprochen komplex. Wenn ich sage, ich spüle Geschirr, habe ich unweigerlich das Bild einer sauberen, aufgeräumten Küche vor Augen. Und das ist nicht ,mal eben' getan, es dauert seine Zeit.

Überhaupt habe ich immer Bilder vor Augen. Ich denke in Bildern, in Filmen. Was immer ich höre, lese, spüre, fühle – alles ist in Bildern in meinem Kopf. Sogar mein Alphabet, meine Zahlenreihen, mein Kalender, Zeitepochen und alle Daten sind Bilder in meinem Kopf.

Wenn ich Fenster putze, heißt das bei mir nicht ,Scheiben wischen und einmal über den Rahmen fliegen', sondern stundenlanges Wienern, die Rahmen (auch den im Mauerwerk eingesetzten) in allen Spalten und Ritzen säubern, sodass auch der kleinste Fliegendreck aus der letzten Ecke verschwunden ist. ,Sauber' ist für mich ein klar (bildlich) definierter Begriff. Da gibt's kein Vertun! Klar brauche ich dafür länger. Und natürlich auch länger, um einen Anfang zu finden. Weil ich weiß, wie viel Zeit diese Arbeit in Anspruch nimmt.

Auch das Bett zu beziehen dauert länger, weil bei mir natürlich auch das Säubern des Bettrahmens, der Nachttischchen, das Absaugen der Matratze und das Reinigen des Fußbodens unter dem Bett dazugehört. Klar, dass ich diese Dinge nicht regelmäßig alle zwei Wochen tun kann. Es gestaltet sich für mich regelmäßig als schwierige Aufgabe, bei diesem Perfektionismus Abstriche zu machen, was mich manchmal daran hindert, Routinearbeiten im Haushalt durchzuführen. Routinearbeiten soll(t)en ja ohne Nachdenken stattfinden, und ohne Nachdenken geht bei mir gar nichts. Ich denke immer. Einen Knopf zum Abschalten gibt es nicht."

Und wie ist das bei dir mit den für HSM „üblichen" Empfindlichkeiten der fünf Sinne?

„Ich bin geräusch-, licht-, hitze- und kälteempfindlich und mag körperliche Berührungen ausschließlich von mir nahestehenden Menschen. Diese ‚Küsschen-Generation' ist mir zuwider. Hunger und Müdigkeit sind Empfindungen, von denen ich unverzüglich ‚schlechte Laune' bekomme. Ein wirklich gutes Essen in entspannter und angenehmer Atmosphäre löst größte Glücksgefühle in mir aus. Am liebsten genieße ich das allein oder mit einer anderen Person, die aber ebenso genießen können muss. Ich hasse Lokale, in denen die Teller so vollgepackt sind, dass schon beim Servieren die Hälfte der Fertig-Pommes oder der Eimersalate herunterfällt. ‚Hauptsache, viel' und ‚Hauptsache, satt, egal wie' ist einfach nicht meins. Da esse ich lieber gar nichts. Überhaupt ist gesunde Ernährung ein wichtiger Faktor in meinem Leben. Aber auch wenn alles zu passen scheint, kann eine Unachtsamkeit der Bedienung oder eine nicht perfekte Ausführung meine Laune in Sekundenschnelle auf den Nullpunkt bringen. Nicht selten habe ich ein Lokal unverrichteter Dinge wieder verlassen, weil ich eine Spur zu lange warten musste oder der Kellner nicht korrekt gekleidet oder frisiert war oder die Tischdecke einen Fleck aufwies."

Dein Beruf verlangt oft auch Treffen in Gruppen. Nach allem, was man heute über Hochsensible weiß, mögen sie unter anderem auch keine Menschenansammlungen. Wie ist das bei dir und wie gehst du damit um?

„Großen Menschenansammlungen gehe ich möglichst aus dem Weg. Am liebsten führe ich Gespräche zu zweit, maximal zu viert. Wenn sich das nicht einrichten lässt, muss ich mich schon arg zusammennehmen, aber mit einigen mentalen Pausen geht das meistens ganz gut. Ich mag keine Oberflächlichkeiten (Small Talk), sie erscheinen mir wie die pure Zeitverschwendung. Bei offiziellen oder beruflichen Gesprächen, die ja oft mit Small Talk eingeleitet werden, empfinde ich gähnende Langeweile und habe nur einen Gedanken: ‚Jetzt komm endlich auf den Punkt!‘ Deshalb versuche ich auch oft, die Gespräche dahingehend abzukürzen.“

Wie steht es mit Interessen außerhalb deines Berufs? Was gibt es da noch?

„Ich habe viele Interessen. Vor allem interessiere ich mich für Psychologie, Philosophie, Medizin, Architektur und Kunst in allen Facetten und möchte immer viel über die Entwicklung dieser Fachbereiche wissen. Deshalb besuche ich bei sich bietenden Gelegenheiten gern alte Kirchen oder Museen, Museumsdörfer und alles, was mit Geschichte zu tun hat. Sicher auch, weil es an diesen Orten meistens sehr ruhig ist und ich mein Verweilen dort ausgiebig genießen kann. Ein Besuch in einer Buchhandlung erscheint mir immer zu kurz und könnte mich finanziell ruinieren, wenn da nicht mein Verstand wäre. Also findet man mich meistens an meinem Rechner (es lebe das Internet!) oder über Büchern. Manchmal bin ich in theoretische Überlegungen derart vertieft, dass ich meine Außenwelt überhaupt nicht mehr wahrnehme. Dann kann es mir auch passieren, dass ich schon mal einen Laternenpfahl anremple oder an guten Bekannten vorbeilaufe, ohne sie zu registrieren.“

Wie würdest du dich in zwei Sätzen selbst beschreiben?

„Tief in mir bin ich emotional sehr verletzlich, unsicher, mitfühlend, umsichtig, verantwortungsbewusst, immer mit mir selbst im Zweifel und teilweise depressiv. Ich habe ein starkes Bedürfnis nach Schutz und Ruhe. Eine sehr ernsthafte Person eben. Das ist die eine Seite. Hochsensibel, introvertiert.

So weit, so gut. Aber ich habe auch eine andere Seite, die für meine Umwelt ausgeprägter erscheint, obwohl sie es nicht ist. Und die heißt: Hoppla, jetzt komm ich!"

Das ist die Seite, die ich zuerst kennengelernt habe. Und diese Mischung finde ich hoch spannend. Erzähl, wie sieht diese andere Seite konkret aus?

„Wenn ich in Stimmung bin oder es mir notwendig erscheint, kann ich ausgesprochen quirlig und witzig sein. Dann macht es mir Spaß, auf Menschen zuzugehen, sie zu motivieren, zu begeistern, ja regelrecht mitzureißen. Ich kann stundenlang sehr lebhaft diskutieren, und dabei stören mich weder Hunger noch Müdigkeit, Wärme oder Kälte. Ich nehme derartige Empfindungen dann nur am Rande wahr, was mitunter dazu führen kann, dass ich das Essen oder das Schlafen schlicht vergesse. Es ist dann nicht wichtig.

Wenn ich derart ausgelassen bin, strotze ich vor Komik und Selbstironie, kann herzlich über mich selbst lachen und schrecklich albern sein. Ich habe unglaublichen Spaß daran, mich emotional und intellektuell mit anderen zu messen, in Wettbewerb zu treten.

Manchmal kann ich mich nächtelang in irgendwelchen Spelunken aufhalten. Dabei interessieren mich weder merkwürdig anmutende Gestalten noch die barsche oder gleichgültige Art des Wirts oder die Frikadellen, die diesen Namen nicht verdienen. Ganz im Gegenteil: Ich habe Spaß daran, das in gleicher Münze zurückzugeben, und kann mich durchaus benehmen wie eine Gossengöre. Bei solchen Gelegenheiten rauche und trinke ich zu viel und genieße das in vollen Zügen. Ich höre sowieso gern Rockmusik und bei diesen Anlässen kann es mir gar nicht laut genug sein, dann kann ich mich stundenlang auf der Tanzfläche den ohrenbetäubenden Rhythmen hingeben. In solchen Phasen, die durchaus mehrere Wochen anhalten können, habe ich den Schalk in den Augen – und im Kopf. Ich bin damit beschäftigt, mir Dinge einfallen zu lassen, die ich ,aushecken' könnte. Da kann es durchaus schon einmal vorkommen, dass ich ganz spontan einen alten Bekannten in Edinburgh besuche oder über den Piccadilly Circus laufe, in Brighton am Strand spazieren gehe, mir die Glasgow Necropolis oder das Rotlichtviertel von Amsterdam ansehe oder Verwandte in Deutschland besuche. Für ein paar Stunden. Ich liebe es in diesen Phasen, rasant Auto zu fahren, und kann meinen Übermut kaum bremsen. Ich will mich dann auch gar nicht bremsen, will alles erkunden, alles kennenlernen, meine Neugier kennt keine Grenzen. Was interessieren mich regelmäßiger Schlaf und gesunde Ernährung – pah, die Welt gehört mir!"

Diesen Schalk kann man allein bei deinen Erzählungen schon sehen und fühlen. Wie verträgt sich denn das alles mit deiner Arbeit?

„Bei der Arbeit bin ich in erster Linie lösungsorientiert, ausgesprochen strukturiert und oftmals irritiert, wenn andere die Probleme nicht sehen oder nicht gleich beseitigen (wollen).

Komme ich in ein neues Unternehmen, habe ich in kürzester Zeit die Strukturen und die Situation erfasst und weiß gleich, wie und warum etwas funktioniert oder eben nicht funktioniert. Ich weiß sofort, ‚wer mit wem' oder gegen wen und auch warum. Nicht selten drängt sich mir die Lösung für ein betriebliches Problem regelrecht auf. Und dabei ist die Branche des Unternehmens völlig unerheblich. Ich habe ein nahezu unbegrenztes Aufnahmevermögen, wenn mich Dinge interessieren. Und mich interessiert sehr viel. Interessiert mich etwas nicht, kann ich wirken wie ein Analphabet und komme mir mitunter auch selbst so vor.

Ich verfüge über ein ausgeprägtes Sprachtalent, was mir oft Zahnschmerzen bereitet, wenn ich so manchen Text lese, den andere Mitarbeiter verfasst haben. Rechtschreib- und grammatikalische Fehler springen mir geradezu ins Gesicht und schreien nach Korrektur, bei so mancher Ausdrucksweise und der optischen Gestaltung von Schriftstücken dreht sich mir geradezu der Magen um. Bei der elektronischen Datenstruktur fühle ich mich oftmals überfordert und bekomme Schweißausbrüche, wenn ich sehe, dass ein und dasselbe Dokument mehrfach in verschiedenen Verzeichnissen abgelegt wurde. Mir drängt sich die Frage auf, wie das aussehen würde, müssten wir noch mit Karteikästen hantieren ... Natürlich geht das einfacher und vor allem übersichtlicher. Der Datenmüll in so manchem Unternehmen erscheint mir nahezu unüberschaubar. Aber selbstverständlich korrigierbar! Ich bin ausgesprochen strukturiert und minimalistisch, wenn es um Daten geht, wobei mir die betriebsüblichen Notwendigkeiten jedoch immer gegenwärtig sind. Bin ich aber gezwungen, mit der vorhandenen chaotischen Datenstruktur zu arbeiten, raubt mir das innerhalb kurzer Zeit jegliche Motivation. Ähnlich geht es mir in Unternehmen, die mit zwei oder mehr verschiedenen Systemen arbeiten, die eine doppelte und dreifache Dateneingabe nötig machen, was nicht selten ist. Das ist pure Zeit- und Ressourcenverschwendung, erhöht die Fehlerquellen und sorgt für Informationswirrwarr. Für mich schlicht inakzeptabel."

Ich kann mir vorstellen, dass dein Job für dich manchmal recht schwierig ist, weil du ja wohl nicht immer so handeln kannst, wie du es gern tätest?!

„Aufgrund meiner komplexen Denkweise fällt es mir schwer, mich an Regeln zu halten, in denen ich keinen Sinn sehe, und das geht auch nicht lange gut. Kaum etwas bringt mich mehr aus der Fassung als der Satz ‚Das ist eben so‘ oder ‚Das haben wir schon immer so gemacht‘. Solche Aussagen schmerzen mich fast körperlich, und ich beginne zu hyperventilieren. Die Rebellin in mir wird wach. Wie soll ich ein Problem lösen, wenn mir eine unsinnige Regel im Weg steht? Ich bin ausgesprochen unkonventionell und habe ausschließlich das (betriebliche) Ziel im Auge. Für eine schnelle und gute Lösung müssen Regeln manchmal (und sei es zeitweise) geändert oder außer Kraft gesetzt werden. So einfach ist das. ‚Geht nicht‘ gibt's nicht! Dabei interessieren mich weder Arbeitszeiten noch (nicht vorhandene) Arbeitsmöglichkeiten noch persönliche Befindlichkeiten. Ich selbst gehe in ‚Notfällen‘ über meine Grenzen und erwarte dies natürlich auch von allen anderen Beteiligten. Belobigungen oder dergleichen sind mir dabei nicht wichtig.

Allein das Erreichen des Ziels verschafft mir die Befriedigung, die mir eine Arbeit geben muss, damit ich bestmöglich funktioniere. Wenn das erreicht ist, kann ich ruhigen Gewissens wieder (ein wenig) langsamer arbeiten. Routinearbeiten allerdings sind für mich über einen längeren Zeitraum undenkbar. Dabei liegen meine geistigen Kapazitäten völlig brach und ich werde recht schnell unzufrieden. Flüchtigkeitsfehler schleichen sich schneller ein, als allen Beteiligten lieb ist. Ich habe nun mal ein gefräßiges Gehirn, das gefüttert werden will. Und das gibt natürlich auch reichlich Output.

Ich bin Perfektionistin. Insbesondere bei der Arbeit. Das heißt aber nicht, dass ich perfekt bin. Natürlich mache ich mal Fehler. Die gebe ich aber auch unumwunden zu und korrigiere sie selbstverständlich. Werde ich in meinem Schaffensdrang gebremst oder gar an etwas gehindert, hat das die unverzügliche innere Kündigung zur Folge, der dann bald auch die offizielle Kündigung folgt. Dasselbe gilt auch für nicht geklärte Ungerechtigkeiten, die durchaus nicht mich persönlich betreffen müssen."

Nach deinen Erläuterungen könnte der Eindruck entstehen, man hätte es mit drei verschiedenen Personen zu tun. Ist dieser „Rollenwechsel" für dich nicht schwierig?

Shelly lacht: *„Ich brauche keine Rolle zu wechseln, denn ich bin immer ich. Einfach so. Highly sensitive. Highly gifted. Und für manche eben highly crazy."*

Ich danke Shelly für dieses interessante Interview.

Denken in Bildern

Hochsensible denken überwiegend in Bildern. Was immer sie gefragt werden, was immer ihnen erzählt wird, was immer sie lesen, woran immer sie denken, alles wird in Form von Bildern und/oder Filmen vor ihrem geistigen Auge umgesetzt. Dieser Vorgang ist unwillkürlich und nicht beeinflussbar. Das ist zum Beispiel ein

Grund dafür, dass HSM oftmals von Filmen enttäuscht sind, deren literarische Vorlage sie schon gelesen haben: Der Film, den sie vor ihrem inneren Auge haben, stimmt nicht mit der Adaption für die Leinwand überein. Und das betrifft nicht nur Aussehen und Ausstattung der Protagonisten, sondern auch deren Stimmen, die jeweilige Umgebung und die vermittelten Gefühle und natürlich auch die Handlung und deren Aufbau beziehungsweise Ablauf. Diese Art des Denkens erfordert eine größere Informationsaufnahme und bedingt eine intensivere Informationsverarbeitung. Sie ist sehr schnell und sehr komplex und führt zu einer anderen Sicht auf die Dinge, als dies bei der sequenziellen Denkweise der Fall ist. Basierend auf den Schwerpunkten, die den beiden Gehirnhälften (Hemisphären) zugeschrieben werden, wird der Unterschied schnell ersichtlich.

Anmerkung: Das Hemisphärenmodell ist metaphorisch. Das heißt, es kann nicht absolut auf die beiden Hirnhälften übertragen werden, denn an den meisten Verarbeitungsprozessen sind tatsächlich beide Hemisphären beteiligt. Doch dieses Modell vereinfacht das Verständnis für unterschiedliche Wahrnehmungs- und Verarbeitungsformen, weshalb es sich gut für entsprechende Erklärungen eignet.

Die linke Hirnhälfte steuert die sprachliche und mathematische Informationsverarbeitung. Hier wird analysiert, geordnet und kontrolliert. Details werden organisiert, verarbeitet und logisch bewertet. Auf diese Weise erfolgt ein Verarbeiten vom Einfachen zum Komplexen, Details werden wie Puzzlestücke zusammengesetzt, bis sich ein komplettes Bild ergibt. Es ist die Form des linearen (auch: vertikalen) Denkens, das Schritt für Schritt im Zeitablauf kontinuierlich über eingeübte Muster erfolgt. Dies wird von Hören, Sprache und Zeitbewusstsein beeinflusst und gesteuert und deshalb nennt man jemanden mit bevorzugter Benutzung der linken Gehirnhälfte auch „auditiv-sequenziell" oder kurz „linkshirnlastig". Wird ein Mensch mit dieser Denkweise nach etwas gefragt, wird er erlernte Fakten zur Antwort geben. Es ist genau die Art, die zum Beispiel in Schulen gelehrt und erwartet wird: klare Frage, klare Antwort.

Die rechte Hirnhälfte arbeitet intuitiv und nonverbal. Hier hat die Erinnerung von Formen und Gesichtern ihren Sitz, also das räumliche Denken wie auch Fantasie und Kreativität. Hier erfolgt die bildhafte Verarbeitung vom Komplexen zum Einfachen. Das Gesamtbild wird in Details zerlegt, die zum großen Teil nicht erlernt, sondern intuitiv erfasst werden. Es ist die Form des „divergenten" (auch: lateralen) Denkens, umgangssprachlich auch „Querdenken" genannt. Es ist ein ganzheitliches Denken, bei dem der komplette Wissensschatz dieses Menschen vernetzt ist. Diese Vernetzung erfolgt über das Sehen und das räumliche Denken, weshalb man jemanden mit bevorzugter Benutzung der rechten Gehirnhälfte als „visuell-räumlich" oder kurz „rechtshirnlastig" bezeichnet. Wird ein Mensch mit dieser Denkweise nach etwas gefragt, wird er sehr wahrscheinlich die Augen leicht nach oben richten und aussehen, als blicke er in die Ferne. In Wahrheit jedoch richtet er seinen Blick nach innen und sucht in seinem reichhaltigen Bilderrepertoire nach der Antwort. In den meisten Fällen wird er um mehr Informationen zu der Frage bitten oder augenscheinlich ausweichend antworten mit „Kommt darauf an, …". In unserem Schulsystem kann dies den Eindruck erwecken, jemand wüsste die (vermeintlich) richtige Antwort nicht. Dabei entsteht dieses Zögern, weil dem „Bilderdenker" immer mehrere Möglichkeiten und Varianten zur Auswahl stehen und er sich ohne weitere Information nicht für eine bestimmte entscheiden kann.

Die auditiv-sequenzielle Denkweise ist vergleichbar mit der Sichtweite, die ein Bergsteiger hat, der sich auf dem direkten Aufstieg befindet und Schritt für Schritt seinen Weg fortsetzt – entweder weil er von Nebel umgeben oder der Berg im Ansatz nicht zu überblicken ist. Dabei kann er nur den Umriss und die Struktur für seinen nächsten Schritt ins Kalkül ziehen. So erhält er erst nach vielen Besteigungen ein umfassendes Bild des Berges.

Der visuell-räumlich Denkende wird den Berg zunächst umkreisen und auf diese Weise sein ganzes Ausmaß und einige Details wahrnehmen, bis ein nahezu komplettes Bild entstanden ist.

Erst dann wird er sich für einen Weg für seinen Aufstieg entscheiden und sich mit den für ihn wichtigen Details der Besteigung beschäftigen.

Beide Arten des Denkens sind angeboren und in den Gehirnstrukturen fest verankert. Deshalb sind sie auch willkürlich grundsätzlich nicht veränderbar, wenngleich *Teile* beider Denkweisen vom jeweils anderen erlernt werden können.

Beim Denken in Bildern geht es also um die Funktions- und Arbeitsweise der rechten Gehirnhälfte, deren Verständnis und die Auswirkungen, die dies im Alltag hat.

Divergentes Denken zeigt sich als ein intuitives Verstehen komplexer Zusammenhänge. Diese ganzheitliche (holistische) Sichtweise kann dazu führen, dass der Betreffende einzelne Zwischenschritte, die ihn zu seinem Ergebnis gebracht haben, auslässt. Das äußert sich in Alltagsgesprächen häufig in Form von Gedankensprüngen, die der divergente Denker selbst erst dann als solche wahrnimmt, wenn er von seinen Gesprächspartnern darauf aufmerksam gemacht wird: „Wie kommst du jetzt plötzlich darauf?", „Gerade warst du noch ganz woanders!", „Das eine hat doch mit dem anderen nichts zu tun!", „Bleib doch mal beim Thema!". Wenn jemandem nicht bewusst ist, dass er „rechtshirnlastig" denkt und dass das bei Weitem nicht jeder Menschen genauso macht, kann das große Verwirrung stiften. Die/der Betreffende fühlt sich unverstanden und unfähig, anderen zu erklären, was sie/er meint. Sie oder er weiß nicht, dass im eigenen Kopf gleichzeitig mehrere, für andere scheinbar unzusammenhängende Konzepte verarbeitet werden und vom großen Ganzen auf Details geschlossen wird. Durch das fantasievolle Kombinieren vorhandener Wissensbausteine werden neue Ideen produziert und auch kommuniziert. Auf der Suche nach Verbindungen und Verknüpfungsmöglichkeiten springen die Gedanken oft von einem Thema zum anderen, um sich dann mit völlig neuen Ergebnissen wieder beim Ursprungsthema zu präsentieren. Das ist Grundlage und Nahrung für Kreativität. Diese Vorgänge finden weitestgehend unbewusst statt und lassen den divergenten Denker nach Gesprächen oftmals verwirrt zurück. Weil er nicht versteht, weshalb andere seinen

Ausführungen nicht folgen konnten, geht er in den meisten Fällen davon aus, dass sie es gar nicht wollten oder er selbst nicht in der Lage war, seine Gedanken verständlich „rüberzubringen". Und so kommt es dazu, dass er selbst an seinen Fähigkeiten, der Richtigkeit oder gar Berechtigung seiner Gedanken und Ideen zweifelt. Im selben Maße begreifen andere oftmals diese Gedankengänge nicht, finden bei Gedankensprüngen keinen Anschluss und gelangen ihrerseits zu der Ansicht, dass die Sichtweisen, Aussagen und Ideen des divergenten Denkers zumindest doch sehr zweifelhaft, wenn nicht gar völlig unsinnig sind.

Wenn Sie selbst auch festgestellt haben, dass Sie häufig nicht verstanden und mit oben beschriebenen Aussagen konfrontiert werden, machen Sie sich bewusst, dass nur verhältnismäßig wenige Menschen in Bildern denken. Überfordern Sie andere nicht, indem Sie erwarten, dass diese sich „bemühen", Ihrer Denkweise zu folgen. Für Sie ist das alles ganz einfach und normal, nicht aber für jemanden, dem diese Form des Denkens nicht in die Wiege gelegt wurde. Wenn Sie verstanden werden möchten, und das ist wohl das Ziel eines jeden – und sollte es sein –, dann werden Sie sich darüber klar, dass Sie anders denken. Üben Sie sich darin, Ihr Denken zu entschleunigen, und kommen Sie damit Ihren Gesprächspartnern entgegen. Das mag Ihnen hier und da anstrengend erscheinen, doch eine für beide Seiten sinnvolle und verständliche Kommunikation im Alltag wird Sie sicher für diese Anstrengung entlohnen. Und wenn Sie Ihren Gedanken ausgiebig und ausschweifend freien Lauf lassen wollen, dann tun Sie dies im Kreis anderer Bilderdenker. Sie werden sicher den einen oder anderen Menschen kennen, von dem Sie sich auf Anhieb und nahezu immer verstanden fühlten. Dass diese Zeitgenossen ebenfalls „Bilderdenker" sind, ist sehr wahrscheinlich. Wenn Sie niemand derartigen in Ihrer Umgebung haben, dann machen Sie sich auf die Suche! Es gibt nahezu überall Philosophier-Zirkel, denen Sie beitreten können. Oder belegen Sie einen Literaturkurs an einer Volkshochschule oder einen Kurs für kreatives Schreiben. Die Wahrscheinlichkeit, dass Sie dort andere „Bilderdenker" treffen, ist sehr groß.

Das Lernverhalten divergenter Denker

Die meisten „Bilderdenker" werden sich wohl bei dem Wort „lernen" als Erstes ein Klassenzimmer vorstellen und es darüber mit Kindern in Verbindung bringen. In der Tat ist es so, dass visuell-räumlich denkende Kinder in der Schule eher Probleme haben als andere, weil unser Schulsystem für auditiv-sequenziell Denkende und Lernende ausgelegt ist. Doch weil sich die Form des Denkens nicht ändert, sind Ausführungen über das Lernverhalten für jedes Alter interessant und wichtig. Insbesondere weil sich HSM in den meisten Fällen ein Leben lang weiterbilden. Da auch Universitäten und Weiterbildungsinstitute aller Art regelmäßig auf das sequenziell-auditive Lernen ausgerichtet sind, haben erwachsene „Bilderdenker" hier dieselben Lernprobleme wie schon zu Schulzeiten. Und selbst wenn Sie keine derartigen Probleme hatten und haben, vermag das Wissen darüber sehr hilfreich zu sein und kann vielleicht dazu beitragen, dass Sie in Zukunft noch einfacher, besser und vor allem stressfreier lernen können. Folgende Bilder zeigen deutlich die Unterschiede zwischen beiden Lerntypen:

Auditiv-sequenzielle Lerner lernen Schritt für Schritt
vom Detail zum Ganzen:

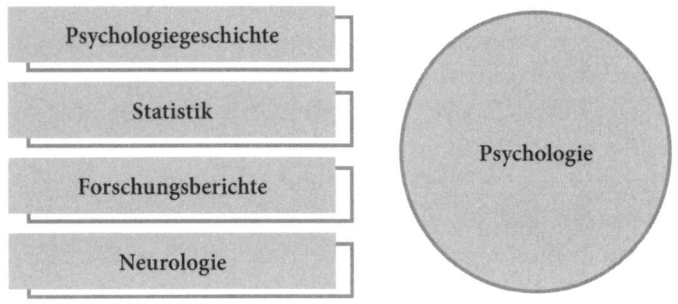

Abbildung 1: Einzelthemen lernen   Abbildung 2: Einzelthemen zusammenfassen

Visuell-räumliche Lerner lernen genau umgekehrt,
vom Ganzen zum Detail:

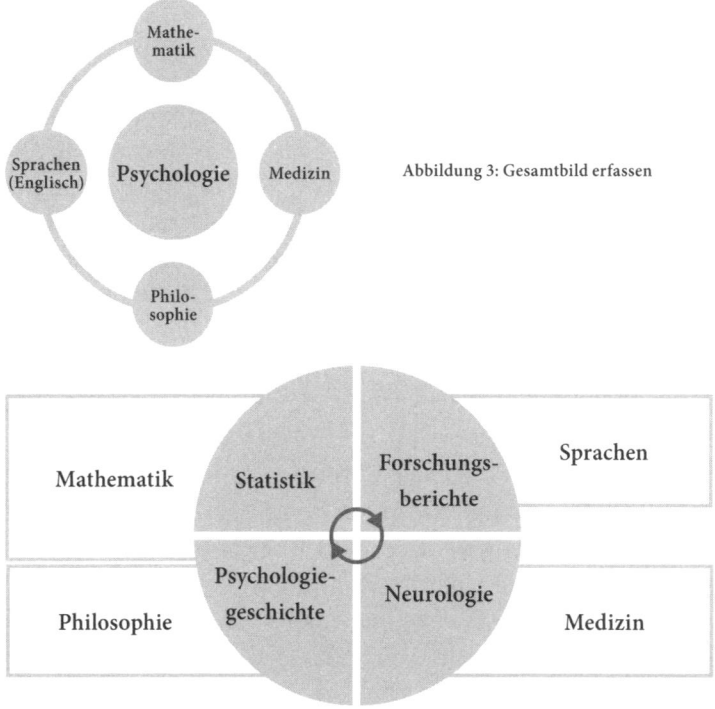

Abbildung 3: Gesamtbild erfassen

Abbildung 4: Einzelelemente zueinander in Beziehung setzen

Dies bedeutet: Visuell-räumliche Lerner, das heißt divergente Denker, müssen visualisieren, um zu lernen – und darin sind sie auch ganz großartig, weil sie ja sowieso hauptsächlich in Bildern denken, sprich: alles visualisieren. Und deshalb bildet das Visualisieren für sie auch die Grundlage einer erfolgreichen Informationsverarbeitung und damit für erfolgreiches Lernen. Dabei ist es wichtig, dass sie ihrer komplexen Denkweise gerecht werden und zunächst das Ganze erfassen, anschließend einzelne Elemente zueinander in Beziehung setzen, um dann erst die Details zu lernen. Ohne ersten großen Überblick und ohne Beziehungsmuster zwischen den Einzelelementen sind sie in den einzelnen Bereichen orientierungslos und das Lernen ergibt für sie keinen Sinn.

Wenn Sie also etwas Neues lernen möchten, machen Sie sich bewusst, dass Sie zuerst das Konzept begreifen und erkennen müssen, mit welchen anderen Konzepten es in Verbindung steht. Sich dieses große Gesamtbild zu erarbeiten, kann zu Anfang der Beschäftigung mit einem Thema viel Zeit in Anspruch nehmen, sodass Sie den Eindruck gewinnen, andere lernten schneller als Sie. Haben Sie das Gesamtbild aber erst einmal vor Augen, lassen sich die Details mit relativ wenig Aufwand ausmachen und einfügen. Auf diese Weise wird Ihr Wissensschatz auf Dauer haltbar sein, und Wiederholungen werden unnötig. Überhaupt fallen Wiederholungen von Details (zum Beispiel auswendig lernen) Bilderdenkern immer sehr schwer, denn das ist ein wesentlicher Aspekt des auditiv-sequenziellen Lernens und damit für divergente Denker eher kontraproduktiv als hilfreich. Denn diese andere Lernweise läuft ihrer natürlichen Ausrichtung völlig entgegen, und deswegen haben sie hier auch teilweise große Schwächen zu verzeichnen. Vielleicht ist es Ihnen auch bekannt, dass Sie Bücher ohne Inhaltsverzeichnis nicht gern lesen mögen? Insbesondere wenn es sich um Fachbücher handelt, durch die neues Wissen vermittelt werden soll, bietet schon allein das Inhaltsverzeichnis eine gute Möglichkeit, sich einen Überblick zu verschaffen, Unterschiede und Verbindungen zu erkennen und sowohl Umfang als auch Tiefe eines Themas zu erfassen. Wenn sie sich ohne diesen Überblick ans Werk machen sollen, vergeht divergenten Lernern schon gleich zu Beginn die Lust.

Speziell visuell-räumlich lernende Kinder werden in der Schule häufig verkannt. Die dort vorherrschende auditiv-sequenzielle Lernform zwingt sie dazu, den von ihren Lehrern vorgetragenen Lernstoff zwecks Aufnahme erst einmal in ihre Denkweise zu übersetzen, und wenn sie antworten sollen, diesen Übersetzungsvorgang in der anderen Richtung vorzunehmen. Durch die zeitliche Verzögerung kann so nach außen das Bild entstehen, sie hätten eine Lernschwäche oder etwas nicht verstanden oder nicht gelernt. Da dieser „Übersetzungsvorgang" während des Unterrichts permanent stattfinden muss, wirken diese Kinder zeitweise abwesend und sind es in der Tat. Auch den Inhalt von

Klassenarbeiten müssen sie häufig in ihre Denkweise übersetzen, weshalb sie das geforderte Pensum in der vorgegebenen Zeit oft nicht schaffen. Die im Lernstoff tatsächlich entstandenen Lücken scheinen sich dann in den Arbeiten zu zeigen, was den Eindruck, sie seien lernschwach oder gar lernbehindert, noch weiter verstärkt. Und das kann dazu führen, dass sie selbst diesen Eindruck übernehmen und sich selbst auch nichts mehr zutrauen, obwohl sie alle eine überdurchschnittliche Intelligenz besitzen. Dieser Zustand ändert sich das ganze Leben lang nicht mehr, es sei denn, die Betreffenden werden erkannt oder erkennen sich selbst. Das mangelnde Selbstvertrauen dann wiederaufzubauen ist nicht leicht und kostet Zeit und Kraft.

Divergente Denker können sehr gut komplex und systematisch denken. Sie haben eine hohe Abstraktionsfähigkeit und ein ausgezeichnetes visuelles Gedächtnis. Sie sind fantasievoll und kreativ und hegen eine Vorliebe für Kunst und Musik. Auf der anderen Seite versagen sie häufig bei einfachen Aufgaben, können schlecht bis gar nicht auswendig lernen und haben oft eine Rechtschreibschwäche, gepaart mit einer schwer lesbaren Handschrift. In Tests mit Zeitbegrenzung zeigen sie wenig bis gar keine Leistung.

Allgemeine Persönlichkeitsmerkmale von Bilderdenkern lassen sich wie folgt zusammenfassen:

- Komplexes Denken bei gleichzeitigem Scheitern an einfachen Dingen
- Hohe Intelligenz
- Starke bis extreme Empfindlichkeit aller fünf Sinne, vorwiegend Geräusch- und Lichtempfindlichkeit
- Emotionale Empfindsamkeit, reagiert empfindlich auf Kritik
- Sehr gutes Erinnerungsvermögen an Orte und Wege dorthin
- Vorliebe für Kunst und Musik, künstlerische Fähigkeiten
- Reiches Innenleben und entsprechende Traumwelt

Bei den hier herausgearbeiteten Merkmalen fällt sehr deutlich ihre Nähe zur Hochsensibilität und auch zur Hochbegabung und Synästhesie auf. Und in der Tat denken die meisten Hochbegabten und auch die meisten Synästheten überwiegend in Bildern (Farben, Formen, Gefühlen).

Es ist sicher von zentraler Bedeutung für Sie zu wissen, auf welche Weise Sie Informationen aufnehmen und verarbeiten. Mit diesem Wissen können Sie sich in Ihrem Alltag vieles erklären und sich vielleicht besser auf Ihr Gegenüber einstellen, was beiden zugutekommt. Beim Lernen von Kindern und auch Erwachsenen kann es die Erklärung für vielerlei Probleme bieten und eine individuelle Lösung erst ermöglichen.

Wenn Sie überwiegend in Bildern denken, verschaffen Sie sich zuerst einen Überblick. Ihrem Kind können Sie dabei helfen, indem Sie viel mit Bildern arbeiten, ihm erklären, wo im Gesamtkontext das zu bearbeitende Thema eingebunden ist und mit welchen anderen Themen es in Verbindung steht. Sie selbst wissen am besten, was an Informationen Sie Ihrem Kind zumuten können und wann und womit Sie es überfordern (würden). Das ist in erheblichem Maße auch altersabhängig. Wenn Sie Ihrem Kind die notwendigen Informationen liefern, damit es sich einen Überblick verschaffen und sich damit im Thema orientieren kann, wird es in der Schule sicher erheblich weniger Schwierigkeiten haben. Das gilt natürlich auch für Sie selbst, wenn Sie als Erwachsener etwas Neues lernen möchten. Probieren Sie es aus, Ihnen stehen vielfältige Möglichkeiten zur Verfügung.

Hochbegabung

„Ich bin hochsensibel, aber auf gar keinen Fall hochbegabt!"
„Ich bin hochbegabt, aber ganz sicher nicht hochsensibel!"
Das sind zwei aus unterschiedlichen Perspektiven getroffene Aussagen, die ich immer wieder höre oder lese. In der Tat wird im Bereich der Hochsensibilität auch viel von „Hochbegabung" gesprochen und im Bereich der Hochbegabung hat auch das Thema „Hochsensibilität" Einzug gehalten. Dennoch werden beide Themen getrennt betrachtet und erforscht. Wer über Hochsensibilität schreibt, kommt um das Thema „Hochbegabung" nicht herum, denn es gibt deutliche Überschneidungen, und die möchte ich Ihnen nicht vorenthalten.

Auch um dieses Thema ranken sich Mythen und Begriffe. Da ist von „Intelligenz", „Talent", „Begabung" und vielen weiteren Dingen die Rede, und alles wird in einen Topf geworfen. Kommen dann auch noch Begriffe wie „Inselbegabung", „Wunderkind" und „emotionale Intelligenz" dazu, ist die Verwirrung perfekt. Doch beim Thema „Hochbegabung" sollte man – wie bei anderen wissenschaftlich definierten Begriffen auch – bei der Sache bleiben, um einen klaren Überblick zu er- und zu behalten.

Die einzige allgemeingültige und klare Definition für den Begriff „Hochbegabung" ist mit „IQ ≥130" auch schon erschöpft. Etwas weniger übersichtlich wird es bei der Definition von Intelligenz. Man könnte fast meinen, es gebe ebenso viele Intelligenzmodelle wie Intelligenzforscher. Eine sehr wichtige Unterscheidung kann man jedoch weitgehend als allgemeingültig ansehen, und das ist die zwischen *Potenzial* und *Performance*.

Eine hohe Intelligenz ist zunächst ein Potenzial. Drückt sich dieses Potenzial in Form von Leistung aus, so ist dies die Performance (Vorführung, Umsetzung). Während das Potenzial angeboren ist, hängt die Performance zum großen Teil von der (sozialen) Entwicklung des Menschen und seinem Umfeld ab. Eine hohe Intelligenz ist also ein angeborenes Potenzial, um große Leistungen zu erbringen. Potenzial und Performance führen gemeinsam zu hohen oder Höchstleistungen.

Der Psychologie-Professor **Detlef Rost** (er initiierte die Marburger Hochbegabtenstudie) definiert Hochbegabung folgendermaßen:

„Hochbegabt ist, wer sich schnell Wissen über Sachverhalte und Problemlösungsstrategien aneignen kann, dieses Wissen in unterschiedlichen Situationen für unterschiedliche Problemlösungen effektiv nutzt, rasch aus seinen dabei gemachten Erfahrungen lernt und erkennt, auf welche neuen Situationen beziehungsweise Probleme er seine gewonnenen Erkenntnisse übertragen kann und auf welche nicht."

Prof. Aljoscha Neubauer, Professor für Differentielle und Persönlichkeitspsychologie, gibt folgende Definition von Intelligenz:

„Intelligenz ist die Fähigkeit, sich in neuen Situationen aufgrund von Einsichten zurechtzufinden und Aufgaben mithilfe des Denkens zu lösen, ohne dass hierfür die Erfahrung, sondern die Erfassung von Beziehungen das Wesentliche ist."

Und er sagt weiter:

„Intelligentere lernen schneller, können Wissen flexibler einsetzen, können abstrakte Konzepte besser verstehen."

Hier fällt deutlich auf, dass beide Definitionen wesentliche Aspekte des divergenten Denkens aufweisen. Meiner Erfahrung nach kommen sie dem Ich-Erleben überdurchschnittlich intelligenter Menschen sehr nahe.

Nach der allgemeingültigen Definition ist es in der Tat so, dass sich jemand nur dann als „hochbegabt" bezeichnen darf, wenn er einen IQ von mindestens 130 nachweisen kann.

Dieser Nachweis muss durch einen standardisierten IQ-Test erbracht werden.

Doch der *gemessene* IQ ist nur ein Bruchteil dessen, was die sogenannte Hochbegabung (HB) ausmacht. Hochbegabte sind viel mehr als „nur" ihr Intelligenzquotient. Sie haben eine Reihe von Persönlichkeitsmerkmalen gemeinsam, wobei die meisten angeboren sind:

• Gefühle des „Andersseins"
• Hohes Denk- und Sprechtempo; gegebenenfalls sprunghaftes, assoziatives Denken (andere können oft nicht folgen)
• Sehr gutes sprachliches Ausdrucksvermögen, großer Wortschatz, gegebenenfalls gewählte Ausdrucksweise
• Hohe Abstraktionsfähigkeit und gutes logisches Denkvermögen
• Ausgiebiges Reflektieren
• Freude an kontroversen Diskussionen; kritisches Hinterfragen von Meinungen; Fähigkeit zum Perspektivenwechsel

- Freiwillige Beschäftigung mit anspruchsvollen Themen
- Individualismus und Nonkonformismus; ungewöhnliche Standpunkte und Anschauungen
- Sinn für Ironie und absurden Humor
- Kreative, künstlerische Fähigkeiten
- Ausgeprägtes Gerechtigkeitsempfinden
- Erhöhte emotionale Sensibilität
- Ungeduld, Langeweile und Konzentrationsmangel bei monotonen Aufgaben
- Überhöhte Selbstansprüche, Selbstzweifel, Selbstkritik, Perfektionismus
- Besonderheiten in der Sinneswahrnehmung (Licht-, Lärm-, Berührungs-, Geruchsempfindlichkeit)

„Auffällig ist die übersensibilisierte Wahrnehmungsfähigkeit."
(Tutorium Berlin)

Die heutige Intelligenzforschung hat ihre Wurzeln in der zweiten Hälfte des 19. Jahrhunderts, als sich Sir Francis Galton mit Intelligenz und Begabung beschäftigte und nach Möglichkeiten für deren Messung suchte. Er fand heraus, dass Intelligenz oder „herausragende Leistungen", hinter denen er Intelligenz vermutete, in manchen Familien gehäuft auftreten. Daher ging schon Galton von einer Vererblichkeit der Intelligenz aus.

1905 entwickelte Alfred Binet im Auftrag der französischen Regierung den ersten Intelligenztest für Kinder (Binet-Simon-Test). Dieser Test gab die mentale Leistungsfähigkeit als Intelligenzalter an. Dieses Intelligenzalter sollte aussagen, wie alt ein Kind „vom Kopf her" ist. Konnte es Aufgaben lösen, die für ältere Kinder gedacht waren, lag sein Intelligenzalter über dem Lebensalter und umgekehrt.

Das, was wir heute als Intelligenzquotienten (IQ) kennen, ist die Messgröße für das allgemeine *intellektuelle* Leistungsvermögen eines Menschen, also sein angeborenes Potenzial. Dieses Leistungsvermögen wird mithilfe von Intelligenztests ermittelt.

Die sich ergebende Zahl vergleicht man dann mit den Ergebnissen anderer Personen, die den Test im selben Zeitraum gemacht haben und im selben Alter sind. Dabei geht man davon aus, dass die Intelligenz in der Bevölkerung „normalverteilt" ist, wobei ein Mittelwert von 100 und eine Standardabweichung von 15 Punkten angenommen wird. Nach diesem Modell hat der Großteil der Menschen einen IQ zwischen 85 und 115. Je größer die Abweichung vom Mittelwert ist, desto weniger Menschen gibt es, die den gleichen IQ aufweisen.

Die Normalverteilung (nicht nur) der Intelligenz lässt sich anhand der Gauß'schen Glockenkurve grafisch darstellen (die folgende Grafik habe ich selbst erstellt und auch bereits auf meiner Website veröffentlicht):

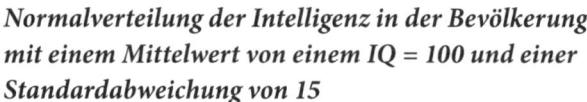

Normalverteilung der Intelligenz in der Bevölkerung mit einem Mittelwert von einem IQ = 100 und einer Standardabweichung von 15

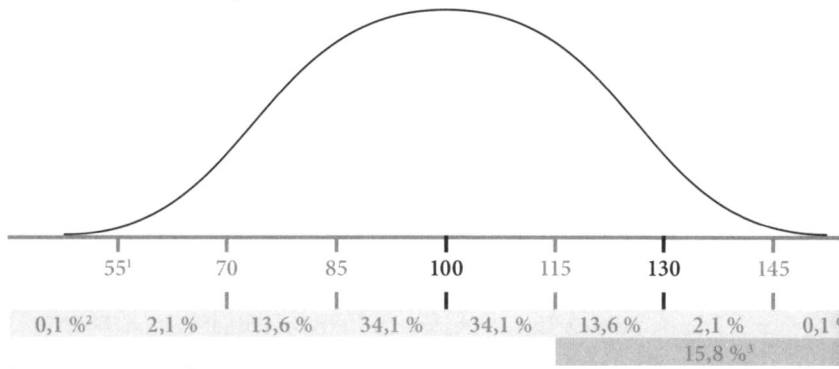

[1] IQ-Werte von 55 bis 145
[2] Anteil der Bevölkerung in Prozent
[3] kumulierter Anteil in der Bevölkerung ab einem IQ von 115

Die heute gängige akademische Definition des Intelligenzquotienten ist auf den amerikanischen Psychologen David Wechsler zurückzuführen, der in den 1930er-Jahren die Anwendung der Skala mit einem Mittelwert von 100 und einer Standardabweichung von 15 vorschlug.

Der Wert, ab dem ein hoher IQ als „Hochbegabung" bezeichnet wird, kam dadurch zustande, dass zwei Standardabweichungen über dem Mittelwert (100 + 15 + 15 = 130) als *hinreichend überdurchschnittlich gelten"* konnten. Er war also, wenn man so will, reine Willkür und hat(te) rein gar nichts mit irgendwelchen Persönlichkeitsmerkmalen zu tun.

Die *Persönlichkeit* der sogenannten Hochbegabten spielt bei dieser Form der Definition eine untergeordnete, in der Öffentlichkeit überhaupt keine Rolle.

Genau das ist es aber, was einen (Hoch-)Begabten ausmacht. In der langen Reihe der Forscher, die sich mit diesem Thema befass(t)en, fällt einer besonders auf: der polnische Psychologe Kazimierz Dabrowski.

Er hat sich intensiv mit dem Thema „Hochbegabung" beschäftigt und anhand einer Langzeitstudie mit hochbegabten Jugendlichen verschiedene Charakteristika herausgearbeitet. Er bezeichnete sie als *„Overexcitabilities"*: ein hohes Empfindungsvermögen, eine auffallende Sensitivität. Dieser Begriff sollte verdeutlichen, dass Reize in Intensität und Dauer merkbar überdurchschnittlich wahrgenommen werden. Dabrowski betrachtete Hochbegabung als angeborenes Entwicklungspotenzial, seiner Ansicht nach äußert sich dieses Potenzial durch die Menge und Intensität von Übererregbarkeiten, das heißt erhöhte Reaktionen auf Reize. Er nennt fünf solcher Dimensionen der Übererregbarkeiten:

- **Psychomotorische Dimension**
  erhöhter Energielevel, schnelles Sprechen, Handlungsdruck, Impulsivität, nervöse Angewohnheiten (Nägelbeißen etc.)
- **Sensorische Dimension**
  Wertschätzung von Literatur, Musik und Ästhetik, Sensitivität im Sehen, Hören, Riechen, Schmecken, Tastsinn (Berührungen, Etiketten in der Kleidung stören)
- **Imaginative Dimension**
  Fähigkeit, Dinge zu visualisieren, ausgeprägte Fantasie, Erfindungsreichtum, Kreativität, literarische, künstlerische oder dramaturgische Begabung, vielgestaltige Träume, Ängste vor Unbekanntem (Neuem)

- **Intellektuelle Dimension**
  tiefgehende Fragen, theoretisches und moralisches Denken, die Fähigkeit, Probleme zu lösen, Interesse am Abstrakten, Wissbegier, Konzentration, analytisches Denken, Introspektion (bewusste Beobachtung der eigenen Gefühle, Gedanken und Verhalten)
- **Emotionale Dimension**
  Extreme Verbindung zu anderen, Identifikation mit den Gefühlen anderer, komplexe Emotionen und Gefühle, sehr gute Ausdrucksweise, leicht zu beschämen, Schuldgefühle, Schwierigkeiten mit Veränderungen etc.

Damit konzentrierte sich Dabrowski ausschließlich auf die besonderen Persönlichkeitsmerkmale von Hochbegabung.

Ich betone das deshalb so ausdrücklich, weil Dr. Dabrowski meines Wissens als erster und einziger Wissenschaftler diese Menschen als Ganzes betrachtete und sie nicht auf eine oder einige wenige Eigenschaften reduzierte. Insgesamt weisen diese *Overexcitabilities* eine frappante Ähnlichkeit mit den in der Literatur beschriebenen Persönlichkeitsmerkmalen von HSM auf, wobei dieser Begriff zum damaligen Zeitpunkt noch keinerlei Berücksichtigung fand. Viele der heutigen HB-Forscher und insbesondere HB-Förderer beziehen Dr. Dabrowskis Untersuchungen erfreulicherweise in ihr Identifizierungsverfahren mit ein, meist jedoch ohne expliziten Bezug.

Im Bereich der Betreuung und Förderung hochbegabter Kinder und Jugendlicher wurde vielerorts bereits festgestellt, dass sich diese „andere Form des Empfindens und Denkens" und ein mitunter daraus resultierender Leidensdruck schon bei einem IQ von 115 (*eine* Standardabweichung) bemerkbar macht. Förderprogramme für Hochbegabte sind hier genauso hilfreich wie bei einem IQ von über 130 und ein Segen für diese Kinder und Jugendlichen. Und warum sollte das bei Erwachsenen anders sein? Sollten Sie sich also als hochsensibler Mensch auch in den Persönlichkeitsmerkmalen Hochbegabter wiedererkennen, dann informieren Sie sich auch über dieses Thema.

Katharina Fietze schreibt in ihrem Buch *Kluge Mädchen*:
„Geht man vom Modell der neuronalen Überempfindlichkeit [...] aus, durchdringt Hochbegabung den ganzen Menschen. Sie sitzt als gesteigerte intellektuelle Aufnahmebereitschaft im Geist, als emotionale Sensibilität in der Seele und als erhöhte Sinneswahrnehmung im Körper. Somit haben intellektuell hochbegabte Menschen ebenfalls eine hochbegabte Seele und einen hochbegabten Leib."

IQ-Test: ja oder nein?

Die meisten hochsensiblen Erwachsenen haben eine große Scheu vor einem Intelligenztest. Das hat viele unterschiedliche Gründe, einer davon ist aber ganz sicher die (falsche) Vorstellung von einem hochbegabten Menschen. In der Öffentlichkeit hört und liest man zuweilen von „Wunderkindern", die unglaubliche musikalische, mathematische oder sonstige Fähigkeiten an den Tag legen. Manche machen schon als 13-Jährige Abitur und beginnen ein Studium, das sie dann ebenfalls binnen kürzester Zeit und mit Leichtigkeit zum Abschluss bringen. Bei Erwachsenen erfährt man in diesem Zusammenhang von Sprach- oder Mathematikgenies. Das alles mögen Hochbegabte sein. Eine herausragende Leistung ist jedoch nicht zwingend ein Kriterium für eine vorliegende (weit) überdurchschnittliche Intelligenz. Doch dieses Bild von Intelligenz oder auch Hochbegabung steckt in den Köpfen und vor allem in denen derer, die bis ins Erwachsenenalter nicht als Hochbegabte „enttarnt" wurden.

Miriam beschreibt es so:
„Zunächst glich für mich das Vorliegen einer Hochbegabung dem Sein als Übermensch – geprägt durch mein persönliches Erleben von externen Erwartungsäußerungen: Ich sollte (fast) alles können, sowie von dem verfälschten, gesellschaftlich geprägten Bild, Hochbegabte seien ‚Perfekt-Wisser'.

Zusätzlich kam meine Angst zum Vorschein, durch eine Hochbegabung alleine zu sein, selbst davonzulaufen, anderen zu kompliziert zu werden (als wäre das nicht schon generell das offizielle Bild von mir). Ich denke, dahingehend wurden bei mir existenzielle Ängste wach. Ich vermute, dies hing nicht nur mit einem Verlustgefühl zusammen, sondern auch damit, dass viele Bestandteile meiner selbst bisher ins Leere gelaufen sind, nicht aufgefangen wurden. Wenn andere mich genauer betrachtet haben, dann galt ich als kompliziert oder untragbar. So war mein Selbstbild zu einem großen Teil von ,Ich überfordere nur' geprägt."

Hendrik erzählt:

„Ich hielt das Vorliegen einer Hochbegabung bei mir für völlig abwegig und wies diese Idee ganz weit von mir. Ich war sogar wütend, dass es jemand wagte, mir so etwas zu sagen! Mit Ach und Krach habe ich mein Abitur geschafft, war nie ein guter Schüler. Nach meinem abgebrochenen Studium habe ich mich als Gelegenheitsarbeiter über Wasser gehalten, bis ich mit viel Glück und einem wohlwollenden Chef fest angestellt wurde. Ich habe diverse Weiterbildungen gemacht, aber immer noch keine richtige Ausbildung. In meinem Elternhaus war ich das Sorgenkind. Im Gegensatz zu meinem Bruder, der problemlos durch Schule und Studium ging und sogar einen Doktortitel hat. Über lange Strecken habe ich sogar geglaubt, ich sei adoptiert. Wie sonst konnte es sein, dass mein Bruder so schlau war und ich so dumm? Heute, 20 Jahre später, habe ich einen recht gut bezahlten Job. Aber in meiner Familie bin ich immer noch der, der es zu nichts gebracht hat. Dass ich vor Kurzem einen Intelligenztest gemacht habe und tatsächlich hochbegabt bin, habe ich außer meiner Frau niemandem erzählt. Zu groß ist die Scham, nichts daraus gemacht zu haben."

Diese Aussagen zeigen deutlich, dass Hochbegabung immer mit *sichtbarer Leistung* in Verbindung gebracht wird. Tatsächlich erbringen aber nicht sehr viele Hochbegabte besondere oder gar herausragende Leistungen. Und diese Tatsache erschwert es vielen Menschen so sehr, eine Hochbegabung an sich selbst festzustellen oder sie nach der Entdeckung auch wahrhaben zu wollen. Sie erkennen sich in den Beschreibungen der Persönlichkeitsmerkmale wieder und suchen dennoch nach allen möglichen anderen Erklärungen für ihre Gedanken, Gefühle und ihr Verhalten. In Teilen und für einen gewissen Zeitraum finden viele Hochbegabte solche Erklärungen auch in anderen Bereichen, doch sind sie erfahrungsgemäß nicht langfristig hilfreich. Wenngleich viele behaupten, die Gewissheit sei für sie nicht wichtig, ist es für viele Erwachsene notwendig, einen IQ-Test zu absolvieren, damit sie sich selbst glauben können und damit ihr Selbstbild und ihre Persönlichkeitsentwicklung korrigieren können. Einigen wenigen ist und bleibt der numerische Ausdruck ihres Intelligenzquotienten an sich nicht wichtig. Es sind meistens diejenigen Menschen, die auch ohne dieses Wissen einen für sie befriedigenden Lebensweg gegangen sind.

Falls Sie selbst einen solchen Test absolvieren möchten, sollten Sie wissen, dass es dafür mehrere Möglichkeiten gibt: Intelligenztests werden zum Beispiel vom Hochbegabtenverein Mensa e. V. angeboten. Dieser Verein veranstaltet turnusmäßig in fast allen großen Städten Deutschlands Testungen, zu denen sich jeder anmelden kann. Dabei werden immer mehrere Personen gleichzeitig in mehreren Bereichen getestet, und nach der Auswertung wird den einzelnen Teilnehmern ihr Testergebnis in Form einer Zahl, des Durchschnittswerts, per Post mitgeteilt. Diese Form der Testung ist mit derzeit rund 50 Euro recht kostengünstig. Die Testsituation als solche ist jedoch für viele HSM so gar nicht günstig: Sie kommen in eine ihnen fremde Umgebung, haben dort viele fremde Menschen um sich und stehen bei dem Test selbst unter Zeitdruck. Das bedeutet: Sie erfahren sehr viele Eindrücke auf einmal, die Sie auch noch schnell verarbeiten müssen. Das ist nicht für alle hochsensiblen Menschen machbar. Zusätzlich besteht die Möglichkeit, sich ein ausführliches Testergebnis schicken zu lassen, was derzeit mit weiteren etwa 50 Euro zu Buche schlägt. Persönliche, individuelle Gespräche lassen sich dort jedoch nicht führen.

Darüber hinaus kann man sich von einem in Sachen Hochbegabung kundigen Psychologen testen lassen. Dabei gehört zu dem Identifizierungsverfahren für eine Hochbegabung in aller Regel eine ausführliche Anamnese (Erfassung Ihrer Lebensgeschichte), die es dem Psychologen und im Gespräch auch Ihnen erlaubt, vorab eine Einschätzung vorzunehmen, ob Sie hochbegabt sein könnten. Nach der Testauswertung erhalten Sie ein detailliertes Ergebnis, das Ihnen in einem persönlichen Gespräch genau erläutert wird. Diese Form der Testung ist mit der Gebühr von derzeit rund 300 Euro (Mittelwert) vergleichsweise teuer, für viele HSM aber die bessere Vorgehensweise. Seit einiger Zeit kann man einen Intelligenztest auch zu Hause online durchführen, derzeitige Kosten: rund 100 Euro. Dazu meldet man sich bei einem der Psychologen an, die dieses Verfahren anbieten. Er wird Sie registrieren und Ihnen per E-Mail einen Link schicken. Unter dieser Adresse absolvieren Sie den Test dann bequem zu Hause, in Ihrer gewohnten Umgebung und in Ruhe. Ist die letzte Testfrage beantwortet, schließt sich das Fenster, und damit landet der Test in der Datenbank, die ihn auswertet. Der Teilnehmer braucht nichts weiter zu unternehmen. Auch hier erhalten Sie ein ausführliches Testergebnis, allerdings ebenfalls ohne persönliches Gespräch. Diese Testmethode lässt sich nach Absprache mit einem Gespräch bei dem betreffenden Psychologen kombinieren, beispielsweise auch telefonisch. Es ist wichtig, dass Sie sich vorher selbst beziehungsweise Ihre Reaktionsweise in Prüfungssituationen und unter Zeitdruck realistisch einschätzen. Wenn Sie damit erfahrungsgemäß nicht gut zurechtkommen, sollten Sie keinen preisgünstigen „Schnelltest" machen, sondern darüber nachdenken, ob Sie einen in HB geschulten Psychologen aufsuchen. Dadurch haben Sie jemanden, mit dem Sie vorher, währenddessen und nachher über Ihre Ängste, Vorbehalte und sonstige Befindlichkeiten sprechen können. Dies gestaltet das Testverfahren für viele HSM wesentlich entspannter.

Fragen Sie sich, was Ihnen Ihr Wohlgefühl, ja Ihre psychische und körperliche Gesundheit wert sind. Dafür etwas mehr Geld zu investieren, kann mehr als sinnvoll sein.

Anmerkung: Menschen mit einem IQ ab 115 werden als „besonders (überdurchschnittlich) begabt" bezeichnet, ab 130 als „hochbegabt" und ab 145 als „höchstbegabt". In der Wirtschaft bezeichnet man Menschen mit einem IQ ab 120 als „High Potentials".

Wenn Sie noch nicht sicher sind, ob Sie einen Test machen möchten oder ob Sie überhaupt „dazugehören", probieren Sie sich aus! Der Mensa e. V. veranstaltet in vielen Städten Deutschlands einen monatlichen Stammtisch, an dem jedermann teilnehmen kann. Sie müssen dafür weder Vereinsmitglied sein noch einen IQ-Wert nachweisen. Besuchen Sie einen solchen Stammtisch ruhig auch öfter und schauen Sie, ob Sie mit den anderen Teilnehmern „auf einer Welle liegen". Vielleicht treffen Sie dort jemanden, mit dem Sie sich austauschen können, oder fühlen sich in dieser Gesellschaft sogar ausgesprochen wohl … Ein derartiger Versuch kann Ihnen ganz neue Einsichten bescheren. Sie werden schnell spüren, ob Sie an dem betreffenden Stammtisch richtig sind oder eben nicht.

Ob Sie nun einen Test machen möchten oder nicht: Werden (und bleiben!) Sie sich darüber klar, dass überdurchschnittliche Intelligenz und auch Hochbegabung zunächst nichts mit Wissen oder gesellschaftlich anerkannter Leistung zu tun haben. Angeborene Persönlichkeitsmerkmale lassen sich nicht unbedingt an einem gemessenen IQ festmachen. Zwar kann ein Testergebnis über 130 Punkte eine vorhergehende Einschätzung bestätigen, aber es gibt viele Unwägbarkeiten im Innenleben eines Hochsensiblen, die ein niedrigeres Testergebnis hervorbringen können. Bleiben Sie kritisch, aber zweifeln Sie bitte nicht an sich, wenn Sie sich als HSM überwiegend in den Persönlichkeitsmerkmalen wiederfinden. Es gibt immer eine gewisse Fehlertoleranz, die ihre Ursache sonst wo haben kann. Ich kenne einige Hochbegabte, die zweimal einen Test gemacht haben und erst beim zweiten Mal eindeutig als solche identifiziert wurden. Es gibt auch andere, die zwar keinen IQ von 130 haben, aber immer noch als überdurchschnittlich intelligent gelten. Wichtig ist, dass Sie sich und Ihre Fähigkeiten *er*kennen und *aner*kennen!

Synästhesie

Viele hochsensible Menschen, denen ich begegnet bin, haben auch eine oder mehrere Synästhesien. Grund genug, dieses Thema hier anzusprechen. Viele sind durch ihre Synästhesie verunsichert, weil sie diese Wahrnehmungen nicht einordnen können. Es ist an der Zeit, hier ein wenig Licht ins Dunkel zu bringen:

Synästhesie ist die Verbindung oder Vermischung mindestens zweier Sinne auf der Basis eines Reizes. Sie hören zum Beispiel etwas, und zeitgleich mit diesem Ton erscheint eine bestimmte Form oder Farbe vor Ihrem geistigen Auge. Wobei die Wahrnehmung dieser Form oder Farbe der zweite Sinn ist, der durch das Hören angesprochen wird. Es besitzen zwar nicht viele Menschen diese Fähigkeit, dennoch ist sie vollkommen normal.

Der Begriff stammt aus dem Altgriechischen und setzt sich aus den beiden Teilen *syn* (= zusammen) und *aísthesis* („Wahrnehmung", „Empfindung") zusammen. Menschen mit der Fähigkeit, auf ein und denselben Reiz mit mindestens zwei Sinnen zu reagieren, nennt man Synästhetiker, Synästheten oder auch liebevoll „Synnies".

Die Schätzungen bezüglich ihres quantitativen Anteils an der Bevölkerung sind in den letzten Jahren stetig nach oben korrigiert worden und haben derzeit etwa 15 Prozent erreicht.

Synästhesie wird überwiegend mit Farbensehen in Verbindung gebracht, was aber bei Weitem nicht ihre einzige Erscheinungsform darstellt. Wenn es auch nicht von allen Synästheten gleichermaßen wahrgenommen wird, so lässt sich dieses Phänomen doch anhand von Farbbeispielen am besten erklären.

Bezeichnend ist, dass die Empfindungen in dieser Form grundsätzlich nur in eine „Richtung" funktionieren. Sieht ein Synästhet beispielsweise ein „A" immer rot, so sieht er beim Anblick der Farbe Rot jedoch keineswegs ein „A". Im Übrigen löst ein Sinnesreiz immer dieselbe zweite Empfindung aus: Das „A" ist demnach immer rot. Die Farben wechseln nicht.

Synästhesie entsteht unwillkürlich, spontan und ist nicht beeinflussbar – als Folge des entsprechenden Reizes. Ihre Form bleibt das ganze Leben lang unverändert, ihre Intensität kann allerdings Schwankungen unterliegen. Einige Synästheten berichten davon, dass ihre Synästhesie schwächer wird, wenn sie krank sind oder unter emotionalem Stress stehen. Laut Forschungsberichten soll Synästhesie mit zunehmendem Alter schwächer werden. Dies kann ich aus eigener und der Erfahrung anderer, spät erkannter Synästheten nicht bestätigen. Ich erlebe es bei mir und auch anderen spät erkannten Synästheten eher einer anderen Theorie entsprechend so, dass die Intensität mit wachsender Aufmerksamkeit für diese Sinneswahrnehmung ansteigt.

Neben den klassischen fünf Sinnen Hören, Sehen, Riechen, Schmecken und Fühlen (Tasten) gibt es noch die Wahrnehmung der inneren Organe (Eingeweide) sowie die Wahrnehmung der relativen Lage des Körpers, Zeit-, Sprach-, Schmerz- und Temperaturwahrnehmung, räumliche und Farbwahrnehmung und natürlich die Emotionen.

Bei einer Synästhesie ist jede denkbare Verknüpfung aller Sinne möglich, und bei manchen Synästheten können sich auch mehr als zwei Sinne auf einmal miteinander verbinden, zum Beispiel Ton, Farbe und Geschmack. Die meisten Synästheten haben mehr als eine Synästhesie, und jeder Synästhet hat seine eigenen synästhetischen Erfahrungen, die allerdings innerhalb einer Synästhesieform immer gleich bleiben.

Mittlerweile ist allgemein bekannt, dass Synästhesie angeboren und damit vererbbar ist. Es ist eine neurologische Besonderheit in der Wahrnehmung und Verarbeitung von Sinneseindrücken. Die meisten Synästheten sind sich ihrer zusätzlichen Fähigkeit gar nicht bewusst. Manche bemerken sie überhaupt nicht, andere denken, das sei bei allen Menschen so, und sprechen deshalb nicht darüber. Weil es für sie schlicht und einfach selbstverständlich ist.

Wieder andere haben bei ihren ersten Versuchen, sich darüber mitzuteilen, schlechte Erfahrungen gemacht und behalten das Ganze deswegen lieber für sich.

In den Medien ist von Synästhesien meist im Zusammenhang mit Farben und/oder Tönen die Rede. Diese Synästhesieformen stehen auch vermehrt im Fokus der Wissenschaft. Künstler und Musiker haben oft Farb- oder Tonsynästhesien. Man vermutet, dass Synästhesien – vor allem in diesen Bereichen – maßgeblich an der Berufswahl beteiligt sind, ob bewusst oder unbewusst.

Bisher sind über 60 unterschiedliche Synästhesieformen bekannt, von denen jedoch nur einige wenige erforscht werden. Das liegt zum einen sicher mit an den immer noch begrenzten technischen (wie auch finanziellen) Möglichkeiten, die heute für entsprechende Untersuchungen zur Verfügung stehen. Zum anderen wissen viele Synästheten nichts von ihrer Synästhesie, weshalb ihre ureigenen Ausprägungen gar nicht erst bekannt werden. Ich selbst habe viele hochsensible Menschen bei der Entdeckung ihrer Synästhesien beobachten und bei der anschließenden Erforschung begleiten dürfen. Bei diesem Thema verhält es sich ähnlich wie auch bei Hochsensibilität und Hochbegabung: Synästheten, die nicht wissen, dass es sich bei diesem Phänomen um eine *spezielle Fähigkeit* handelt, sprechen nicht darüber, weil sie oftmals in der Angst leben, nicht normal oder gar psychisch krank zu sein. Wenn sie dann erfahren, dass ihre Wahrnehmungen – auf die Gesamtbevölkerung bezogen – zwar nicht häufig in Erscheinung treten, aber dennoch völlig normal sind, überkommt sie eine große Erleichterung. Ich erlebe diese Reaktion zwar bei fast allen unerkannten Synästheten, aber vornehmlich bei solchen, deren Synästhesieformen nicht ganz eindeutig als solche erkennbar sind. Dann gibt es noch die Synästheten, die zeit ihres Lebens glaubten, jeder Mensch sähe die Dinge genauso wie sie. Werden sie dann darauf aufmerksam, dass das eben nicht bei jedem Menschen der Fall ist, erlebe ich als erste Reaktion der Betreffenden große Überraschung und manchmal ungläubiges Erstaunen. Auch ihnen war der Begriff „Synästhesie" bis dahin fremd. Über derartige Wahrnehmungen spricht kaum jemand, dem das Phänomen nicht bekannt ist. Denn da sie diese Wahrnehmungen schon immer hatten, sind sie für die Betroffenen schlicht normal und ihnen selbst mitunter gar nicht bewusst.

Ich möchte immer gern wissen, ob ein HSM oder ein HB eine Synästhesie hat. Dies herauszufinden, gestaltet sich mitunter recht schwierig. Betroffene halten sich selbst oft nicht für Synästheten und suchen nach anderen Erklärungsmodellen: So wollen sie beispielsweise farbig gesehene Buchstaben mit Assoziationen aus Kindertagen verbinden, etwa damit, dass die „1" auf der Tastatur der Kasse ihres Kaufladens blau war. Wobei sich in manchen Fällen später herausstellte, dass die „1" eben gar nicht blau war, sondern der Betreffende dies schon als Kind so *wahrgenommen* hat. Diese Erkenntnis deutet der Synästhet im Weiteren häufig als „Erinnerungsschwäche". Er ist aber dennoch nicht in der Lage, die „1" anders zu sehen als blau und glaubt, das entspringe schlicht aus der Gewohnheit.

Zur Illustration hier die Aussage eines HS/HB, dem nicht bewusst war, dass er Synästhet ist, obwohl er diesen Begriff schon häufig gehört hatte:

„Ich sehe meine Zahlen in immer gleicher Anordnung in einem dreidimensionalen Raum vor meinem inneren Auge. Das war für mich immer normal und ich dachte, alle Menschen sähen das so. Wenn ich jetzt darüber nachdenke, fällt mir auf, dass ich mich daran orientiere. Alles in meinem Leben hat bestimmte Anordnungen. Wie Muster. Und ich erinnere mich anhand der Bilder, die diese Muster darstellen. Mit theoretischen Sachverhalten kann ich nichts anfangen, solange ich kein Muster in meinem Kopf habe. Sobald ich das habe, brauche ich nichts mehr auswendig zu lernen. Dann wird alles Neue in dieses Muster eingeordnet. Auch für Zeit habe ich ein Muster im Kopf. Deshalb weiß ich auch Termine immer auswendig und brauche sie mir nicht zu notieren. Ich sehe das alles permanent bildlich vor mir. Dass das eine Synästhesie ist, überrascht mich jetzt."

In der Forschung wird von „den Synästhetikern" gesprochen. Auch, weil die Betreffenden gewisse Persönlichkeitsmerkmale gemeinsam haben, deren Kenntnis und Verständnis für jeden Einzelnen durchaus wichtig sein kann. Dieses Thema ist jedoch noch nicht umfassend erforscht. Bisher hat man lediglich der „wundersamen" Fähigkeit der betreffenden Personen, mehrere Sinne verknüpfen zu können, Beachtung geschenkt und diese in allen bisher bekannten Einzelheiten genauer untersucht. Andere Persönlichkeitsmerkmale dieser Menschen stehen hingegen nach wie vor im Hintergrund.

Aber es gibt einige Aussagen von Synästheten zu ihrem Gesamtempfinden, und an der Medizinischen Hochschule Hannover beispielsweise beschäftigt man sich mit der Erforschung der Synästhesie. Demnach zeichnen sich Synästheten neben ihrer namengebenden Fähigkeit durch folgende Persönlichkeitsmerkmale aus:

- Gefühl des Andersseins
- Facettenreichtum der Persönlichkeit
- Interesse an Querverbindungen
- Tiefgründiges Reflektieren über sich und die Welt
- Fähigkeiten wie Telepathie oder Intuition
- Außergewöhnliche Empathie
- Hohe Sensitivität
- Impulsivität im Handeln
- Tendenz, sich von Reizen überflutet zu fühlen
- Außergewöhnliche Kreativität
- Ausgeprägtes Gedächtnis für Details
- Hohe Emotionalität
- Hohe Geräuschempfindlichkeit
- Hohe Schmerzempfindlichkeit
- Hohe Intelligenz (Hochbegabung)
- Sehr gutes (episodisches) Gedächtnis
- Tendenz zur Linkshändigkeit
- Meiden von Menschenmassen, Abneigung gegen Small Talk
- Gut entwickeltes Problemlösungsvermögen
- Fotografisches Gedächtnis (häufig)
- Neigung zu Ordnung, Symmetrie, Balance (Perfektionismus)

Auch diese Liste ist sicher nicht vollständig – wie schon die mit den Merkmalen Hochsensibler und Hochbegabter. Dazu müsste man mehr Synästheten zu ihren persönlichen Befindlichkeiten befragen, was leider immer noch nicht umfassend geschieht.

Im Folgenden habe ich Ihnen eine kleine Liste unterschiedlicher Synästhesieformen zusammengestellt, wie sie von Synästheten häufig beschrieben werden:

Farb-Graphem-Synästhesie

Hierbei werden Buchstaben und/oder Zahlen mit Farben belegt. Ein Zeichen hat immer dieselbe Farbe. Beobachtungen zufolge haben bei der Farb-Graphem-Synästhesie alle Buchstaben eines Worts unterschiedliche Farben, solange das Wort noch nicht bekannt ist. Je geläufiger es wird, desto mehr nimmt das gesamte Wort die Farbe des ersten Buchstabens an. Es gibt auch Synästheten, in deren Wahrnehmung jede Wortsilbe die Farbe des ersten Buchstabens der betreffenden Silbe annimmt. Diese Form der Synästhesie gilt als sehr häufig. Zumindest gehört sie mit zu den bekanntesten, weil sie für die Synästheten selbst recht deutlich erkennbar ist. Diese Form ist auch für die Medien sehr interessant, weil sie sich auf unendlich viele Arten kunterbunt darstellen lässt und man dadurch das Interesse der Leser und Zuschauer wecken kann.

Musik-Farb-Synästhesie („Farbenhören")

Das sogenannte Farbenhören gilt bisher als häufigste Art der Sinnesverschmelzung, wobei eine Farbe oder eine geometrische Form oder beides fest mit einem bestimmten Ton verbunden ist. Auch hier sind Varianten möglich. So kann der Klang eines Instruments, unabhängig vom jeweils gehörten Einzelton, immer dieselbe Form oder Farbe aufweisen: Eine Gitarre kann immer braune Spiralen erzeugen oder eine Flöte blaue Dreiecke. Auch diese Synästhesie ist sehr klar als solche erkennbar und bietet den Medien vielfältige Darstellungsmöglichkeiten bei der Berichterstattung.

Sequenz-Raum-Synästhesie (Time-Space-Synesthesia)

Hierbei handelt es sich um eine visuelle Form der Synästhesie, die den Synästheten dazu befähigt, sich vor seinem geistigen Auge Formen und Figuren in einem dreidimensionalen Raum eindrücklich vorzustellen und gar zu sehen. Die Sequenz-Raum-Synästhesie ist auch deshalb bemerkenswert, weil sie diesen Synästheten erlaubt, Zeitintervalle visuell und sequenziell zu kartografieren. Eine Woche kann dabei zum Beispiel auf einer Ellipse angeordnet und diese wiederum Bestandteil der Darstellung eines Jahres sein. Bemerkenswerterweise können die Synästheten die Perspektive, den Ausschnitt sowie die Größe der Abbildung innerhalb dieser mentalen Visualisierungen verändern. Diese bewussten Manipulationen sind ihnen möglich, weil sie diese Sequenzen größtenteils in einem dreidimensionalen Raum wahrnehmen. Der Großteil der Synästheten dieses Typus ist dazu in der Lage, sich Zeiteinheiten, Zahlen und Buchstaben bildlich vorzustellen.

Nachdem sie schon den Vorzug des besseren Erinnerns von Ereignissen genießen, meistern diese Synästheten auch visuelle Aufgaben besser: Sie können räumliche Anordnungen besser im Gedächtnis speichern, 3-D-Objekte anhand von 2-D-Bildern besser erkennen, und auch ihr visuelles Kurzzeitgedächtnis funktioniert erheblich besser als das von Nicht-Synästheten. Sie haben die Fähigkeit, abstrakte Konzepte in konkrete Darstellungen zu übertragen. Die grafische Vorstellung eines inneren Kalenders vor ihrem geistigen Auge („mentale Repräsentation") ermöglicht diesen Synästheten, leichter auf Gedächtnisinformationen zuzugreifen, was ihnen beim episodischen und autobiografischen Gedächtnis erhebliche Vorteile verschafft. In Extremfällen können sie ihren inneren Kalender inspizieren und die gesuchte Information direkt ablesen. Sie sind in der Lage, ihre Fähigkeiten auf neue Aufgaben zu transferieren und können besser Objekte aus dem Gedächtnis heraus visualisieren. Deshalb sind sie bei der Kreation mentaler Bilder erheblich im Vorteil.

In der Synästhesieforschung wird hier ein Zusammenhang zur Wahrnehmungsform der Propriozeption (Fühlen der inneren Organe) gesehen. Möglicherweise ist dies aber auch bei anderen

Synästhesieformen der Fall, denn HSM können nahezu alle ihren eigenen Herzschlag spüren, unabhängig vom Vorliegen einer bestimmten Synästhesie.

Diese Form der Synästhesie wurde in der Literatur bereits vor über 100 Jahren beschrieben, geriet aber wieder in Vergessenheit. Ursprünglich „Zahlenformen-Synästhesie" genannt, galt sie als selten. Erst 2008 fand sie wieder öffentliche Beachtung. Mittlerweile ist bekannt, dass sie häufiger vorkommt, als zunächst vermutet wurde. Diese Synästhesie ist für die Synästheten selbst weniger offensichtlich und spektakulär, weil sie nicht unbedingt bunt ist und oft unbewusst abläuft. Etwa 10 Prozent der Synästheten, die keine Farb- oder Geschmackssynästhesie haben, haben eine Sequenz-Raum-Synästhesie.

Meine eigene Synästhesie
Ich bin Sequenz-Raum-Synästhetin (auch: Time-Space-Synästhesie) und sehe keine Farben. Zumindest nicht bewusst ...

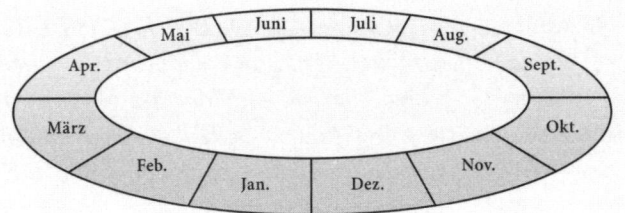

Dieses Bild habe ich vor mir, wenn ich an „mein" Jahr denke. Ich habe solche Bilder auch von einem Monat (der aber auch in mein Jahr integriert ist) und von Zeitepochen.

Anhand des Kalenders will ich einmal versuchen, mein Empfinden zu beschreiben:

Ich kann ihn so betrachten, wie ich ihn aufgezeichnet habe. Dann habe ich das komplette Jahr im Blick. Natürlich befinden sich auch Bilder darin, Vorstellungen von der Zukunft, Erinnerungen an Vergangenes. Alles in Bildern. Ich kann mich auch auf diesen Kalender begeben und mich dort bewegen.

Dann sehe ich mich quasi „von oben" dort stehen, wie in einem Film, in dem ich selbst mitspiele. Ich kann mich auf dem Kalender drehen und in die Vergangenheit oder in die Zukunft sehen. Natürlich bin ich keine Hellseherin. Aber ich kann beispielsweise zukünftige Termine sehen, sie einfach ablesen. Geburtstage und dergleichen. Und ich habe dazu dann auch Bilder im Kopf. Szenen, wie das jeweilige Ereignis ablaufen könnte. Auch in die andere Richtung, die Vergangenheit, sehe ich Bilder. Szenen dessen, was gewesen ist. Ich kann diese Dinge auch „heranzoomen". Beispiel: Heute ist der 17. Oktober 2013. Mein letzter Geburtstag liegt in der Vergangenheit. Ich kann diesen Tag heranzoomen, sodass ich ihn quasi noch einmal durchlebe. Von morgens bis abends. Wie einen Film. Dann „sehe" ich nur diesen einen Tag und fühle auch, was ich an diesem Tag zu dieser Zeit gefühlt habe, aber eingebettet in den Monat und in das laufende Jahr. Das Gleiche geht auch in die Zukunft. Mit Bildern aus meiner Vorstellung natürlich. Wie es sein könnte.

So kann ich mir sozusagen „im Davorstehen" einen Tag, eine Woche, einen Monat heraussuchen und mich anhand von Bildern ganz genau erinnern, mich hineinversetzen – oder mir die Zukunft vor Augen führen. Deshalb vergesse ich auch kaum Termine. Weil ich sie immer vor mir sehe. Sie haben ihren festen Platz in meinem mentalen Kalender.

Spiegel-Berührungs-Synästhesie („Mirror-touch")

Hierbei fühlen die Synästheten eine Berührung, die sie bei anderen sehen, deutlich am eigenen Körper. Werden sie selbst an einer anderen Stelle berührt, als sie es im selben Moment bei einer anderen Person sehen, können sie oftmals nicht (auf Anhieb) sagen, wo sie selbst berührt worden sind. Dies ist auch anhand der entsprechenden Hirnaktivitäten nachweisbar.

Alle Menschen besitzen diesen Spiegelmechanismus, doch das Einfühlungsvermögen dieser Synästheten ist viel stärker ausgeprägt als bei Nicht-Synästheten. Berührungs-Synästheten haben ein besseres Bauchgefühl für die Empfindungen anderer, sie sind dadurch mit anderen Menschen emotional enger verbunden.

Die Entdeckung dieser Synästhesieform ist noch recht neu. Sie wurde erst 2005 identifiziert und man kann davon ausgehen, dass sie zwar viele Menschen betrifft, aber eben nicht als Synästhesie verstanden und erkannt, sondern als ausgeprägte Empathie oder „zu viel" (Mit-)Gefühl betrachtet wird.

Bezogen auf HSM fällt hierbei auf, dass fast alle von einer ausgeprägten Empathie bei sich selbst berichten und der Großteil Horror und Gewalt in der Realität wie auch im Fernsehen strikt ablehnt. Genau dies beschrieb auch eine Probandin im Rahmen einer Forschungsstudie. Hochsensible können den Schmerz anderer Menschen manchmal am eigenen Leib spüren, beispielsweise wenn sie bei anderen eine Verletzung sehen. Ebenso können sie sich mit anderen Menschen derart mitfreuen, dass ihnen die Tränen kommen.

Schmerz-Synästhesie

Manche Menschen nehmen Schmerz farbig und/oder als spezielle Formen wahr. Dabei können unterschiedliche Schmerzen (zum Beispiel Bauch- oder Kopfschmerzen) unterschiedliche Farben/Formen in unterschiedlicher Intensität haben. Stechende Schmerzen können beispielsweise eine gelbe, zackige Form und dumpfe Schmerzen eine braune, runde Form haben. Zahnschmerzen können blau sein und Verbrennungen grün.

Unter diesen Synästheten gibt es auch solche, die Schmerz nicht nur sehen, sondern auch hören können. Hierbei sind unterschiedliche Schmerzen auch mit unterschiedlichen Tönen verknüpft.

Personen-Farb-Synästhesie

Einige Synästheten verbinden Menschen mit Farben. Diese Farbwahrnehmungen können ganz unterschiedlich und mit Formen gekoppelt sein und sogar mit der Stimmung, in der sich die betrachtete Person oder der Synästhet selbst gerade befindet, zusammenhängen. Die Bezeichnung „Indigo-Kind" (blaue Aura) gründet auf einer solchen Synästhesie.

Joscha erzählt:

„Mit vier Jahren stellte ich zum ersten Mal bewusst fest, dass ich um Menschen eine farbige ‚Aura' sah, und die Farben und Formen sich je nach ihrem Gefühlszustand veränderten. Ich kann auch sehen, wenn jemand lügt, weil sich dann seine Farbe verändert und diese ‚Aura' zusätzlich Zacken bekommt oder brüchig wird. Noch heute kann ich mich sehr genau an diese Situation erinnern. Es machte mir Angst. Ich sprach mit niemandem darüber, weil ich damals schon glaubte, dass das Anzeichen einer psychischen Krankheit seien. Als ich fast 30 Jahre später eher zufällig erfuhr, dass das eine Synästhesie ist und ich völlig gesund bin, konnte ich es zuerst nicht glauben."

Romina beschreibt ihre Synästhesie so:

„Für mich sind Menschen farbig, tragen die Farbe in sich, sie leuchtet aus ihnen. Ich kann keine wabernden bunten Schwaden sehen, die die Menschen sphärisch umhüllen. Bei Gefühlsschwankungen der betrachteten Menschen ändern sich die Farben bei mir nicht. Wenn diese Menschen aber massive Lebenseinschnitte erlebt haben, ändert sich bei mir ihre Farbe. Oft fühlen sich Personen zusätzlich auch kantig, flauschig, rund, scharf, metallisch, kalt, eckig, weich (wie Fell) oder bitter an. Diese Formwahrnehmung ist aber nicht an eine bestimmte Farbe gekoppelt."

Personifizierung (Ordinal Linguistic Personification)

Dies bezeichnet die synästhetische Personifizierung von Zahlen und Buchstaben oder auch Tagen, Jahreszeiten oder Monaten. Dabei werden diese Dinge mit einem Geschlecht belegt (die 1 ist männlich, der Mai weiblich) oder ihnen eine eigene Persönlichkeit zugeordnet (die 7 ist zickig, der Freitag ist ein freundlicher alter Herr). Das Denken an Buchstaben, Zahlen, Tage etc. ruft bei diesen Synästheten ganz spezifische Wahrnehmungen von

Geschlecht oder Persönlichkeit hervor. Auch der berühmte *Savant* (Person mit einer „Inselbegabung") und Asperger-Autist Daniel Tammet nimmt Zahlen unter anderem als Charaktere wahr.

Von dieser Synästhesieform existiert eine Variante, bei der auch anderes mit Eigenschaften menschlicher Persönlichkeiten belegt wird, beispielsweise Farben: „Rot ist empathisch, Blau freundlich und Gelb stolz."

Meiner persönlichen Erfahrung nach kommt auch diese Form der Synästhesie ziemlich oft vor. Und wie sich auch hier wieder zeigt, wissen diese Synästheten häufig gar nicht, dass es sich bei dieser speziellen Art der Wahrnehmung um eine Synästhesie handelt.

Marita beschreibt ihre Synästhesie:

„Die 1 ist die Schwester von 2 und 5. 4 ist deren Mutter und 10 der Vater. Der hat aber bereits ein Kind aus einer Ehe mit der 6, das ist die 9. 6 und 3 sind in die 4 verliebt, wobei die 6 sich nicht sicher ist, ob sie die 2 vielleicht doch lieber mag. Die 2 und die 9 mögen die 5 nicht, obwohl sie Geschwister beziehungsweise Halbgeschwister sind. Die 9 wird wegen ihrer Arroganz nur von ihrem Vater, der 10, gemocht. Die 7 und die 8 sind ein wenig neidisch auf die 9, weil sie auch gern eine höhere Zahl wären.

Ich habe das nie jemandem erzählt, weil ich dachte, man würde mich für verrückt halten."

Wort-Geschmack- oder Wort-Geruch-Synästhesie

Bei dieser Synästhesieform bringen bestimmte Wörter Geschmäcker oder Gerüche hervor. Das kann sich auch auf Personen beziehen, wenn man davon ausgeht, dass auch Namen Wörter sind. So kann zum Beispiel Herr Maier nach Windeln schmecken oder Felicitas nach Veilchen, eine Glaskaraffe mit einem Rosenduft verbunden sein und ein Messer nach Orangensaft riechen. Es gibt Synästheten, die Töne nicht nur farbig wahrnehmen, sondern sie auch riechen können.

Ticker-Tape-Synästhesie

Hierbei visualisieren die Synästheten eine Art „Untertitel", ähnlich wie die laufenden Hochrechnungen, die bei der Fernsehberichterstattung des Wahlabends in einem Band am unteren Bildschirmrand zu sehen sind („Wahl-Ticker"). Während sich diese Synästheten mit jemandem unterhalten, läuft in ihrem Kopf immer dieses Band, dieses Tape, mit.

Auch diese Form kann in ihrer Wahrnehmung variieren. Einige Synästheten sehen den gesprochenen Text, als läsen sie ihn Zeile für Zeile in einem Buch mit, manche „tippen" den Text auf einer imaginären Tastatur mit. Anderen erscheint er in Form von Sprechblasen wie bei einem Comic, und bei manchen können diese Sprechblasen je nach Gefühlslage des Gegenübers ihre Form verändern.

Berührungs-Emotions-Synästhesie

Bei Synästheten mit dieser taktilen Synästhesieform löst das Berühren alltäglicher Gegenstände starke Gefühle aus. Die meisten Menschen fassen glatte, weiche oder flauschige Gegenstände gerne an, wohingegen das Berühren rauer, kantiger oder scharfer Dinge eher negative Gefühle in ihnen auslöst. Bei Synästheten sind die starken Empfindungen beim Berühren von Gegenständen nicht unbedingt an diese allgemein üblichen Assoziationen gekoppelt. So kann zum Beispiel die Berührung von Stroh größte Glücksgefühle auslösen und die von Seide ein Ekelgefühl, das bis zum Brechreiz oder gar Erbrechen führen kann. Auch bei dieser Synästhesieform ruft die Berührung eines Gegenstands immer dasselbe Gefühl in immer derselben Intensität hervor.

Weitere Formen

Über die in diesem Kapitel genannten Arten hinaus haben Synästheten so gut wie alle anderen Sinneskombinationen beschrieben, darunter das Schmecken von Formen („Curry ist unten herum zu spitz"), das Fühlen von Noten und das Hören von Temperaturen oder auch Geschmäckern. Manche verspüren dabei den Wunsch, die Töne mit der Stimme zu reproduzieren (durch

Singen, Summen). Eine sehr seltene Form ist die Audiomotor-Synästhesie („Positionen hören"), hierbei hört der Synästhet durch einige Wörter die Körperposition, die er dann einnehmen „muss".

Wie ich schon erwähnte, gibt es für unsere Sinne fast unendlich viele Verknüpfungsmöglichkeiten. Alle Kombinationen sind denkbar. Bisher steht die Wissenschaft bei der Erforschung der vielen unterschiedlichen Synästhesieformen noch am Anfang. Insofern ist man sich auch noch nicht der Tatsache bewusst, dass den Betroffenen aus ihren unerkannten Synästhesien durchaus auch Schwierigkeiten erwachsen können.

Es gibt Vermutungen darüber, dass eine Farb-Graphem-Synästhesie die Ursache für eine (vermeintliche) Legasthenie und auch Dyskalkulie bilden kann – ich habe einen solchen Fall selbst erlebt. Werden Buchstaben oder Zahlen nicht in der Farbe dargestellt, in denen sie der Synästhet vor seinem inneren Auge sieht, kann das die Betreffenden – insbesondere Kinder – in große Verwirrung stürzen, und sie können sich die für sie andersfarbigen Zeichen nicht merken.

Bei Erwachsenen mit einer Sequenz-Raum-Synästhesie habe ich häufiger festgestellt, dass sie nicht begreifen können, warum sich andere Menschen zum Beispiel Termine nicht merken können. Daraus resultiert häufig Frustration auf beiden Seiten.

Folglich kann sich das Wissen um die eigene Synästhesie auch sehr vorteilhaft auf die Kommunikation mit und das Verständnis für andere Menschen auswirken.

Ich möchte Sie an dieser Stelle dazu ermuntern, in sich hineinzuhorchen, sich einmal zu beobachten, *gerade* wenn Sie *keine* Farben sehen. Die anderen Formen von Synästhesie sind teilweise sehr subtil. Sie können lernen, eine vorhandene Synästhesie ganz bewusst für sich zu nutzen, und sei es nur, um sich selbst und Ihre Umwelt besser zu verstehen. Nur Mut – es lohnt sich!

Teil 2

Wie Hochsensible ihren Alltag meistern (können)

Für HSM gestalten sich verschiedene Alltagssituationen – abhängig von ihrer individuellen Ausprägung und Intensität – mitunter schwierig. Und auch ihre jeweilige Tagesform spielt dabei eine nicht unerhebliche Rolle. An der Spitze all dieser Herausforderungen im Alltag stehen das Einkaufen, gesellschaftliche Aktivitäten und Arztbesuche. Doch auch Schule/Studium und der Arbeitsplatz bergen zahlreiche Quellen für Reizüberflutung und Missverständnisse. Um mit den unterschiedlichen Alltagssituationen befriedigend und erfolgreich umgehen zu lernen, ist es für Sie von größter Wichtigkeit, *sich Ihrer selbst bewusst zu werden.* Wenn Sie wissen, was konkret Sie überfordert und welche dieser Bedingungen in der betreffenden Situation gerade vorherrschen, können Sie der jeweiligen Überforderung gezielt entgegenwirken.

Bitte behalten Sie insbesondere bei der Beschäftigung mit Ihren Alltagssituationen immer im Blick, dass es auch hierfür keine Patentlösungen gibt. Wie immer, wenn es um Menschen geht, gibt es keinen Knopf zum Um- oder Ausschalten, den Sie nur finden müssen, und dann ist alles gut. Aber es existieren Zugänge zu Ihren ganz individuellen Empfindsamkeiten. Ich kann Ihnen zeigen, wo bei Ihnen möglicherweise ein solcher Zugang vorhanden ist, und ich kann Ihnen ebenfalls zeigen, wie Sie den Raum, den Sie dann betreten, aufräumen können. Die für Sie persönlich richtige Methode müssen Sie selbst herausfinden, und auch die Arbeit müssen Sie selbst tun. Zu lernen, wie Sie mit Ihrer Hochsensibilität gut leben können, ist ein Prozess, ein Weg. Etliche HSM gehen ihn erfolgreich allein, andere nehmen Hilfe in Anspruch – in Form von Beratung und Coaching. All diese Wege haben ihren ganz individuellen Verlauf und sind unterschiedlich lang. Ziel ist es, dass Sie Ihren Platz in der Gesellschaft, in Ihrem persönlichen Umfeld finden, wo Sie sich wohlfühlen – und alles, was Sie diesem Ziel näher bringt, ist völlig in Ordnung. Nehmen Sie sich die Zeit, die Sie brauchen, und nutzen Sie sämtliche Hilfsmittel, die Ihnen zur Verfügung stehen. Lehnen Sie nichts für sich von vornherein ab. Probieren Sie die vorgeschlagenen Möglichkeiten in Ruhe aus, haben Sie dabei Geduld mit sich selbst und setzen Sie sich nicht unter Druck. Das eine oder andere mag sich für Sie zu Anfang ungewohnt anfühlen. Doch wenn es auch nur ein wenig hilft, sollten Sie es noch eine Weile beibehalten. Stellen Sie dann nach einiger Zeit fest, dass es doch nicht passend ist, scheuen Sie sich nicht, die betreffende Idee fallen zu lassen und etwas anderes zu versuchen. Mit Ihrem Wissen über Hochsensibilität sind Ihrer Kreativität hierbei keine Grenzen gesetzt.

Ich wünsche Ihnen viel Spaß und Erfolg beim Entdecken neuer (Er-)Lebensmöglichkeiten!

Einkaufen – Stress pur!

Die meisten Hochsensiblen gehen nicht gern einkaufen, denn bei diesem an sich so selbstverständlichen Vorgang werden nahezu alle Sinne eines HSM beansprucht – und das teilweise extrem. Wie bei allem gibt es auch hier erhebliche Unterschiede, und deshalb sollte man zunächst den Einkauf des täglichen Bedarfs vom Kleiderkauf (Shoppen) trennen. Hier geht es erst einmal um Ersteres.

Klarerweise werden beim täglichen Einkauf vorrangig die fünf Sinne gefordert, allen voran Hören, Sehen und Riechen. Schmecken und Tasten treten aber nur scheinbar in den Hintergrund, und die innere Haltung, die ethischen Werte Hochsensibler werden bei der Betrachtung des täglichen Einkaufsrituals meist überhaupt nicht berücksichtigt – am wenigsten von ihnen selbst. Doch auch das kann zu Stress führen. Beim Einkaufen werden sämtliche Sinne eines HSM, inklusive Ethik, Emotionalität und Verstand, gefordert und oftmals überfordert. Selbstverständlich trifft nicht immer alles auf jeden zu, doch die Anzahl der potenziellen „Stressquellen" ist hier nahezu unbegrenzt. Ich habe zu diesem Thema eine kleine fiktive Geschichte entwickelt, die aus vielen Erzählungen und mir geschilderten Eindrücken zusammengesetzt ist und zeigt, wie sich der tägliche Einkauf für einen hochsensiblen Menschen gestalten kann. Bei der Entwicklung dieser Geschichte habe ich Einzelaussagen nicht mitberücksichtigt, sondern nur solche, die oftmals wiederholt wurden. Meine Geschichte ist also aus allen häufig erlebten Eindrücken entstanden, um Ihnen den Umfang und das Ausmaß der Empfindungsmöglichkeiten deutlich zu machen:

Peter beschließt, auf dem Heimweg von der Arbeit noch einkaufen zu gehen. Auf dem Parkplatz vor dem Supermarkt angekommen, stellt er wie immer ganz bewusst fest, dass es noch recht voll ist, und fragt sich wie jedes Mal, ob diese Menschen alle berufstätig sind und ihre Einkäufe deshalb um diese Uhrzeit erledigen müssen. Ein flüchtiger Blick auf die Uhr: Es ist 17.30 Uhr. Natürlich weiß er, dass auch jetzt noch viele Mütter mit ihren Kindern im Supermarkt sein werden, und ärgert sich insgeheim ein wenig. Können die nicht zu anderen Zeiten einkaufen gehen? Ist ihnen nicht bewusst, dass Berufstätige tagsüber nun mal keine Zeit dazu haben? Aber natürlich weiß Peter, dass diese Gedanken unsinnig sind und auch nicht hilfreich. Er atmet tief durch und geht auf die Schlange der leeren Einkaufswagen zu. Schon beim Gedanken daran, gleich einen davon mit einem Ruck dort herausziehen zu müssen, zuckt er innerlich zusammen. Dieses kreischende, kalt-metallische Geräusch mag er sich nicht einmal vorstellen. Es tut ihm schon in den Ohren weh, bevor er es real hört. Doch Gedanken darüber, wie man die Konstruktion dieser Einkaufswagen ändern könnte, damit Menschen nicht mit diesen grässlichen Geräuschen belästigt werden, lenken ihn ein wenig ab. Könnte man die Räder nicht mit weicheren Gummiummantelungen ausstatten? Überhaupt Wagen aus anderen Materialien herstellen? Mit solchen Gedanken derart beschäftigt, merkt Peter kaum, dass er den Eingang schon passiert hat. Ein flüchtiger Blick auf die Menschentrauben an den Kassen gegenüber dem Eingang stellt ihm eine längere Wartezeit in Aussicht, wenn er seine Einkäufe erledigt hat. Eine Vorstellung, die ihn nicht gerade fröhlich stimmt. Peter steuert auf die Milch zu. Dabei streift sein Blick das Regal mit den Eiern. „Aus Bodenhaltung" steht

darauf, und blitzartig schießen ihm Bilder von der letzten Fern-
sehreportage über Legebatterien durch den Kopf. Die Erinnerung
an diese bemitleidenswerten Geschöpfe schnürt ihm die Kehle zu
und lässt Wut in ihm hochsteigen. Nein, Eier kauft er hier nicht
mehr! Auf dem Weg zum Obst und Gemüse wird er zweimal an-
gerempelt und muss dreimal fragen, ob man ihn freundlicherweise
vorbeiließe. Dabei hat er das Schreien eines Babys im Ohr, das er
jedoch nicht genau lokalisieren kann. Eine Gruppe Jugendlicher
trottet hinter ihm her, und er ist gezwungen, deren Musik mitzu-
hören, die aus ihren Kopfhörern bis zu ihm dringt. Doch niemand
außer ihm scheint das wahrzunehmen. Das kalte, grelle Neonlicht,
das die Waren in ebenso kalten und grellen Farben erscheinen lässt,
bahnt sich stechend und unerbittlich wie ein Laserstrahl den Weg in
sein Gehirn. Kopfschmerzen machen sich bemerkbar. Was wollte er
eigentlich noch mal in der Gemüseecke …? Ach ja, Kartoffeln. Fünf
verschiedene Sorten stehen zur Auswahl. Alle „vorwiegend festko-
chend". Was soll das? Wozu braucht man fünf verschiedene Sorten
von der gleichen Art von Kartoffeln? Er hätte gern mehlige gehabt.
Nun ja, dann wird das Kartoffelpüree eben nicht so cremig wie
sonst … Peter ärgert sich. Beim Anblick von Gemüse und Obst, das
zum großen Teil doppelt und dreifach in unterschiedlichen Plastik-
verpackungen angeboten wird, türmen sich vor seinem geistigen
Auge ganze Halden von Verpackungsmüll auf. Die Frage, wie die
Menschheit diesen ganzen unnötigen Müll jemals wieder loswer-
den soll, beschäftigt ihn. Das müsste doch auch anders gehen, oder?
Und was für unnatürliche Farben und Formen Obst und Gemüse
haben! Alles so perfekt. Wie aus dem Bilderbuch. Das ist doch nicht
naturgegeben, oder? Pflaumen so groß wie Äpfel. Und dann noch
im April! Ob da wohl Gentechnik im Spiel ist? Oder liegt das am
Kunstdünger und dem Einsatz von Pestiziden? Vielleicht werden
aber die weniger schönen Früchte auch nur aussortiert? Und was
passiert dann damit? Landen sie einfach auf dem Müll? Welch eine
Verschwendung! Oder verfüttert man sie? Welche Tiere fressen das
alles? Und in so großen Mengen? In der Massentierhaltung wird das
jedenfalls nicht verfüttert. Während er noch diese Gedanken im
Kopf hat, schiebt ihm jemand einen Einkaufswagen in die Hacken.

Es durchfährt ihn ein stechender Schmerz, der ihn einen Moment lang gefangen nimmt, dann dreht Peter sich um, in Erwartung einer Entschuldigung. Aber er sieht nur, wie der „Verkehrssünder" mitsamt seinem Wagen in eine andere Richtung abdreht, als hätte er diesen kleinen Unfall gar nicht bemerkt. Das gibt es doch nicht! Was sind denn das für Leute ...? Schnell greift Peter wahllos nach dem Gemüse, das er noch braucht. Er will nur noch weg aus dem Laden. Aber er muss noch Fleisch einkaufen, und das Regal mit der abgepackten Ware meidet er sowieso. Bleibt nur die Fleischtheke. Auch dort schießen ihm beim Anblick so einiger Fleischstücke Bilder durch den Kopf. Von Massentierhaltung und Hormonbehandlung erzählt ihm seine Erinnerung. Aber das kann er gerade noch verdrängen. Doch die vielen unterschiedlichen Gerüche, die ihm vom bereits fertig marinierten Grillfleisch entgegenwabern, lassen ihn leicht schwindeln. Thymian und Rosmarin vermischen sich mit Curry und Chili. Und darüber liegt der alles durchdringende Geruch von Glutamat, dieser typische Maggi-Geruch. Bilder von netten Grillabenden mit Freunden tauchen vor seinem geistigen Auge auf. Allerdings mariniert Peter sein Grillgut einen Tag vorher selbst. Nur mit frischen Zutaten und selbstverständlich ohne Glutamat! Und das ist jedes Mal ein Fest – so voller Liebe, Genuss und Vorfreude. Warum kaufen die Leute so viel Fertigzeug? Wissen die denn ein gut zubereitetes Essen nicht zu schätzen? Nur noch „schnell, schnell" und „Hauptsache, satt"? Dafür hat Peter kein Verständnis und er schüttelt ungläubig den Kopf, was ihm skeptische Blicke einiger anderer Kunden einträgt. Auf seinem weiteren Weg durch den Supermarkt ist er noch mit diesen Gedanken beschäftigt, als sein Blick an dem riesigen Kühlschrank mit allerlei Fertigprodukten hängen bleibt. Bei der Vorstellung, dass alles, was er dort sieht, irgendwie gleich schmeckt, vergeht ihm der Appetit. Doch er kommt nicht dazu, weiter darüber nachzudenken: Neben ihm sind sich zwei alte Bekannte über den Weg gelaufen, die sich offenbar schon länger nicht mehr gesehen haben und einander – für Peter deutlich vernehmbar – ihr halbes Leben erzählen. Nebenbei erfährt Peter von Hochzeiten, Geburten und diversen Krankheiten. Einen Gang weiter streitet sich ein Paar um die richtige Sorte Chips.

Einer älteren Dame entgleitet eine Saftflasche, die laut und kräftig auf den Boden knallt, wonach sich ihr Inhalt, von einem schrillen Aufschrei der alten Dame begleitet, auf denselben ergießt. Sie schaut sich ratlos um, in ihren Augen steht Verzweiflung und sie ist den Tränen nahe. Doch das scheint niemanden zu kümmern. Peter lässt seinen Wagen stehen und wendet sich der Dame zu. Er redet beruhigend auf sie ein. Ein paar Schritte weiter probieren zwei junge Mädchen unterschiedliche Deos, obwohl keine Tester dastehen, und diese Gerüche vermischen sich mit dem Saftgeruch zu Peters Füßen. Und niemand vom Personal ist in Sicht, der endlich den ausgelaufenen Saft und die Scherben beseitigt oder den Mädchen die Benutzung der Deos verboten hätte, die andere Leute noch kaufen wollen! Während er den Gang entlangblickt und nach jemandem vom Personal Ausschau hält, sieht er, wie zwei Kinder mithilfe der quietschenden und klappernden Metallschieber Brötchen aus den neuartigen Vorrichtungen fischen, sie anbeißen und wieder hineinwerfen. *Auch das scheint niemand zu registrieren! Was für eine verrückte Welt!*

Während Peter – mittlerweile einigermaßen entnervt, mit Kopfschmerzen und einem unguten Gefühl im Magen – seinen Einkaufswagen in Richtung Kasse schiebt, stellt sich ihm die Frage, warum die Getränkeabteilung am Ende des Ladens angesiedelt ist. Macht sich denn niemand Gedanken darüber, dass die schweren Flaschen alles zerdrücken können, was bereits im Wagen liegt? So etwas gehört doch an den Anfang! Das Schwere zuunterst, oder? Es wird ihm wohl immer ein Rätsel bleiben. Jetzt steht er in der Schlange vor der Kasse und freut sich darauf, diesen unbehaglichen Ort endlich verlassen zu können. Doch er freut sich zu früh: Der Dame, deren Ware gerade durchgezogen wird, fällt genau jetzt auf, dass eine Packung von irgendetwas beschädigt ist, und sie besteht darauf, jetzt sofort eine neue zu holen. Die Schlange an der Kasse kommt zum Stillstand, während sich die Dame an den Wartenden vorbeiquetscht und den Weg zurück in den Laden antritt. Während sie sich entfernt, schreit sie der Kassiererin noch zu, sie werde sich beeilen, und das direkt neben Peters Kopf. Ihre schrille, laute Stimme schmerzt in seinen Ohren. Peter schaut sich suchend nach einer kürzeren Schlange um, in der er sich neu anstellen könnte – erfolglos. Es sind nur drei von fünf Kassen besetzt, aber niemand scheint auf die Idee zu kommen, die anderen beiden Kassen ebenfalls zu öffnen. Dabei schweift sein Blick nur zum Teil bewusst über die riesigen, meterlangen Regale, in denen jeweils Hunderte gleicher Artikel stehen. Flüchtig kommt ihm der Gedanke, wozu immer dieselben Artikel zig verschiedener Firmen notwendig sein sollen? Der Mann vor Peter benutzt ein aufdringliches Aftershave und riecht derart penetrant, dass man glauben könnte, er hätte sich den ganzen Inhalt des Flacons auf einmal über sein feines Jackett gegossen. Peter wird von dem intensiven Geruch ein wenig schwummrig und er versucht, nur noch ganz flach zu atmen. Das Kind der Dame hinter ihm schiebt ihren Einkaufswagen vor und zurück, während es lautstark nach diesem und jenem quengelt und Peter dabei beängstigend nahe kommt. Er fühlt sich bedrängt, er mag es gar nicht, wenn ihm fremde Menschen so dicht auf die Pelle rücken. Die Mutter der Kleinen scheint weder das Quengeln zu hören noch das Herumgeschubse mit dem Wagen zu bemerken, obwohl sie sich krampfhaft daran festhält. Ihre Lippen sind schmal, ihr Blick teilnahmslos. Endlich ist die Frau zurück, die mit ihrer Extratour den ganzen Betrieb aufgehalten hat, und die Kasse nimmt ihr monotones Gepiepe wieder auf. Langsam bewegt sich die Kolonne nach vorne, und Kunde für Kunde leert seine Einkäufe auf das Kassenband, um sie gleich danach wieder in den Wagen zu packen. Nein: in den Wagen zu werfen. Denn zum Sortieren oder gar Ordentlich-Verpacken ist keine Zeit. Es muss schnell gehen, der nächste Kunde steht bereits mit offener Geldbörse und ungeduldigem Blick da. Einkaufen, zahlen und jetzt bloß noch raus hier! Wie geht man eigentlich heutzutage mit Menschen um? Die Kasse piept unaufhörlich, der penetrante „Duft" seines Vordermanns steigt Peter in die Nase, bis es ihm fast unerträglich wird, und das Kind hinter ihm quengelt immer durchdringender. Jedem Kunden wird dieses freundlich-gelangweilte „Hallo" oder „Guten Tag" von der Kassiererin zuteil, die den Einzelnen in Wirklichkeit gar nicht mehr wahrnimmt und ihm nach dem Bezahlen ein ebenso freundlich-gelangweiltes, aber sehr bestimmtes „Auf Wiedersehen" oder „Schönen Tag noch" mit *auf den Weg gibt. Dabei hat sie den Blick bereits auf die Ware des nächsten Kunden gewandt. Dazwischen die völlig überflüssigen Ansagen aus den Lautsprechern: „Sehr geehrte Kunden, die Kasse drei schließt nach dem nächsten Kunden, wir öffnen Kasse fünf für Sie." Bis vor Kurzem hat einem das die Kassiererin noch persönlich mitgeteilt, und das war sicher auch nicht mehr Aufwand. Nur menschlicher. Peter starrt auf das Kassenband und registriert nur noch am Rand, dass er sich fragt, warum die Leute all diese ungesunden Dinge kaufen, ob sie nicht wissen, dass zu viel Zucker krank macht. Endlich kann er seine Einkäufe bezahlen und den Laden verlassen. Draußen atmet er tief durch, und trotz seiner leichten Kopfschmerzen und dem Gefühl, sein Kopf wäre mit Watte ausgestopft, empfindet er es wie eine Befreiung. Endlich nach Hause!*

Bei dieser Lektüre mag der Eindruck entstehen, Peter hätte Stunden in diesem Supermarkt zugebracht. Aber dem ist durchaus nicht so: Der gesamte Einkauf hat maximal 30 Minuten gedauert. Hochsensible Menschen denken überwiegend in Bildern (mehr zum „Bilderdenken" finden Sie ab Seite 95), und die Informationen, die mit einem Bild transportiert werden, sind sehr vielschichtig und laufen sehr schnell ab. Die meisten von Peters Gedanken, die ich hier aneinandergereiht habe, sind Hochsensiblen selbst nicht bewusst. Sie finden, falls sie überhaupt registriert werden, eher in vagen Empfindungen und auch nur subtil ihren Ausdruck. In den meisten Fällen fühlen sich hochsensible Menschen nach dem Einkaufen ausgelaugt, einfach kraft- und lustlos. Einige werden aggressiv oder apathisch, und manche reagieren mit psychosomatischen Beschwerden, wie etwa Kopfschmerzen, Übelkeit oder Schwindel. Erst durch eine intensive Reflexion wird man zutage fördern, was alles hinter diesen eher vagen Gefühlen steckt. Ähnlich verhält es sich mit den Wahrnehmungen unserer fünf Sinne. Sehr viele HSM wissen, dass sie geräusch- und/oder lichtempfindlich sind, aber den wenigsten ist klar, welche Auswirkungen das konkret auf sie haben kann. Auch hier wirkt eine intensive Reflexion sehr hilfreich und erschließt einem die eine oder andere hervorragende Lösungsmöglichkeit.

Mein Vorschlag: Wenn Sie bemerken, dass Sie *während des Einkaufens* Energie verlieren, aggressiv oder apathisch werden oder vermehrt psychosomatische Symptome an sich bemerken oder dies *nach dem Einkaufen* feststellen, reflektieren Sie die Situation. Versuchen Sie, wenn Sie nach dem Einkaufen wieder zur Ruhe gekommen sind, das Geschehen noch einmal ganz exakt nachzuerleben. Gehen Sie in Gedanken alle Wege in genau derselben Reihenfolge ganz bewusst noch einmal und versuchen Sie, Ihre subtilen Körpersignale nachzuempfinden und zu deuten. Einkaufen ist für Sie eine Stresssituation, und im Fall von Stress antwortet der Körper immer mit irgendwelchen Signalen. Achten Sie darauf, wann zum Beispiel sich Ihr Herzschlag erhöht, Ihre Atmung beschleunigt hat, ob und wann Sie vermehrt ins Schwitzen gerieten: an den Händen, unter den Achseln oder am Kopf. Möglicherweise sind Ihre Hände während des Einkaufens eine Spur kälter geworden oder eventuell auch Ihre Füße? Vielleicht traten bei Ihnen auch hier oder da leichte Schwindelgefühle auf, Gleichgewichtsschwankungen oder Anflüge von Übelkeit? Manchmal kommt es auch zu leichten Sehstörungen oder Ohrenrauschen. Und bei Menschen, die zu Tinnitus neigen, verstärkt sich dieser in Stresssituationen häufig. Achten Sie auf jedes kleinste Signal Ihres Körpers und forschen Sie nach dessen Auslöser. So werden Sie sicher ausmachen können, was konkret Ihnen Stress verursacht.

Wenn Sie sich außerstande sehen, diese Szene in Gedanken durchzuspielen, wappnen Sie sich und versuchen Sie es ganz real. Richten Sie beim nächsten Einkaufen Ihre Aufmerksamkeit voll auf Ihre körperlichen Empfindungen. Sollte Ihnen das zu viel werden, macht es gar nichts, wenn Sie das Geschäft wieder verlassen. Sie können das Ganze später, wenn Sie sich wieder stärker fühlen, noch einmal versuchen. Sie haben so viele Versuche, wie Sie für sich brauchen. Lassen Sie sich also Zeit und zwingen Sie sich zu nichts. Aber geben Sie nicht auf. Es ist wichtig, dass Sie die genauen Quellen wie auch die Momente Ihrer Überlastung aufspüren!

Es ist nicht Ziel dieser Strategie, Sie zu „desensibilisieren", denn das ist bei einer vorliegenden Hochsensibilität nicht möglich. Möglich ist es aber, sich ganz konkret dessen bewusst zu werden, aus welchen Quellen der Stress für Sie entspringt, welche Faktoren Ihnen Stress verursachen, um dann besser damit umgehen zu können – sei es durch Vermeidung, durch bessere Vorbereitung, durch mechanische Hilfsmittel oder auch durch ein besseres Verständnis seiner selbst und/oder der Umwelt.

Anmerkung: Bei vielen Menschen stößt das Wort „Vermeidung" auf Abwehr. Es ist uns beigebracht worden, dass Vermeidung immer einen (unzulässigen) Rückzug bedeutet und (daher) schädlich ist. Ich halte eher diese Einstellung für schädlich. Jeder Mensch ist anders, hat andere Vorlieben und Abneigungen. Das ist menschlich und völlig normal. Sie sollen auch das Einkaufen nicht komplett vermeiden, das wäre in den allermeisten Fällen sicher übertrieben. Es geht hier lediglich um einzelne Stressfaktoren, denen man sich nicht unbedingt aussetzen muss. Und das ist durchaus legitim. Ich betrachte es auch nicht als Schwäche, sondern ganz im Gegenteil als Zeichen von Mut, wenn man zu sich und seinen Eigenheiten steht. Und allein darum geht es in diesem Buch.

Wenn Sie genau wissen, dass Sie sehr geräuschempfindlich sind und Ihre Überreizung beim Einkaufen in erster Linie und überwiegend durch Geräusche verursacht wird, versuchen Sie es mit ein bisschen Watte in den Ohren oder Ohropax. Watte in den Ohren bewirkt keinen Hörverlust, sondern dämpft die Geräusche lediglich, sodass ein Piepen, Quietschen oder extrem metallisch klingende Geräusche zwar durchaus noch vernehmbar sind, aber gedämpfter in Ihr Ohr dringen. Auf diese Weise werden sie nicht mehr als schmerzhaft empfunden. Und die Watte wird Ihnen nur zu Anfang etwas unangenehm sein, aber sicher hilfreich, wenn Sie die Verwendung von Ohropax als sehr störend oder gar als schmerzhaft empfinden. Sollte das bei Ihnen nicht ausreichen, versuchen Sie es mit Ohropax, sofern sie es vertragen. Doch dabei müssen Sie bedenken, dass Sie mit Ohropax wirklich nur noch stark eingeschränkt hören. Und Sie dürfen nicht vergessen, die Stöpsel nach dem Einkaufen wieder aus den Ohren zu nehmen, wenn es wichtig wird, dass Sie akustisch alles mitbekommen.

Außerdem kann es auch peinlich werden, wenn Sie jemanden, der Sie freundlich anspricht, zur Antwort anbrüllen, weil Sie selbst gerade nicht gut hören. Viele Hochsensible berichten, sie hätten engere Gehörgänge als andere Menschen. Deshalb kann es manchmal notwendig werden, sich einen individuellen Gehörschutz anfertigen zu lassen. Der ist zunächst etwas teurer als der „von der Stange", auf Dauer wird sich die Investition aber ganz bestimmt auszahlen. Und es gibt Ohrstöpsel für Musiker: Alpine MusicSafe Pro, die dank mehrerer unterschiedlich durchlässiger Einsätze vielseitig verwendbar sind. Eine andere Variante, die viele HSM nutzen, sind portable Player mit Kopfhörern und ihrer Lieblingsmusik. Das lenkt von äußerem Stress ab und beruhigt. Vor allem Angehörige der älteren Generation halten es vielleicht für unhöflich, mit Kopfhörern unter Leute zu gehen. Meiner Ansicht nach ist das lediglich eine Frage der Gewohnheit, und wenn Ihnen Musik „auf den Ohren" hilft, Ihren Stress zu reduzieren, ist es durchaus legitim. Die ersten Male mag es Ihnen fremd vorkommen und Sie selbst werden sich vielleicht auch ein wenig unbeholfen fühlen, wenn Sie derartige Hilfsmittel benutzen. Doch auf Ihr Gesamtbefinden wird es sich bestimmt positiv auswirken. Probieren Sie es einfach aus!

Wer unter einer offensichtlichen Lichtempfindlichkeit leidet, die sich durchaus auf künstliches Licht beschränken kann, aber nicht muss, sollte seine Augen schützen. Am einfachsten können Sie dies natürlich mit Ihrer ganz normalen Sonnenbrille. Vielleicht halten Sie es für ein Ding der Unmöglichkeit, eine Sonnenbrille im Geschäft zu tragen – womöglich auch noch mitten im Winter? Was sollen die Leute denken? Ich kann Ihnen aus eigener Erfahrung und vielen Schilderungen anderer HSM versichern, dass „die Leute" zumindest nicht aussprechen werden, was sie denken. Falls sie sich überhaupt etwas denken. Es geht um *Ihr* Wohlbefinden und nicht um die Meinung anderer Leute! Nehmen Sie zum Beispiel Heino oder Udo Lindenberg: Beide sind sehr erfolgreich geworden und überaus beliebt. Trotz oder vielleicht gerade wegen ihrer dunklen Brillen! Eine andere Variante ist eine Brille mit leicht farbig getönten Gläsern in Gelb oder Blau, die Sie sich gegebenenfalls beim Optiker machen lassen müssen. (John Lennon trug übrigens eine Brille mit leicht gelb getönten Gläsern …) Diese haben ebenfalls eine lichtdämpfende Wirkung, und Sie können eine solche Brille auch nachts beim Autofahren aufsetzen, wenn Sie Probleme mit dem Scheinwerferlicht entgegenkommender Fahrzeuge oder den Reflexionen durch die Spiegel haben, insbesondere bei Halogenlicht. An dieser Stelle möchte ich Sie auch noch auf das Irlen-Syndrom hinweisen. Dabei handelt es sich um eine optische Sensitivität, eine Überempfindlichkeit gegenüber einer oder sogar mehreren Farbfrequenzen, die zu visuellem Stress führt. In ihrer leichten Form zeigt sich diese Sensitivität als Lichtempfindlichkeit oder in Form einer schnellen Ermüdung beim Lesen, bei stärkeren Ausprägungen kommt es zu regelrechten Störungen der Wahrnehmung wie eingeschränktem Tiefensehen, Überblendungen (Scheinbewegungen von Mustern) und Symptomen, die vielleicht zunächst einer Lese- Rechtschreibstörung zugeordnet werden. Das Irlen-Syndrom bleibt häufig unentdeckt, sicher auch weil es (immer noch) recht wenig bekannt ist. Hier schaffen spezielle Folien und farbige Leselineale Abhilfe, bei sehr starker Beeinträchtigung gibt es Brillengläser, die bestimmte Farben ausfiltern und dadurch bestimmte Lichtwellenlängen „ausblenden". Unter Betroffenen ist die positive Wirkung unbestritten, in Fachkreisen wird der Einsatz von Brillengläsern (nicht von Folien!) jedoch kontrovers diskutiert.

Um festzustellen, ob sich hinter Ihrer Lichtempfindlichkeit vielleicht das Irlen-Syndrom verbirgt, müssen Sie allerdings einen kostenpflichtigen Test absolvieren, bei dem die richtigen, die tatsächlich störenden Farbfrequenzen ermittelt werden. Vielleicht lohnt sich so ein Test auch für Sie. Eine nützliche Adresse zu diesem Thema finden Sie im Anhang auf Seite 253.

Wenn Sie wissen oder vermuten, dass Sie besonders geruchsempfindlich sind, kann Ihnen Folgendes helfen: Wann immer Sie einen Schal oder ein Halstuch tragen können, parfümieren Sie ihn beziehungsweise es mit Ihrem bevorzugten Parfüm oder einem (selbst gemachten) Kräuter- oder Duftöl. Sollte dann die Gefahr bestehen, dass irgendwelche Gerüche Sie überwältigen, halten Sie sich den Schal dicht an die Nase. Das machen Sie bestimmt so geschickt, dass es anderen nicht weiter auffällt, und bei Ihnen sorgt Ihr Lieblingsgeruch für Erleichterung. Im Hochsommer, wenn jede Art von Schal schlicht zu warm ist, können Sie sich ein Amulett oder Medaillon an einer Kette entsprechend präparieren, indem Sie ein kleines Stück mit Ihrem Lieblingsduft getränkte Watte (oder Vlies) hineinstecken. Im Bedarfsfall öffnen Sie das Amulett, berühren die Watte und bringen so das Öl an Ihre Finger. Dann können Sie sich ganz unauffällig mit den Fingern an die Nase fassen und so Ihren Lieblingsduft einatmen. Bei den Herren der Schöpfung kann hier – mit ein wenig Geschick und Einfallsreichtum – auch eine dezent beduftete Krawatte gute Dienste leisten. Und auch im Hochsommer gibt es noch weitere Möglichkeiten, so beispielsweise ein entsprechend präpariertes Taschentuch oder eine Art Talisman oder Ähnliches, beispielsweise ein Duftstein in der Hosentasche oder in der Geldbörse. Ihrer Fantasie sind hier keine Grenzen gesetzt!

Wie Sie sich vor der Überflutung durch die Warenvielfalt schützen und Ihre Gedanken bündeln

Gegen die optische, geruchliche und sonstige Überreizung Ihrer Sinne durch das übergroße Warenangebot in einem Supermarkt oder Einkaufszentrum und eine Überflutung Ihrer Gedanken können Sie sich schützen, indem Sie sich gedanklich Scheuklappen aufsetzen. Ich nenne es auch gern „sich auf Tunnelblick einstellen". Das gelingt Ihnen am leichtesten, wenn Sie sich vor dem Einkauf einen wohl durchdachten Einkaufszettel schreiben. Gehen Sie in Gedanken durch den Supermarkt und rufen Sie sich in Erinnerung, wo genau welche Waren stehen. Dann notieren Sie die einzelnen Waren, die Sie benötigen, auf Ihrem Einkaufszettel in genau der Reihenfolge, in der sie in den Regalen stehen. Rufen Sie sich dabei den kürzesten Weg durch das Geschäft ins Gedächtnis. Und beim folgenden Einkauf halten Sie sich strikt an diese Liste. Sie schauen nicht links und nicht rechts und konzentrieren sich ausschließlich auf die Waren Ihres Bedarfs und Ihren Einkaufszettel. Verhalten Sie sich vorausschauend – aber ausschließlich im Hinblick auf den einfachsten und schnellsten Weg durch den Laden. Wenn es Ihnen in Ihrem Gang zu voll ist, weichen Sie kurzfristig in einen anderen Gang aus und biegen dann nach dem Engpass wieder zurück ein. Wenn Sie merken, dass Ihre Konzentration auf das Wesentliche nachlässt, stellen Sie sich vor, wie Sie Ihre Einkäufe später ganz zufrieden in die Schränke räumen, wie Sie das Essen zubereiten, wofür Sie jetzt einkaufen, und wie Sie es später genießen werden. Dieses Vorgehen gibt Ihnen die Möglichkeit, sich auf das Eigentliche zu fokussieren und Störquellen weitgehend auszublenden, weil Sie mit anderen, wichtigeren Dingen beschäftigt sind. Wenn Sie mögen, können Sie dabei in einen Wettbewerb mit sich selbst treten, Ihre Zeit festhalten und versuchen, bei jedem Einkauf schneller zu werden – jedoch ohne dabei in Hektik zu verfallen.

Grundsätzlich gilt: Suchen Sie sich auf Dauer möglichst stressarme beziehungsweise -freie Einkaufsmöglichkeiten. Das kann der Supermarkt kurz vor Ladenschluss sein oder nach Schulschluss, wenn die meisten Familien am Mittagstisch sitzen. Sie können Ihre Mittagspause auch mit einem Einkauf verbinden, wenn Sie genügend Zeit zur Verfügung und ein entsprechendes Geschäft in der Nähe haben. Das kann Ihnen auch eine gute Möglichkeit bieten, Ihren Arbeitsalltag für eine Weile hinter sich zu lassen. Tun Sie dies aber nur, wenn es sich für Sie gut anfühlt. Viele HSM bevorzugen kleinere Läden. Dort ist zwar auch das Angebot kleiner, aber oftmals ansprechender präsentiert und das Ambiente persönlicher und freundlicher. Manchmal ergeben sich sogar kurze, nette Gespräche mit anderen Kunden oder dem Personal. Einige Einkäufe können Sie auch gut auf dem Wochenmarkt tätigen, viele HSM nutzen diese Möglichkeit nach wie vor besonders gern: Einkauf unter freiem Himmel, frische, naturbelassene Waren aus der Region (und zum größten Teil ohne Vorverpackung), die alle Sinne eines HSM angenehm berühren. Es ist ein Stück Natur, selbst wenn die Marktstände inmitten einer Großstadt errichtet sind. Und inzwischen können Sie sogar von zu Hause aus einkaufen. In vielen Orten gibt es bereits Geschäfte, die Bestellungen telefonisch oder auch online entgegennehmen und Ihnen die Waren gegen eine geringe Gebühr bis an die Haustür liefern. Nutzen Sie alle Möglichkeiten aus, die Ihnen Ihren regelmäßigen Einkauf so einfach und angenehm wie möglich gestalten. Es geht um *Sie*. Um *Ihr* Wohlbefinden, um *Ihre* Lebenszeit und um *Ihre* Lebensqualität!

Zum Thema „Shoppen"

Mit „Shoppen" meine ich hier in erster Linie den Kauf von Bekleidung und Luxusartikeln. Aufgrund der enormen Interessenvielfalt von Hochsensiblen lassen sich an dieser Stelle kaum konkrete Situationen schildern und entsprechende Tipps geben. HSM haben einen ausgeprägten Sinn für Ästhetik, und der kann auf vielfältige Arten seinen Ausdruck finden. Einige Hochsensible legen großen Wert auf ihre Kleidung und werden deshalb auch gern shoppen gehen. Bei anderen konzentriert sich dieser Sinn auf ihre Wohnungseinrichtung, weshalb sie gern auf die Suche nach Einrichtungsgegenständen gehen. Andere HSM lieben Blumen und Pflanzen, weshalb sie sich bevorzugt in Gartencentern aufhalten, während die Wissbegier vieler HSM zuzeiten stundenlanges Stöbern in Buchhandlungen geradezu zwingend notwendig werden lässt. Außer im Bekleidungseinzelhandel herrscht in den entsprechenden Geschäften selten Lärm oder Hektik, das Ambiente wird von HSM als sehr angenehm erlebt und sie können ihre Gedanken hervorragend bündeln, weil es sich hier um etwas handelt, das sie sehr interessiert. Kaum etwas können Hochsensible derart lustvoll empfinden, wie ihren Neigungen nachzugehen. Hier siegt meist der Genuss über den Stress.

Wenn Sie allerdings feststellen, dass Sie während oder nach solchen Einkäufen ebenfalls ausgelaugt, kraftlos, aggressiv oder apathisch sind oder sich psychosomatische Beschwerden einstellen, sollten Sie auch hier überlegen, woran konkret dies liegen kann. Die Vorgehensweise, wie ich sie bereits zum Einkaufen für den täglichen Bedarf geschildert habe, kann hier ebenfalls sehr hilfreich sein. Bedenken Sie dabei auch Ihre An- und Abfahrt. Öffentliche Verkehrsmittel oder die Fahrt mit dem Auto während der Rushhour sind für HSM Stressfaktoren erster Güte. Hier ist zu überlegen, ob Sie Ihre Fahrten nicht anders oder wenigstens etwas kürzer einrichten können. Vielleicht ist der Zug schneller als der Bus? Vielleicht reicht es schon, zehn Minuten eher loszufahren, um nicht in die Rushhour zu kommen und leichter einen Parkplatz zu ergattern? Vielleicht können Sie sich hinbringen und abholen lassen oder bei jemand anderem mitfahren? Vielerorts gibt es Mitfahrzentralen, an die Sie sich auch kurzfristig wenden können. Wichtig ist, dass Sie sich die An- und Abfahrt so angenehm wie möglich gestalten. Muten Sie sich nicht mehr zu als unbedingt nötig und ersparen Sie sich Stress, wo immer es geht.

Vielleicht können Sie die Gesamtdauer ein wenig verkürzen oder Ihre Shoppingtour auf einen anderen Wochentag, eine andere Zeit verlegen? Gönnen Sie sich öfter eine Pause, aber verbringen Sie die nicht gerade mitten in der stark bevölkerten Fußgängerzone oder im Café eines großen Einrichtungshauses. Suchen Sie bevorzugt solche Orte auf, wo es deutlich ruhiger ist. In dem kleinen Café in der Seitenstraße können sich nicht nur Ihre Sinne erholen, Sie werden oft auch noch viel freundlicher bedient. Das tut dann gleich doppelt gut. Wenn Sie nichts verzehren möchten, gehen Sie dennoch an die frische Luft. In einer kleinen Nebengasse oder den Sträßchen hinter den Fassaden der Fußgängerzonen finden sich in jeder Stadt oft überraschend nette Plätzchen, wo Sie kurz verweilen und Ihre „Batterien" ein bisschen aufladen können.

Die Erfahrungsberichte vieler HSM über Bekleidungskäufe handeln von zu engen Umkleidekabinen, von nicht komplett blickdichten Türen/Vorhängen und (von anderen Kunden) nachlässig hingeworfenen und liegen gelassenen Kleidungsstücken. Ebenso bemängeln sie die unpersönliche, kalte Atmosphäre in vielen Geschäften und zunehmend gelangweilt wirkendes, inkompetentes und zum Teil auch richtig unfreundliches Personal. Wobei diese Umstände nicht einmal im Verbund auftreten müssen: Ein, zwei Aspekte aus dieser sicher unvollständigen Aufzählung können bereits ausreichen, um einem Hochsensiblen den Einkauf gründlich zu vergällen. Hierbei kommen einige Merkmale der hochsensiblen Persönlichkeit zum Tragen: Perfektionismus, Ordnungsliebe, Liebe zum Detail, Harmoniestreben hinsichtlich der Atmosphäre und der Art des zwischenmenschlichen Umgangs. Einkaufen heißt für HSM eben nicht nur etwas haben wollen um jeden Preis. Wenn ihre Werte gering geschätzt oder gar herabgewürdigt werden, vergeht ihnen der Spaß. Nahezu jeder Hochsensible kennt Geschäfte, die er nicht mehr besucht, weil dort einer oder mehrere seiner Werte mit Füßen getreten wurden. Und das ist auch völlig in Ordnung. Lassen Sie sich nicht verunsichern, wenn Sie jemand deshalb kritisiert. Es ist Ihr gutes Recht, sich Ihre Einkaufsstätten auszusuchen – nach welchen Kriterien auch immer!

Wenn Sie das Shoppen so gar nicht mögen, dann ist für Sie der Online-Einkauf bestimmt das Richtige. Dabei können Sie die Waren in aller Ruhe zu Hause aussuchen und sich auf eine baldige Lieferung freuen. Die Anprobe in Ihrer gewohnten Umgebung mit entsprechend viel „Freiraum" ist dann auch erheblich stressärmer, und wenn Sie sich häufig nicht sicher sind, ob Ihnen das jeweilige Kleidungsstück steht, können Sie mit Ihrem Partner oder einer Freundin/einem Freund gemeinsam entscheiden. Auch die Rückgabe oder der Umtausch ist heute kein Problem mehr. Viele Firmen bieten sogar die Abholung Ihrer Rücksendung ohne Aufpreis an.

Ausgehen und Feiern

Auch hier geht es stets um Reizüberflutung, doch gehören zu diesem Thema viele unterschiedliche Situationen und Voraussetzungen, die unbedingt unterschiedlich betrachtet und behandelt werden müssen.

Zum einen macht es einen Unterschied, ob Sie allein, mit einem oder mehreren Freunden oder mit Ihrem Partner ausgehen. Zum anderen ist es wichtig, um welche Art von Veranstaltung es sich handelt. Ob es eine Familienfeier ist, ein Restaurantbesuch oder ein Konzert, ob mit beruflichem Hintergrund oder aus privater Neigung und ob mit oder ohne gesellschaftliche Zwänge, spielt eine wesentliche Rolle. Und hier existieren unendlich viele Kombinationsmöglichkeiten.

Grundsätzlich gilt bei allen außerhäuslichen Aktivitäten: Achten Sie auf die von außen auf Sie einströmenden Sinnesreize. Akustische und optische Reize sind hier an erster Stelle zu beachten, und dabei spielt auch Ihre Position im Raum eine große Rolle. Hochsensible sitzen zum Beispiel nicht gern mit dem Rücken zur Tür oder zum Geschehen. Das hat jedoch – im Gegensatz zur landläufigen Ansicht – nichts mit Kontrolle zu tun, sondern schlicht damit, dass HSM im Allgemeinen hochgradig schreckhaft sind. Und wenn sie ein Geschehen nicht auch visuell verfolgen können, laufen sie eher Gefahr, sich zu erschrecken. So ein Schreck löst immer auch körperliche Stresssymptome aus, und die sind sehr unangenehm. Kein Wunder, dass Hochsensible das intuitiv gern vermeiden wollen!

Ralph erzählt:

„Die Anordnung der Tischreihen auf unserer Betriebsfeier war gut durchdacht. Sie standen längs zur Bühne, für die ein abwechslungsreiches Programm angekündigt war. So konnten alle mit einer kleinen Körperdrehung das Geschehen verfolgen. Als ich mit einigen anderen Arbeitskollegen in den Raum kam, waren schon fast alle Tische besetzt. Uns blieb nur der direkt am Eingang. Ich musste zwischen zwei Übeln wählen: Entweder ich setzte mich mit dem Rücken zur Tür oder mit dem Rücken zu den anderen Tischen, wobei ich dann auch die Bühne nicht sehen konnte, ohne mich ganz herumzudrehen. Ich setzte mich dann so, dass ich die Eingangstür im Blick hatte, und vertiefte mich in ein Gespräch mit meinen Sitznachbarn. So konnte ich nicht sehen, dass die Bühne bereits für den ersten Auftritt vorbereitet wurde. Als die Eröffnungsrede unseres Chefs mit einem völlig unerwarteten lauten Trommelwirbel angekündigt wurde, bin ich derart erschrocken, dass ich kurz den Raum verlassen musste, um mich wieder zu beruhigen. Trotzdem war ich den ganzen Abend angespannt und fühlte mich wie ausgelaugt. Dieser Auftakt hatte mir den ganzen Abend verdorben."

Was war passiert? Hochsensible nehmen aufgrund der Durchlässigkeit ihres Thalamus mehr und intensiver wahr. Der plötzliche, von ihm als sehr laut empfundene Trommelwirbel hat bei Ralph die Schreckreaktion ausgelöst. Eine plötzliche, massive Veränderung wird vom Menschen zuerst immer als Gefahr gedeutet. Das geschieht völlig unbewusst und ist ein automatisierter Schutzvorgang. Der Körper wird in Sekundenbruchteilen auf Kampf, Flucht oder Totstellen vorbereitet. Dazu ist die Freisetzung großer Mengen von Adrenalin notwendig, was kurzfristig deutlich spürbares Herzklopfen, Schweißausbrüche und Zittern hervorruft. Die anderen damit verbundenen Körperreaktionen sind zunächst weniger deutlich spürbar, aber durchaus ebenso vorhanden. Der Schreck ist der kleine Bruder des Schocks und geht natürlich mit denselben körperlichen Symptomen einher, wenn auch weniger nachhaltig und in abgeschwächter Form. Nachdem Ralph den Raum verlassen hatte und vor der Tür wieder etwas „heruntergekommen" war, wurde das Adrenalin in seinem Körper relativ schnell wieder abgebaut. Das erfolgt über die Nieren und hat einen kurzfristigen Flüssigkeitsverlust und damit einen kurzfristigen Mineralverlust zur Folge. Dadurch entsteht in Kombination mit der wieder einsetzenden Entspannung des Körpers ein Erschöpfungszustand, den Ralph mit dem Wort „ausgelaugt" beschreibt. Dieser Erschöpfungszustand kann durchaus einige Stunden anhalten. Hätte Ralph die Vorgänge auf der Bühne beobachten können, und sei es nur aus dem Augenwinkel, wäre er darauf vorbereitet gewesen. Er hätte die Situation kognitiv einschätzen können und deshalb auch keinen Schreck bekommen. Zwar wäre ihm der Trommelwirbel in jedem Fall zu laut gewesen und deshalb sicher auch unangenehm, aber er hätte nicht diese extreme körperliche Wirkung auf ihn gehabt.

Sie sehen also selbst: Dieser und andere Zustände sind keine „Anstellerei", sondern messbare körperliche Reaktionen auf unsere angeborene intensivere Wahrnehmung. Dieses Wissen werden Sie sicher auch auf andere Bereiche übertragen können und damit mit der Zeit in die Lage kommen, für Sie strapaziöse Situationen besser meistern zu können.

Die meisten HSM werden bei Zusammentreffen mit ihnen vertrauten Menschen im kleineren Kreis weniger Probleme haben. Die Umgebung bei einem solchen Treffen ist ihnen meistens bekannt und arm an äußeren Reizen. Freunde und Verwandte sind üblicherweise auch keine Stressfaktoren, keine Quellen emotionaler Reize wie Unsicherheit, Ängstlichkeit oder die Sorge darum, wie sie auf andere wirken.

Anders ist dies, wenn sie sich mit vertrauten Personen an einem ihnen unbekannten Ort treffen wollen, wobei das Unbekannte die Herausforderung darstellt. Ein wesentliches Merkmal Hochsensibler ist ihr ausgeprägtes bildliches Vorstellungsvermögen. Natürlich ist es permanent vorhanden, in solchen Augenblicken wird es aber besonders aktiviert. Sie stellen sich sämtliche möglichen Situationen bildlich vor – aus unterschiedlichen Perspektiven. Dabei ist die meist unbewusst gestellte Frage „Was passiert, wenn …?" vorrangig. Auf diese Weise erleben HSM entsprechende Situationsvarianten im Geist bereits in aller Ausführlichkeit im Voraus. Anmerkungen von anderen wie „Nun lass es doch mal auf dich zukommen" oder „Was du dir wieder ausmalst!" sind ihnen nur allzu gut bekannt. Doch handelt es sich bei diesen Filmen im Kopf („Kopfkino") nicht etwa um eine Marotte, die man ablegen könnte oder sollte, sondern um einen unwillkürlichen Vorgang, der seinem Wesen nach nicht bewusst beeinflussbar ist. Diese Fähigkeit kann sehr schön sein und, richtig eingesetzt, vor allem beruhigend wirken. Viele HSM leiden aber beträchtlich darunter, weil sie sich alle möglichen negativen, belastenden Szenarien vorstellen. Und diese Perspektive hat nicht selten zur Folge, dass sie sich gar nicht mehr auf das bevorstehende Treffen freuen können.

Hier können Sie im Vorfeld Abhilfe schaffen, indem Sie Informationen einholen. Machen Sie sich vorher mit dem fremden Ort vertraut. Fragen Sie Freunde und Bekannte, ob sie schon einmal dort waren und welche persönlichen Eindrücke sie hatten, aber lassen Sie sich nicht unreflektiert negativ beeinflussen. Achten Sie darauf, wer Ihnen was erzählt. Hat die betreffende Person Ähnlichkeit mit Ihnen? Hat sie ähnliche Vorlieben und Abneigungen wie Sie selbst? Oder ist das ein ganz anderer Mensch als

Sie? Bleiben Sie wachsam. Recherchieren Sie den betreffenden Ort im Internet und schauen Sie sich die dort meist auch eingestellten Bilder an. Richten Sie Ihre Aufmerksamkeit dabei auf die Dinge, die Ihnen gefallen. Handelt es sich zum Beispiel um ein Restaurant, das Sie noch nicht kennen, achten Sie auf den ästhetischen Eindruck: Liegt es in einer schönen Umgebung, ist es einladend eingerichtet, spricht Sie die Speisekarte an? Oder gibt es vielleicht sympathische Bilder von Inhaber und Personal, positive Bewertungen anderer Gäste? Vielleicht haben Sie auch die Möglichkeit, diesen Ort vorab einmal aufzusuchen? Nutzen Sie alle Ihnen zur Verfügung stehenden Möglichkeiten, um sich im Vorfeld einen möglichst realistischen Eindruck zu verschaffen. Sollten Sie dann immer noch unsicher sein, überlegen Sie sich, wie Sie vielleicht vorzeitig wieder nach Hause kommen. Bestehen Verbindungen mit gut erreichbaren öffentlichen Verkehrsmitteln, können Sie mit dem eigenen Auto fahren oder gibt es in der Nähe einen Taxistandplatz? Wenn Sie sich in dieser Weise vorbereiten, können Sie Vorfreude aufkommen lassen und haben die Sicherheit, den Schauplatz jederzeit verlassen zu können. Das ist schon fast eine Garantie für ein gelungenes Treffen! HSM nehmen sehr oft an Zusammenkünften teil und harren auch bis zum Ende dort aus – einzig und allein, weil sie ihren Partner nicht vor den Kopf stoßen oder enttäuschen möchten. Das ist sicher ein menschlich hochanständiges Motiv, den Betreffenden selbst jedoch nicht zuträglich, denn sie missachten damit ihre eigenen Bedürfnisse. Sollte dies einmal wirklich unvermeidbar sein, überlegen Sie, wie Sie die Situation für sich so angenehm wie möglich gestalten können. Zum Beispiel könnten Sie sich immer mal wieder aus dem Geschehen zurückziehen, wenn es Ihnen zu viel wird. Suchen Sie das „stille Örtchen" auf und machen Sie sich ein wenig frisch. Atmen Sie ein paarmal tief durch, bevor Sie wieder zu den anderen hineingehen. Falls die gewissen Räumlichkeiten sehr stark frequentiert werden, sind sie allerdings nicht der geeignete Ort, um sich zu sammeln. Treten Sie dann vor die Tür und laufen Sie ein paar Schritte. Achten Sie dabei auf eine ruhige, tiefe Bauchatmung. Die Ablenkung und Ruhe werden Ihnen guttun.

Niemand wird es Ihnen übel nehmen, wenn Sie sich für kurze Zeit „ausklinken" und allein draußen ein paar Schritte gehen, damit Sie sich wieder sammeln können. Und wenn Ihnen all das auch nicht dazu verhilft, sich besser zu fühlen, scheuen Sie sich nicht, auch vorzeitig nach Hause aufzubrechen.

Sprechen Sie bei der nächsten Gelegenheit mit Ihrem Partner darüber. Erklären Sie ihm sachlich, warum Sie Bedenken haben, und werden Sie konkret. Sagen Sie, was Ihnen nicht gefällt oder was Ihnen einfach zu viel ist, und kündigen Sie an, dass Sie sich in Zukunft in Abständen immer mal entfernen werden, um sich etwas zu regenerieren. Sprechen Sie auch an, dass Sie sich noch in der „Versuchsphase" befinden und zunächst selbst herausfinden müssen, was Ihnen in welchem Maße guttut. Bitten Sie Ihren Partner im Vorfeld um Verständnis, falls Sie sich zwischendurch zurückziehen oder auch einmal eher nach Hause gehen möchten. Wenn Ihr Partner durch ein ehrliches Gespräch auf die Situation vorbereitet ist, wird das auch kein dauerhaftes Problem sein. Sie müssen auch hier Ihre Hochsensibilität nicht umfassend erklären. Sprechen Sie die konkreten Punkte an, zum Beispiel die Lautstärke, die gleichzeitig stattfindenden, aber unterschiedlichen Gespräche vieler Menschen, die Musik, die Ihrem Geschmack nicht entspricht, oder auch das für Sie penetrant riechende und damit unerträgliche Parfüm einer anderen Person am Tisch. Probieren Sie es aus!

Dieselbe Strategie können Sie natürlich auch bei engen Freunden anwenden. Erklären Sie sich aber nicht unbedingt jedem. Eine einzelne „eingeweihte" Person, die Ihnen die zu Anfang manchmal notwendige Rückendeckung gibt, reicht schon aus, damit Sie sich sicherer und damit besser fühlen.

Jonas erzählt:
„Als ich meine Frau kennenlernte, war ich begeistert davon, dass sie viel und gern ausging, und war natürlich bei jeder Gelegenheit dabei. Nach einigen Jahren hatte ich nicht mehr die rechte Lust, und das war oft Anlass für Streit.

Natürlich ging ich dann mit. Aber es war oft eine Qual für mich, vor allem wenn die Treffen bis spät in die Nacht dauerten. Ich fragte mich oft, was plötzlich mit mir los war. Meine Frau unterstellte mir Desinteresse und noch weit mehr, aber das war es nicht. Ganz im Gegenteil: Ich war ja an sich gern dabei und verstand mich selbst nicht. Das war eine sehr schwierige Phase in unserer Ehe. Dann stellte ich fest, dass ich hochsensibel bin und meine Sinnesorgane sehr empfindsam sind. Für mich war das eine Offenbarung. Ich war nicht desinteressiert und auch nicht lieblos. Ich sprach mit meiner Frau darüber. Es hat etwas gedauert, bis wir beide verstanden, was Hochsensibilität überhaupt bedeutet und wie alles miteinander zusammenhängt. Heute gehe ich nicht mehr zu jedem Treffen mit, und ich habe kein schlechtes Gewissen mehr dabei. Auch meiner Frau geht es damit besser. Wir sind beide viel entspannter geworden. Wenn ich mitgehe, fahren wir jeder mit seinem eigenen Auto, sodass ich die Möglichkeit habe, jederzeit nach Hause zu fahren. Allein diese Sicherheit im Hinterkopf zu haben, entspannt mich so sehr, dass ich oft sogar bis zum Ende bleibe. Ich entferne mich auch in regelmäßigen Abständen vom Geschehen. Manchmal reicht es schon, wenn ich mich ein wenig an den Rand der Gesellschaft begebe und dem Treiben nur zusehe, manchmal gehe ich auch kurz hinaus.

Mit meiner Frau hatte ich am Anfang dieser Umstellung ausgemacht, dass ich nur ihr kurz Bescheid sage und dann einfach aufstehe und gehe. Sie hat dann freundlich, aber kurz und bestimmt auf Nachfragen geantwortet. Wir wussten beide, dass ich das nicht so souverän gekonnt hätte wie sie. Ich hätte mich sicher in unendlichen Erklärungen ergangen. Es war mir auch peinlich, dass ich nicht so gut durchhalten konnte wie die anderen. Diesbezüglich war sie mir mit ihrer gelassenen Selbstverständlichkeit eine große Stütze.

Mittlerweile haben sich alle an mein Verhalten gewöhnt, und es ist zur Normalität geworden. Niemand fragt mehr nach.“

Wenn Sie zum Beispiel in ein Konzert gehen oder zu sonstigen Veranstaltungen, wo Sie auf viele Menschen treffen und es entsprechend laut zugeht, nützen Ihnen bestimmt dieselben Mittel, mit denen Sie sich auch Ihre tägliche Einkaufsrunde erleichtern können. Denken Sie hierbei an einen Gehörschutz und parfümierte Schals. Und natürlich ist es auch bei solchen Gelegenheiten hilfreich, sich von Zeit zu Zeit etwas zurückzuziehen. Es kann auch zu Ihrer Entspannung beitragen, wenn Sie sich von Beginn an etwas abseits halten. Manchmal kann man von den Randplätzen im Zuschauerraum aus viel besser sehen, was vorne auf der Bühne abläuft, und ungestörter zuhören. Man kann sich besser konzentrieren, wenn man nicht mitten im Geschehen steckt, weil die Fülle der Reize im Randbereich kleiner ist.

Sie müssen sich auch nicht jede Zugabe ansehen oder anhören. Es ist durchaus in Ordnung, wenn Sie direkt nach dem regulären Programm gehen. Unmittelbar nach dem regulären Ende eines Konzerts oder einer Theateraufführung aufzubrechen, erspart einem eine Menge Stress. Auf diese Weise entfliehen Sie dem Massenandrang an den Türen, auf den Parkplätzen (Haltestellen) und dem abfahrenden Verkehr. So kommen Sie wesentlich entspannter zu Hause an. Und selbst wenn Sie gemeinsam mit anderen gekommen sind und dementsprechend auch gemeinsam den Heimweg antreten werden, können Sie den Saal etwas eher verlassen und noch ein wenig draußen herumlaufen und sich vor dem stressigen Heimweg mit den anderen ein wenig erholen. Es ist in solchen Fällen absolut ausreichend, wenn Sie dies mit „Ich geh schon mal vor, ich brauche ein wenig frische Luft" ankündigen. Sie werden sehen: Kaum jemand wird das hinterfragen oder gar ungut kommentieren.

Horchen Sie aufmerksam in sich hinein, finden Sie den Punkt, ab dem Sie beziehungsweise Ihre Sinne überreizt werden, und gehen Sie im Idealfall schon rechtzeitig vorher. Das ist völlig in Ordnung und wird Ihnen guttun.

Beruflich oder gesellschaftlich veranlasste Treffen bergen neben den üblichen Reizquellen und Stressfaktoren noch einen ganz wichtigen: die Konventionen. HSM machen sich bei derartigen

Gelegenheiten ständig und vor allem schon lange vorher Gedanken, wie sie auf andere wirken (könnten), und dabei gehen sie sogar über ihre eigene Person hinaus: Sofern sie in Begleitung an einer solchen Veranstaltung teilnehmen, beziehen sie auch diese Person in ihre Vorüberlegungen ein. Gedanken über die passende Kleidung, die Frisur und das Make-up sind dabei ganz normal, jedoch noch längst nicht alles. Sie stellen sich ausführlich und ausgiebig vor, wen sie treffen könnten, was sie gefragt werden und antworten könnten, was andere über sie denken und reden könnten, welchen Einzel- und welchen Gesamteindruck sie gemeinsam mit ihrer Begleitung hinterlassen könnten. Dementsprechende Gedanken machen sie sich dann auch noch bezüglich ihres Partners, der sie begleitet, und zu guter Letzt über sie beide als Paar. Hierzu passt das Stichwort „fremdschämen". Jeder Hochsensible kennt dieses Gefühl, das ihn beschleicht, wenn jemand Dinge tut oder sagt, die dem HSM selbst völlig abwegig oder sogar unanständig erscheinen. Er fühlt sich dabei so, als hätte er selbst sich unpassend verhalten, und würde am liebsten im Erdboden versinken. Diese Besorgnis muss sich nicht unbedingt auf die Begleitung des HSM beziehen, sondern kann auch Personen betreffen, die ihnen bei dem bevorstehenden Ereignis begegnen werden. Auch deshalb spielen sie im Vorfeld alle möglichen – und unmöglichen – Szenarien vor ihrem geistigen Auge durch. Und wenn sie etwa ein Auto besitzen, das ihnen nicht „gesellschaftsfähig" erscheint, überlegen sie vorher lange, wo sie es parken können, damit es niemand sieht, oder ob sie sich woanders einen Wagen leihen können oder vielleicht doch besser mit dem Taxi vorfahren. Auch hierbei werden für jede Möglichkeit wieder unterschiedliche Varianten ersonnen und alle vorher im Kopf „geprobt". Natürlich ist das grundsätzlich anstrengend, manchmal frustrierend, und häufig erwächst daraus eine große Anspannung. Oft mündet es auch darin, dass diese HSM bereits vor Beginn der Veranstaltung die reinsten Nervenbündel sind, das Event dann freudlos über sich ergehen lassen und nur noch froh sind, wenn das Ganze endlich vorbei ist. Wirklich sehr schade, denn es ist *Ihre* Lebenszeit und *Ihre* Lebensqualität, die Sie dadurch verlieren!

Testen Sie die bereits vorgeschlagenen Maßnahmen einmal für sich aus, das wird Ihnen bestimmt Erleichterung verschaffen. Ihrem „Kopfkino" können Sie vorerst allerdings nur Ihre Vernunft entgegensetzen. Machen Sie sich immer wieder bewusst, dass Sie konkrete Abläufe und Geschehnisse nicht vorherwissen *können*. Langfristig benötigen Sie hier mehr Gelassenheit, die sich zum Teil aus dem durch Ihr wachsendes Selbst-Verständnis wachsenden Selbst-Wertgefühl entwickelt, die Sie aber auch ganz bewusst und gezielt einüben können. Das dauert eine Weile, doch der Aufwand lohnt sich in jedem Fall. Konkrete Hinweise dazu finden Sie im Abschnitt über den „langfristigen Umgang mit Hochsensibilität" ab Seite 227.

Allgemein möchte ich an dieser Stelle noch anfügen, dass Sie darauf achten sollten, wie Sie Ihren Tag vor dem Ausgehen zubringen. Wenn Sie an einem Samstagabend ausgehen möchten und vorher noch den gesamten Wocheneinkauf sowie den Hausputz erledigen, Ihre Kinder anschließend bei den Großeltern abliefern und sich dann gewaltig beeilen müssen, um sich noch für den Abend zurechtzumachen, werden Sie bestimmt schon in extrem überstimulierter Verfassung an Ihrem Ziel ankommen. Und das ist rein kontraproduktiv: sowohl für Ihre persönliche Reiz-Toleranzgrenze als auch für Ihr Durchhaltevermögen.

Versuchen Sie lieber, sich Ihren Tag so mühelos wie möglich einzurichten. Sie können Ihren Einkauf beispielsweise am Vortag erledigen oder in kleinen „Portionen" entsprechend auf die Woche verteilen. Beim Hausputz darf es auch ruhig mal etwas weniger sein, und vielleicht könnten die Großeltern ihre Enkel auch einmal zu Hause abholen. Es bestehen immer verschiedene Möglichkeiten, die Dinge zu gestalten. Gönnen Sie sich einen Spaziergang in der Natur, dann ein Entspannungsbad oder lesen Sie ein gutes Buch. Was immer Sie lockerer werden lässt, das sollten Sie sich unbedingt vor einem derartigen Ereignis gönnen. Mit einem gelösten Grundgefühl erhöhen Sie die Spanne bis zu Ihrer Reiz-Toleranzgrenze und können den Abend viel unbeschwerter und/oder länger genießen.

In der Arbeit

Den meisten hochsensiblen Menschen bietet das Thema „Arbeit" vielfältiges Überreizungs- und Konfliktpotenzial. Angefangen mit den äußeren Reizen, die moderne Arbeitsplätze aussenden, über Arbeitsinhalte, das Verhältnis zu Kollegen und Vorgesetzten bis hin zur Sinnfrage allgemein werden hier nahezu alle Facetten der Persönlichkeit eines HSM angesprochen. Deshalb kann ich dieses umfassende Thema hier natürlich nicht erschöpfend behandeln, aber es gibt doch einige Standardsituationen, auf die ich in meinen Coachings und auch von Mitgliedern meiner Gruppe immer wieder angesprochen und dazu befragt werde. Für die häufigsten davon kenne ich Taktiken, mit deren Hilfe Sie sie kurzfristig ins Positive wandeln können.

Für HSM beginnt die Arbeit nicht erst am Arbeitsplatz, sondern bereits auf dem Weg dorthin. Hier sind sie häufig schon mit den unterschiedlichsten äußeren Reizen konfrontiert, die ihr Nervensystem hochgradig belasten. Wenn sie mit öffentlichen Verkehrsmitteln zur Arbeit fahren, fühlen sie sich vielleicht wie auf einer Massenveranstaltung, die sie ja sonst lieber meiden. Viele Menschen auf kleinstem Raum engen sie ein, und das empfinden sie als äußerst bedrückend. Viele HSM mögen es ohnehin nicht, wenn ihnen jemand körperlich zu nahe kommt, aber in Bussen, Bahnen und Zügen lässt sich dies gar nicht vermeiden. Viele von ihnen nehmen schon gar nicht mehr bewusst wahr, wie sehr sie diese Enge anstrengt. Zusätzlich müssen sie Klingeltöne von Mobiltelefonen, Lautsprecheransagen, das schrille Kreischen einfahrender Züge oder bremsender Busse, Verkehrslärm, zahllose unterschiedliche Gerüche und teilweise extreme visuelle Reize ertragen. Und ob sie wollen oder nicht – sie hören sämtliche Gespräche in ihrer Umgebung mit. Bei Telefonaten von Mitfahrenden können sie oftmals sogar noch den Gesprächspartner am anderen Ende verstehen. So kommen viele HSM in einer bereits stark überreizten Verfassung an ihrem Arbeitsplatz an. Oftmals sind sie sich ihres inneren Zustands jedoch gar nicht bewusst, insbesondere wenn sie noch nichts von ihrer Hochsensibilität wissen.

Wenn Sie zu den Menschen gehören, die mit öffentlichen Verkehrsmitteln zur Arbeit fahren (müssen), dann gilt auch für Sie: Machen Sie sich klar, was konkret Ihnen am meisten zu schaffen macht. Beobachten Sie sich genau und finden Sie heraus, wann Ihr Körper mit Anzeichen von Stress reagiert. Wenn Sie die Quelle für Ihren größten Stress ermittelt haben, gibt Ihnen das die Möglichkeit, etwas zu verändern. Probleme lassen sich nicht dadurch lösen, dass man sagt: „Irgendwie ist mir alles zu viel!", sondern nur dadurch, dass man sie genau erfasst und auch benennen kann. Ist es die Geräuschkulisse allgemein, sind es die Gespräche anderer Menschen? Oder eher die Gerüche? Hier helfen Ihnen dieselben Maßnahmen, die ich Ihnen bereits im Kapitel zum Thema „Einkaufen" beschrieben habe. Oder „entnervt" Sie vorrangig das Treiben, die Hektik an Haltestellen und Bahnhöfen? Hier können Sie versuchen, Ihren Fokus auf etwas anderes zu richten. Vielleicht können Sie in der Wartezeit und während der Fahrt ein spannendes Buch oder eine interessante Zeitschrift lesen? Möglicherweise hilft hier auch Ihre Lieblingsmusik oder ein gutes Hörbuch über Kopfhörer. Probieren Sie am besten alles aus. Vielleicht müssen Sie erst noch ein bisschen üben, doch ich bin sicher, dass es Ihnen mit etwas Geduld gelingen wird, Ihre Umwelt wenigstens teilweise auszublenden, wodurch Sie in wesentlich stabilerer innerer Verfassung an Ihrem Arbeitsplatz ankommen. Ist es in erster Linie die Enge, die Sie stresst, überlegen Sie, ob Sie auch ein wenig früher oder später zur Arbeit fahren könnten, wenn noch nicht oder nicht mehr so viele Menschen unterwegs sind. Falls Sie das nicht allein entscheiden dürfen, scheuen Sie sich nicht, Ihren Vorgesetzten darauf anzusprechen und nachzufragen. Auch ihm muss daran gelegen sein, dass Sie sich ausgeglichen und innerlich unverkrampft an Ihre Arbeit machen! Sollte ein früherer oder späterer Arbeitsbeginn aus betrieblichen, organisatorischen Gründen nicht möglich sein, können Sie überlegen, ob Sie dennoch etwas eher losfahren und sich vor der Arbeit in Ruhe noch ein bisschen die Füße vertreten. Ich kenne einige HSM, die diese Möglichkeit nutzen und nach einiger Zeit nicht mehr auf ihren „Morgenspaziergang" verzichten wollten. Sie können sich mittlerweile gar nicht mehr vorstellen, aus dem Auto oder Bus zu steigen und dann direkt ihren Arbeitsplatz aufzusuchen. Sie genießen die Zeit mit sich allein und gehen danach viel lockerer an ihre Arbeit.

Sicher gilt für alle HSM, dass sie alle Reaktionen ihrer Sinnesorgane empfindsamer wahrnehmen. Und vielleicht denken Sie jetzt, Sie könnten die Wegstrecke unmöglich entspannter zurücklegen, weil bei Ihnen alle Sinne extrem überstrapaziert werden? Doch führen Sie sich eines vor Augen: Jeder HSM hat eine andere Ausprägung, und es gibt bei nahezu allen HSM ein Sinnesorgan, dessen Empfindsamkeit am stärksten ausgebildet ist. Wenn Sie hier ansetzen, können Sie sich im Anschluss weiteren Störfaktoren zuwenden. Erfahrungsgemäß ist das dann in vielen Fällen gar nicht mehr nötig. Sollte es bei Ihnen aber doch so sein, machen Sie sich eine Liste der fünf Sinne und legen Sie Ihre Prioritäten fest. Arbeiten Sie einen nach dem anderen ab, bis Sie sich wirklich entspannter fühlen. Lassen Sie sich Zeit. Sie reagieren in derartigen Situationen schon sehr lange mit Überreizung, und das lässt sich nicht von einem auf den anderen Tag abstellen. Haben Sie Geduld mit sich, aber machen Sie einen Anfang!

Wenn Sie mit dem Auto zur Arbeit fahren, sind Sie einigen Störfaktoren wie Enge, fremden Gesprächen und Gerüchen von vornherein gar nicht erst ausgesetzt. Dafür fordert Ihnen das Selberfahren eine erhöhte Konzentration ab, die je nach Verkehrsaufkommen, Dauer und Art des Fahrtwegs auch eine Erschöpfung bewirken kann. Zudem sind Sie als komplex denkender und damit weitsichtiger Mensch beim Fahren ohnehin ständig angespannt und rechnen jederzeit mit den Fehlern anderer Verkehrsteilnehmer, sodass Sie die gesamte Fahrt über eine Habachtstellung einnehmen. Und dies bedeutet körperlichen Stress.

Die optischen Reize, denen ein Autofahrer ausgesetzt ist, folgen sehr schnell aufeinander. Das kann bei einer visuellen Empfindsamkeit oder beim Irlen-Syndrom schnell zu Erschöpfung führen. Außerdem ist unsere moderne Welt auch visuell sehr viel reiz-voller geworden. Wenn Sie in einer Stadt arbeiten, haben Ihre Augen auch auf dem Weg zu Ihrem Fahrtziel viel zu tun: Autokolonnen, zahllose Ampeln, Werbeplakate, bunt ausgestattete Schaufenster und Außenwerbungen, Reklamen in grellen Neonfarben, teilweise blinkend oder animiert, prägen unser heutiges Stadtbild. Das alles sind optische Reize, die wir im Einzelnen im Alltag schon gar nicht mehr bewusst wahrnehmen. Dennoch wird unser Sehsinn dadurch stark beansprucht. Denken Sie jetzt: „Das ist doch nichts, das muss man doch aushalten können!"? Dann führen Sie sich noch einmal eindrücklich vor Augen, wie stark sich unsere Welt in den letzten Jahrzehnten auch optisch verändert hat. Schauen Sie sich einmal Bilder von Städten aus den 1960er- und 1970er-Jahren an und vergleichen Sie sie mit Bildern heutiger Städte. Wenn Sie sich zudem bewusst machen, dass bis zu 80 Prozent der Informationen aus der Außenwelt über unsere Augen ins Gehirn gelangen, wird Ihnen bestimmt schnell klar, wie stark uns die Verarbeitung visueller Reize heute beansprucht. Während man im Auto sitzt, liegt dieser Anteil sicher noch höher, weil wir in der Fahrerkabine nur eine eingeschränkte Verbindung zur Außenwelt haben und daher die Wahrnehmung über andere Sinne – wie Hören, Riechen, Tasten – ebenfalls eingeschränkt ist. Und immer, wenn die Funktion bestimmter Sinne verringert ist, versucht unser Gehirn, das auszugleichen, indem es sich die fehlenden Informationen über die Wahrnehmung mit anderen Sinnen verschafft. Sie haben sicher schon davon gehört, dass Blinde ihren fehlenden Sehsinn langfristig über die Verfeinerung anderer Sinne kompensieren. Doch unmerklich findet das auch kurzfristig statt, und das bedeutet eben auch eine kurzfristige Überlastung, die vor allem HSM betrifft, weil sie ohnehin empfindsamer auf (Außen-)Reize reagieren.

Achten Sie also darauf, Ihren Weg zur Arbeit möglichst stressfrei zu gestalten, und meiden Sie alle Reize so weit wie möglich. Vielleicht können Sie einen anderen Weg wählen, der Sie etwas mehr durch die Natur oder wenigstens durch begrünte Straßen führt? Selbst wenn die Fahrt dann etwas länger dauert – Ihr Gesamtbefinden wird es Ihnen danken! Vielleicht haben Sie auch die Möglichkeit, sich einer Fahrgemeinschaft anzuschließen oder selbst eine zu gründen? Dann müssten Sie sich wenigstens nicht mehr jeden Tag selbst ans Steuer setzen und könnten wesentlich lockerer an Ihrem Arbeitsplatz ankommen. Möglicherweise können Sie auch öffentliche Verkehrsmittel benutzen. Hier gilt es abzuwägen, was für Sie den kleineren Stressfaktor darstellt. Wählen Sie den für Sie besten Weg und das geeignetste Transportmittel – probieren Sie alle Möglichkeiten aus!

Auch die Reizbelastung am Arbeitsplatz selbst hat in den letzten Jahrzehnten drastisch zugenommen, und das stellt für Hochsensible eine starke Belastung aller ihrer fünf Sinne dar. Künstliches Licht wird von ihnen als sehr anstrengend empfunden. Hierbei ist insbesondere die Beleuchtung der Büros etc. mit Neonröhren ausgesprochen problematisch, denn HSM leiden außer unter dem grellen Licht auch noch unter dem nervenaufreibenden Dauersummen der Leuchtstoffröhren. Zudem ist das Farbspektrum ein anderes als bei natürlichem Licht. Viele Arbeitsplätze sind mittlerweile bereits auf Halogen- oder LED-Beleuchtung umgestellt, und wenn diese nicht zu grellweiß ist, sondern ein etwas gelblicherer Farbton („Warmweiß") gewählt wurde, ist ihnen diese Form der künstlichen Beleuchtung meist etwas angenehmer.

Der Geräuschpegel ist insgesamt stark angestiegen. In Mehrpersonen- oder Großraumbüros dringen die Gespräche der Kollegen nahezu ungefiltert zu den Hochsensiblen durch. Ob sie sich nun untereinander unterhalten oder geschäftliche Verhandlungen am Telefon führen – es ist auf Dauer störend und belastend. Hinzu kommt das permanente Gebrumme von Kopierern, Druckern, Ventilatoren, Lichtquellen sowie das Klappern von Tastaturen, und all das summiert sich zu einer subtilen, ständig vorhandenen Geräuschkulisse. Für die Ohren von HSM eine Strapaze, die sie selbst häufig nicht bewusst als solche wahrnehmen. In Büros, wo viel Bewegung herrscht, wo Kollegen, Vorgesetzte oder auch Kunden Zutritt haben oder hindurchlaufen, können sich HSM kaum mehr konzentrieren, und der Ursprung sogearteter Störungen wird ihnen häufig unmittelbar bewusst. Dass sie sich aber aufgrund ihrer Dauerbelastung durch andere, einzeln weniger deutlich hervortretende Geräusche ohnehin schon auf einem höheren Stresslevel befinden als Normalsensible, ist ihnen oftmals nicht klar, weshalb sie sich selbst oft über ihre heftigen Reaktionen auf derartige Störungen wundern. Ebenso wachsen sich Maschinengeräusche (in oder nahe der Produktion), dauerhafter Verkehrslärm (Arbeitsplatz an viel befahrenen Straßen) und auch eine permanente Musikberieselung (vorwiegend in Kaufhäusern, Supermärkten etc.) für Hochsensible zu einem akustischen Stress aus, der oft unterschätzt wird – auch von ihnen selbst.

Starke Gerüche, die von Druckern, Büromöbeln, Teppichen (Kleber), dem Essen aus einer nahe gelegenen Kantine oder Küche und Parfüms ausgehen, dazu eine generell schlechte oder klimatisierte (!) Luft bilden weitere Störfaktoren, denen HSM oftmals während ihres gesamten Arbeitstages hilflos ausgesetzt sind. Und nicht zuletzt stellt die mehrstündige Arbeit am Computer eine große visuelle Belastung dar, selbst bei noch so augenfreundlichen Bildschirmen. Es geht schlicht um die Menge an Reizen, die vom Bildschirm auf die Augen einströmt und ins Gehirn gelangt. Denken Sie dabei auch daran, dass wir bis zu 80 Prozent der Informationen über unsere Augen aufnehmen!

Weitere Störfaktoren können Zugluft, eine insgesamt unangenehme Atmosphäre und ergonomisch ungünstige Büromöbel und -stühle sein, auch mögen Hochsensible nicht gern mit dem Rücken zur Tür sitzen.

Prüfen Sie also Ihren Arbeitsplatz im Hinblick auf all diese Aspekte und überlegen Sie zuerst, was Sie selbst auf die Schnelle ändern können, damit Sie sich wohler fühlen. Auch hier dürften Ihnen ein Gehörschutz, Kopfhörer mit Ihrer (leise gestellten) Lieblings- oder einer Entspannungsmusik, eine leicht getönte Brille und Duftöle gute Dienste leisten! Falls Ihnen die Raumatmosphäre nicht behagt, gestalten Sie sich Ihren Arbeitsplatz individuell um. Schon mit einer hübschen Pflanze auf dem Schreibtisch, einer eigenen Tischlampe und einzelnen privaten Gegenständen lässt sich ein etwas persönlicheres Ambiente herstellen. Vielleicht können Sie auch ein Bild über dem Schreibtisch aufhängen, dessen Anblick Sie beruhigt oder aufheitert. Solche kleinen Dinge können manchmal wahre Wunder wirken!

Sollte Ihnen das alles gar nicht oder nicht ausreichend helfen, scheuen Sie sich nicht davor, Ihre Kollegen zu fragen, ob sie sich nicht auch durch die oben genannten Störfaktoren beeinträchtigt fühlen. Es kann durchaus sein, dass der eine oder andere Kollege die Situation am Arbeitsplatz ähnlich sieht wie Sie, er es aber – genau wie Sie – bisher nicht gewagt hat, das Thema anzuschneiden. Vielleicht war Ihren Kollegen auch nicht klar, dass und wie schlecht es Ihnen mit der Situation geht, weil sie selbst es nicht so empfinden, und sie bieten Ihnen an, in Zukunft mehr Rücksicht zu nehmen. Genauso gut ist es möglich, dass Sie unerwartet auf einen hilfsbereiten Kollegen treffen, der sogar bereit ist, seinen etwas ruhigeren Platz gegen Ihren lauteren zu tauschen. Mir ist in meiner Praxis schon häufig von derartigen positiven Reaktionen berichtet worden, nachdem ein HSM die Probleme offengelegt hatte. Fassen Sie sich ein Herz und reden Sie mit Ihren Kollegen! Sie müssen dabei ja nicht gleich mit der Tür ins Haus fallen und sagen: „Ich bin hochsensibel und deshalb …" Nennen Sie die Störquellen konkret beim Namen, sagen Sie zum Beispiel: „Mich stört das Dauergebrumme des Kopierers, könnten wir den nicht vielleicht woanders unterbringen?" Damit kann jeder etwas anfangen und Sie geraten nicht in Erklärungsnot. Sollte eine derartige Bitte auch nicht zum gewünschten Erfolg führen, finden Sie auf dem Weg der direkten Kommunikation vielleicht noch andere Kollegen, denen es ähnlich geht, und können mit ihnen gemeinsam versuchen, bei Ihrem Vorgesetzten eine Änderung zu erwirken. Bleiben Sie dabei sachlich, nennen Sie die Dinge konkret beim Namen und überlegen Sie sich vorher schon Problemlösungen und Änderungsmöglichkeiten, die ohne großen Aufwand durchführbar sind und die Sie Ihrem Vorgesetzten gleich mit präsentieren. Wenn Sie die Notwendigkeit von deren Umsetzung auch noch glaubhaft begründen können – etwa mit einer anschließend zu erwartenden Produktivitätssteigerung –, stehen Ihre Erfolgschancen gut.

Die Beziehungen zu Kollegen und Vorgesetzten gestalten sich mitunter schwierig. Zum einen trägt ein geringes Verständnis für

Hochsensibilität von beiden dazu bei, zum anderen haben hochsensible Menschen jedoch häufig das stark ausgeprägte Bedürfnis und mitunter auch die Erwartung, von anderen Menschen verstanden zu werden. Das ist hier nicht anders als in anderen Bereichen des täglichen Lebens. Nur können Sie Ihren Kollegen und Vorgesetzten am Arbeitsplatz nicht aus dem Weg gehen. Machen Sie sich deshalb ganz deutlich bewusst, dass Normalsensible Ihre Befindlichkeiten nicht verstehen *können*, weil sie selbst alles völlig anders erleben. Denn wenn sie alles genau so erlebten wie Sie, wären sie ja ebenfalls hochsensibel! An dieser Stelle gilt: „Nur sprechenden Menschen kann geholfen werden." Sagen Sie klar und deutlich, was Ihnen nicht behagt. Aber sagen Sie auch, was Ihnen (besonders) gut gefällt. Dieses Verhalten braucht ein wenig Übung, und vor allem introvertierte HSM tun sich an diesem Punkt etwas schwer. Fangen Sie daher mit kleinen positiven Dingen an. Zum Beispiel könnten Sie einer Arbeitskollegin einmal ein Kompliment machen. Sei es für eine gut erledigte Arbeit oder auch für ihren hübschen Schal. Sie werden sehen, dass Ihnen diese Kleinigkeiten dabei helfen, Ihre Hemmschwelle abzubauen und ein Stück mehr aus sich herauszugehen. Es tut gut, von Kollegen überhaupt wahrgenommen zu werden, und trägt zu einem positiven Arbeitsklima bei. Menschen, die wohldosierte, ehrlich gemeinte Freundlichkeiten verteilen, sind überall gern gesehen. Und bald werden Sie von sich aus in der Lage sein, auch einmal Kritik vorzubringen, ohne dass es Ihnen jemand übel nimmt. „Kleine Geschenke erhalten die Freundschaft", heißt es im Volksmund. Ein Kompliment ist ein solches kleines Geschenk.

Hochsensible beteiligen sich grundsätzlich nicht gern am „Flurfunk" und mögen es auch nicht, wenn über andere gelästert wird. Sie sind bei der Arbeit überhaupt eher zurückhaltend und bleiben auch in den Pausen häufig lieber für sich. Deshalb gelten sie mitunter als ein wenig seltsam oder gar als arrogant. Diesen Eindruck können Sie wieder wettmachen oder ihn gar ins Positive verkehren, wenn Sie ein bisschen mehr Anteil an den anderen nehmen, und auch hier sind anerkennende Worte für die Kollegen nebst einer offenen Kommunikation eine gute Methode.

Sagen Sie offen, warum Sie in den Pausen nicht mit den anderen Kollegen zusammenstehen oder -sitzen. Sie brauchen Ihre Pausen natürlich in erster Linie zur Entspannung. Doch selbst wenn der Hauptgrund Ihres Rückzugs das Gerede über andere sein sollte, können Sie das sicher positiv formulieren und auf diese Weise auch zumindest ein Mindestmaß an Verständnis für Ihre eigene Situation bekommen. Signalisieren Sie im passenden Moment, dass Sie Ihre Pause sehr wohl gern einmal mit dem einen oder anderen Kollegen verbringen würden, Ihnen alle auf einmal aber schlicht zu viel sind. Dafür haben auch die meisten normalsensiblen Menschen Verständnis. Und wenn sich die Gelegenheit ergibt, sprechen Sie ruhig auch einmal über Privates und Persönliches. Sie müssen ja nicht gleich aus dem berühmten Nähkästchen plaudern, aber öffnen Sie sich doch ein wenig und zeigen Sie Interesse an den privaten Dingen Ihres Gegenübers. Sie werden sehen: Ein solches Verhalten trägt wesentlich zur Hebung der Stimmung am Arbeitsplatz bei. Auch ins Gespräch mit Ihren Vorgesetzten können Sie mal die eine oder andere private Äußerung einfließen und ein wenig von sich „heraus" lassen. Wenn Sie sich etwas öffnen, öffnen andere sich auch. Sagen Sie jetzt bitte nicht gleich „Das geht nicht!". Es mag schwierig sein, vor allem wenn sich Ihre Situation am Arbeitsplatz für Sie schon länger alles andere als erfreulich gestaltet, doch auch hier ist eine Änderung möglich!

Elke erzählt:
„Ich arbeite seit 17 Jahren in einem Unternehmen in der Anmeldung, und von Anfang an hatte ich Probleme mit den Arbeitskollegen. Oder besser gesagt: sie mit mir. Während alle anderen zusammen in ihren Büros arbeiten und auch über die Flure hinweg miteinander reden können, sitze ich allein in dem riesigen Eingangsbereich hinter der Empfangstheke. Zwar haben wir einen gemeinsamen Aufenthaltsraum, in dem sich in den Pausen auch viele treffen, aber ich gehörte irgendwie von Anfang an nicht dazu. Sie führten ihre Gespräche weiter, die sie bereits in den Büros begonnen hatten. Ich fand keinen

Anschluss. Ich nehme eingehende Anrufe an, empfange Kunden und leite sie an die entsprechenden Mitarbeiter weiter. Das ist oftmals sehr anstrengend, weil viele Anrufe eingehen, die Mitarbeiter nicht an ihrem Platz sind oder jetzt gerade nicht mit dem betreffenden Kunden sprechen möchten. Dann schalte ich oft hin und her und muss die Ausreden meiner Kollegen glaubhaft weitergeben. So etwas liegt mir eigentlich nicht. Wenn Kunden direkt vor mir stehen und mich beim Gespräch mit Kollegen beobachten, ist mir das oft sehr unangenehm, und ich fühle mich sehr unwohl dabei. Ich empfand mich als Prellbock zwischen meinen Kollegen und den Kunden. Manchmal ruft aber auch über Stunden niemand an, und es kommt auch niemand. Dann habe ich buchstäblich nichts zu tun und muss die Zeit irgendwie totschlagen. Meinen Arbeitsplatz durfte ich außer zur Mittagspause nicht verlassen. Es hat ganze Tage gegeben, an denen ich nur Zeitschriften oder auch Bücher gelesen habe. Dabei ging die Zeit nicht rum, und ich hatte obendrein ein schlechtes Gewissen, weil ich untätig herumsaß. Die Arbeit unterfordert mich einerseits, und andererseits bin ich völlig überfordert. Das Telefonklingeln, die Geräusche der Leuchtstoffröhren und der Klimaanlage, offene Bürotüren, aus denen die Gespräche der Kollegen zu mir drangen, die mangelnde Bewegungsfreiheit und das ständige Hin- und Herlaufen von Leuten im Empfangsbereich machten mich verrückt. Die Kollegen übersahen mich geflissentlich, und meine Pausen verbrachte ich allein draußen. Ich habe über Jahre bei der Arbeit kein einziges privates Gespräch geführt und war völlig isoliert. Inmitten eines riesigen Unternehmens. Ich war mehrfach für Wochen in psychosomatischen Kliniken, was natürlich auch nicht zu einem besseren Verhältnis zu den Kollegen beitrug. Teilweise wurde ich massiv gemobbt, aber ich brauchte diesen Job, ich brauchte das Geld. Die Arbeit ist recht gut bezahlt. Wo sollte ich als 50-jährige ungelernte Arbeitskraft einen anderen Job finden, der mir auch noch das gleiche Gehalt einbrächte? Nach 15 Jahren kam die Wende: Zwei Kolleginnen standen direkt vor dem Empfang und unterhielten sich angeregt. Wie *gewohnt wurde ich natürlich nicht miteinbezogen, obwohl ich in unmittelbarer Nähe saß. Eine der Damen lehnte sich an die Empfangstheke und legte dabei ihren Arm auf die Ablage. Ich muss vorab sagen: Ich liebe außergewöhnlichen Schmuck. Und in diesem Moment sprang mich ihr wunderschönes Armband geradezu an. Ich war so begeistert, dass mir völlig unkontrolliert entfuhr: ‚Ist DAS schön! – Wo haben Sie DAS denn her?‘ Sie schien sofort zu wissen, was ich meinte, unterbrach ihr Gespräch und lächelte verträumt zwischen mir und ihrem Armband hin und her. Und dann erzählte sie MIR, wie sie in ihrem Urlaub in Mexiko diesen alten Mann getroffen hatte, der das Armband selbst gefertigt hatte. Ich war selbst auch schon in Mexiko gewesen, und so entwickelte sich mein erstes persönliches Gespräch am Arbeitsplatz. Später – auf einem unserer gemeinsamen Spaziergänge in der Mittagspause – hat mir Marita einmal erzählt, dass ich die Erste gewesen sei, der dieses Armband aufgefallen ist, auf das sie doch so stolz war, und dass sie sich deshalb besonders darüber gefreut habe. Es hat noch etwa ein Jahr gedauert, bis sich auch zu einigen weiteren Kollegen ein gutes und zu anderen ein verträgliches Verhältnis entwickelt hatte, und es hat auch Rückschläge und Enttäuschungen gegeben. Heute kann ich sagen, dass ich mich nicht mehr quäle, wenn ich zur Arbeit fahre. Es ist immer noch nicht alles schön, ich verstehe mich immer noch nicht mit allen, aber ich kann mich manchmal sogar auf die Arbeit freuen. Ich freue mich auf die Kollegen, die jetzt auf ihrem Gang durch die Empfangshalle regelmäßig bei mir haltmachen und ein kurzes Gespräch mit mir führen. Marita kommt sogar ab und an mit zwei Bechern Kaffee, wenn sie sieht, dass ich mal wieder nichts zu tun habe, und wir halten ein richtig schönes ‚Pläuschchen‘. Der Beginn dieser Entwicklung war mein Kompliment für ihr Armband."*

Weitere Stresssituationen bei der Arbeit können Zeitdruck und Kontrolle durch Vorgesetzte oder Kollegen sein. Gegen Zeitdruck werden Sie nicht viel unternehmen können, außer mit Ihrem

Vorgesetzten über Ihre Arbeit zu sprechen. Es sei denn, Sie verursachen Ihren Zeitdruck durch Ihr Perfektionsstreben selbst. Überlegen Sie auch hier, wo genau das Problem liegt und ob der von Ihrem Arbeitgeber an Sie gestellte Qualitätsanspruch wirklich genauso hoch ist wie Ihr eigener. Oftmals besteht hier eine Diskrepanz. Jedem HSM fällt es ausgesprochen schwer, seinen eigenen Anspruch etwas zurückzustellen, und auch hier bleibt einem oft nur die Wahl zwischen zwei Übeln: Stress infolge von Zeitdruck aufgrund hoher Selbstansprüche oder das etwas ungute Gefühl, seine Arbeit nicht den eigenen Ansprüchen entsprechend erledigt zu haben. Fragen Sie sich für beide Varianten, was Ihnen im schlimmsten Falle geschehen könnte. In den meisten Fällen wird es so sein, dass gar nichts geschieht, wenn man die eigenen Ansprüche denen seiner Arbeitgeber anpasst. Lässt man jedoch ausschließlich die eigenen Ansprüche gelten, könnte – zumindest längerfristig – vielleicht ein Burn-out anstehen.

Sollte der Zeitdruck aus den betrieblichen Gegebenheiten entstehen, werden Sie keine andere Möglichkeit haben, als das Gespräch mit Ihrem Vorgesetzten zu suchen. Vielleicht haben Sie Verbesserungsvorschläge zu den Arbeitsabläufen? Dann arbeiten Sie diese aus und legen Sie sie Ihrem Vorgesetzten gleich mit vor. So mancher Chef weiß nämlich gar nicht, was seine Mitarbeiter belastet beziehungsweise wie sich das ändern ließe, und ist deshalb dankbar, wenn er davon erfährt. Und weil jede Beschwerde auch eine Mehrbelastung für ihn bedeutet, wird er Ihren Vorschlag vielleicht sogar gerne annehmen. Natürlich kennen Sie die Gegebenheiten an Ihrer Arbeitsstelle selbst am besten, doch rechnen Sie trotzdem die Möglichkeit mit ein, dass Sie in Ihrer Vorstellung etwas fehlinterpretieren oder falsch einschätzen. Hochsensible pflegen sich Situationen bereits im Vorfeld in ihrer Fantasie lebhaft vorzustellen, und das in allen Einzelheiten und in unterschiedlichen Varianten, wobei sie häufig Gründe dafür finden, gar nicht erst einen Versuch zu unternehmen. Doch Sie können nicht wissen, wie sich die Situation in der Realität darstellt, denn Sie wissen vorher nie, in welcher Situation und Verfassung Ihr Gegenüber sein wird. Probieren Sie es also aus!

Auf Kontrolle reagieren viele HSM mit Nervosität und Konzentrationsschwierigkeiten. Erstens stehen sie nicht gern im Mittelpunkt, und zweitens mögen sie keinen Wettbewerb, den man an dieser Stelle mit einer Prüfungssituation gleichsetzen kann. Wenn Sie kontrolliert werden, stehen Sie im Mittelpunkt der Aufmerksamkeit des Beobachters. Auch in dieser Situation können Sie sich nur helfen, wenn Sie Ihre Schwierigkeit offen ansprechen. Erklären Sie, dass Sie direkte Kontrolle nervös macht, dass die Qualität Ihrer Arbeit darunter leidet, und bieten Sie an, Ihre Arbeit vielleicht direkt nach Abschluss kontrollieren zu lassen. HSM können nur sehr schlecht und mit großem innerem Widerstreben Regeln befolgen, deren Sinn sich ihnen nicht erschließt. Wenn Ihnen Sinn und Zweck bestimmter Kontrollen nicht einleuchten, fragen Sie nach.

Die Sinnfrage hat für hochsensible Menschen überhaupt eine geradezu existenzielle Bedeutung. Das ist auch einer der Hauptgründe, warum sie nicht gern Routinearbeiten verrichten. Tagein, tagaus dasselbe zu tun, ist für sie ermüdend und zehrt an ihren Kräften. Zwar haben Routinearbeiten natürlich einen Zweck, aber man dreht sich mit derartigen Arbeiten im Kreis, kommt zu keinem Ziel. Es fehlt der tiefere Sinn. Ein anderer Grund besteht sicher in der überdurchschnittlichen Intelligenz der Hochsensiblen. Sie müssen ihren Geist auslasten, und dazu sind Routinearbeiten denkbar schlecht geeignet. Hierbei kann es geschehen, dass HSM den Routinebegriff auf ihren ganzen Beruf ausweiten. Man könnte es auch so ausdrücken: Hochsensible sind Wanderer. Sie brauchen ein Ziel vor Augen, müssen darauf hinarbeiten und irgendwann dort ankommen können. Dann beginnt ein neuer Zyklus. Immer wieder dasselbe Ziel anzuvisieren, empfinden sie ebenfalls nicht als sinnstiftend. Das Ziel eines HSM kann auch ein übergeordnetes Ziel, ein Lebensziel sein. Dann können sie sich kleine Teilziele setzen, diese Stück für Stück realisieren und so eines Tages das große Ziel erreichen. Auf der anderen Seite tragen viele HSM ein tiefes Verlangen nach Struktur und Regelmäßigkeit in sich und wünschen sich sehnlich, endlich „anzukommen". Und damit meinen sie nicht einen (bestimmten) Beruf oder ein

Unternehmen, sondern ein Leben, das sie aus ganzem Herzen als sinnvoll empfinden. HSM sind eher Generalisten als Spezialisten und fühlen sich daher in Berufen wohl, die vielschichtig sind und ihnen viele Möglichkeiten bieten. Wenn sie sich leidenschaftlich für ein Thema interessieren, können sie durchaus zu Spezialisten werden, wenn sich die über allem stehende Sinnfrage für sie befriedigend beantworten lässt.

Unsere heutige Arbeitswelt ist auf eine solche Sinnsuche nicht mehr eingestellt. Durch die Zergliederung alter Berufe in viele neue und neu hinzugekommene Berufe und durch die Organisation der Arbeitsabläufe ähneln heute viele Arbeitsstellen der Arbeit am Fließband früherer Zeiten: Jeder Mitarbeiter erledigt seinen (kleinen) Teil exakt wie vorgeschrieben und innerhalb einer festgesetzten Zeit. Dabei erleben wir innerhalb dieser kleinen Sparten eine Leistungsverdichtung. Routinearbeit unter Zeitdruck = Akkord. In kaum einem Beruf kann ein Angestellter noch den kompletten Arbeitsprozess begleiten. Das stellt vor allem für Hochsensible eine Belastung dar, weil sie Herz und Verstand sozusagen am Eingangstor abgeben müssen. Dabei sind gerade Empathie und Intelligenz die großen Stärken von HSM. Ein echtes Dilemma. Sie selbst haben hier und jetzt nicht die Möglichkeit, diese Situation grundlegend zu ändern. Wenn Sie Ihren Beruf gern ausüben, dann tun Sie alles Ihnen Mögliche, um die subtilen, strapaziösen Dauerreize zu reduzieren. Erfahrungsgemäß wird Ihnen bereits das eine deutlich spürbare Erleichterung bringen. Ferner lassen sich Gespräche mit Vorgesetzten häufig nicht umgehen, wenn Sie Ihr Arbeitsleben für sich selbst etwas abwechslungsreicher und erfreulicher gestalten möchten. Fassen Sie Mut und packen Sie den „Stier" bei den Hörnern! Mehr als ein Nein haben Sie dabei sicher nicht zu befürchten. Und denken Sie erst *anschließend* darüber nach, was Sie sonst noch unternehmen könnten!

Wenn Sie Ihre Arbeit überhaupt nicht gern tun und sie Sie nur Kraft und Energie kostet, setzen Sie alles daran, Ihren Beruf oder das Unternehmen zu wechseln. Bewerben Sie sich anderweitig. Dazu müssen Sie nicht warten, bis Mitarbeiter gesucht werden. Sie können sich auch spontan „blind" bewerben. Einige Unternehmen werden Ihre Bewerbungsunterlagen behalten und Sie in Betracht ziehen, wenn eine Stelle frei wird. Schauen Sie sich nach Fortbildungen um und qualifizieren Sie sich privat weiter. Das Internet bietet heute zahlreiche Möglichkeiten dafür. Vielleicht sprechen Sie auch im Verwandten- und Bekanntenkreis über Ihr Vorhaben und bitten darum, Sie zu benachrichtigen, falls jemand von einer offenen Stelle erfährt. Allein Ihre Aktivität kann Sie beflügeln. Werden Sie aktiv!

Und nicht zuletzt haben Sie die Möglichkeit, sich in Ihrem Privatleben einen Ausgleich zum stressigen Berufsalltag zu schaffen. Keine Sorge, die notwendige Energie haben Sie, wenn Sie Dinge tun, die Ihnen wirklich Freude bereiten! Bei nicht wenigen Hochsensiblen wurde das auch zum Anfang eines neuen Berufswegs oder zum Anlass für einen Start in die Selbstständigkeit.

Carsten erzählt:

„Ich war lange sehr unzufrieden. Zwar hatte ich meinen Traumberuf als Systemprogrammierer erlernt, aber der Berufsalltag sah ganz anders aus, als ich es mir vorgestellt hatte. Ich saß mit etwa 15 anderen Kollegen in einem Großraumbüro und programmierte nur kleine Module nach exakten Vorgaben. Manchmal war ich schon nach einem Tag fertig, obwohl ich drei Tage zur Verfügung hatte. Die Unternehmensleitung freute sich natürlich darüber, aber anstatt mich – wie von mir erhofft – zu befördern, gab man mir nur immer mehr Module zum Programmieren. Nach drei Jahren war ich ‚der Mann für die Eilaufträge' unserer Kunden. Ich stand permanent unter Zeitdruck, und geistig hat mich diese Arbeit völlig unterfordert. Auch die Beziehungen zu meinen Arbeitskollegen litten darunter, weil ich kaum mehr Zeit hatte, die Pausen mit ihnen zu verbringen oder zwischendurch einmal ein kurzes Gespräch zu führen. Ich war in einem Büro mit 15 Kollegen allein. Am Rande meiner Kräfte dachte ich zum ersten Mal ernsthaft an einen Unternehmens- oder Berufswechsel, als sich völlig unerwartet alles änderte: Ich lernte meine heutige Frau kennen.

Gleich beim ersten Besuch bei ihren Eltern wurde ich freudig empfangen und über meine Internetkenntnisse ausgefragt. Ich muss heute noch schmunzeln, wenn ich an die von mir als völlig naiv empfundenen Fragen denke. Meine Schwiegereltern in spe dachten daran, sich einen Computer zuzulegen, und ihr größtes Interesse war der Umgang mit dem Internet. Also half ich ihnen bei der Auswahl der Geräte und fuhr fortan zweimal in der Woche abends zu Ihnen, um Ihnen den Umgang mit dem Computer und mit dem Internet zu zeigen. Das ist jetzt fünf Jahre her. Heute habe ich meine eigene kleine Schule und unterrichte zweimal wöchentlich nach Feierabend Senioren im Umgang mit dem Internet. Ich habe große Freude daran, meine Schüler sind unglaublich dankbar und erstaunlich fit. Ich hätte nie gedacht, dass mir die Arbeit mit älteren Menschen so viel Spaß machen könnte! Mir gibt das Kraft und Energie für den Arbeitsalltag. Meinen Job habe ich immer noch. Mittlerweile bin ich auch zum Abteilungsleiter ernannt worden."

Nahezu jeder Hochsensible stellt sich die Frage nach seiner Berufung. Dabei suchen HSM lange in unterschiedlichen Berufsfeldern, einzelnen Berufen und Unternehmen. Mehrere Ausbildungen und Studien sind bei ihnen keine Seltenheit, eher die Regel. Dabei spielt es kaum eine Rolle, ob die jeweiligen Ausbildungen abgeschlossen wurden. Durch ihre intuitive Wahrnehmung und ihre Fähigkeit, Sachverhalte schnell zu durchschauen und zu verknüpfen, verschaffen sich HSM rasch einen umfassenden Überblick und differenzierte Einblicke. Haben sie das System verstanden, erkennen sie auch die Sinnhaftigkeit oder Sinnlosigkeit. Das führt häufiger dazu, dass sie Ausbildungen vorzeitig beenden. Oftmals ist auch ihr „unruhiger" Geist stets auf der Suche nach neuen, interessanten Wissensgebieten. Wenn das System seinem Prinzip nach verstanden ist, wird die anschließende Arbeit zur Routine. Da sie den Hochsensiblen nicht mehr fordert, beginnt er sich zu langweilen. Das ist dann oftmals der Moment, in dem ein HSM innerlich kündigt, und bald folgt dann auch die reale Kündigung. Wenn Sie Ihre Berufung suchen, ist es für Sie als hochsensiblen Menschen wichtig, genau zu wissen, was wirklich für Sie Sinn ergibt. Begeben Sie sich in den Tiefen Ihres Selbst auf die Suche nach einer Antwort und formulieren Sie sie möglichst konkret schriftlich. Gedanken wie „Ich möchte etwas Sinnvolles tun" oder „Ich möchte anderen Menschen helfen" sind dabei nicht zielführend. Lösen Sie sich gedanklich von den Vorstellungen anderer, von Ihrem erlernten Beruf und von dem, was Sie gut können. Achten Sie ausschließlich darauf, was Ihnen wirklich Freude macht, Sie begeistert und Ihnen eine tiefe Befriedigung verschafft. Dieser Prozess kann mitunter Jahre dauern und läuft meist zu einem großen Teil unbewusst ab. Je häufiger Sie sich mit diesen Gedanken beschäftigen, desto eher wird sich Ihr Fokus darauf ausrichten, und Sie werden in der Folge Dinge tun, die Sie Ihrem Ziel näher bringen. Dabei kann es auch vorkommen, dass Sie viele Umwege in Kauf nehmen (müssen). Wenn Sie sich dadurch nicht beirren lassen, ist das jedoch nicht hinderlich. Haben Sie Geduld mit sich selbst und lassen Sie dieser Entwicklung Zeit. In der Zwischenzeit müssen Sie natürlich Ihren Lebensunterhalt verdienen. Es kann hilfreich für Sie sein, wenn Sie dies als Mittel zum Zweck ansehen, als notwendiges Teilstück Ihres Weges. Die veränderte Perspektive lässt die Dinge in einem ganz anderen Licht erscheinen, und das kann sehr entlastend sein. Manchmal kann es so aussehen, als liefe alles in die falsche Richtung. Das erweckt bei Ihnen vielleicht den Eindruck, Sie würden Ihr Ziel nie erreichen, Ihre Berufung niemals leben können. Doch dem muss nicht so sein. Auch Schicksalsschläge und unvorhergesehene Ereignisse können Sie in die richtige Richtung führen, so wie es bei Annette war:

„Ursprünglich wollte ich Tiermedizin studieren oder in die Gerichtsmedizin. Doch es kam alles anders als geplant, und ich bin Sozialpädagogin geworden (habe das Studium ‚runtergerissen' … wollte so schnell wie möglich fertig werden, weil ich dieses Studium an sich gar nicht machen wollte). Meinen

späteren Arbeitsplatz habe ich dann allerdings sehr gemocht. Ich habe in einem Hospiz und auf der onkologischen Palliativstation gearbeitet – also in der Sterbebegleitung. Nun bin ich selber schwer chronisch erkrankt und kann nicht mehr arbeiten. Ich war lange sehr traurig darüber, teilweise richtig verzweifelt. Dann habe ich mich aufgerafft und sehe nun in jedem Tag eine neue Chance. Seitdem ich diese Sichtweise habe, passieren viele schöne Dinge. Würde ich mich immer hinter ,verpassten Chancen' verstecken, täte ich nichts anderes, wäre also ständig kreuzunglücklich. Ich muss zwangsläufig jeden Tag neu betrachten. Nun bin ich meinem ursprünglichen Traum etwas näher und ziehe Wildtiere auf. Auch führe ich oft interessante Gespräche, zum Beispiel mit Fledermausforschern. Es ist nicht wirklich ein Beruf, aber eine Berufung. Meine Berufung. Ich bin froh darüber.

Ich habe lange Zeit in einem großen Orchester Geige gespielt, inzwischen kann ich sie nicht mehr halten. Aber die Musik bleibt mir. Nun trommle ich, das geht noch. Manchmal muss man ein Gericht einfach neu würzen. So habe ich das für mich gelöst. Es war nicht immer einfach. Ich habe festgestellt, dass vieles einfacher und leichter geht, wenn man versucht, sich darauf einzulassen."

In der Schule

Mit dem Gedanken an Schule assoziieren die meisten Menschen wohl Kinder und Jugendliche. Doch hochsensible Menschen lernen aus sich heraus oft ein Leben lang, und Hochsensibilität wächst sich nicht aus. Sehr oft erkennen Eltern erst über ihre Kinder die eigene Hochsensibilität. Deshalb können Einblicke in das innere Erleben hochsensibler Kinder (HSK) in der Schule auch für Erwachsene hilfreich sein, wenn sie sich im Studium beziehungsweise in einer Aus- oder Weiterbildung befinden.

Schule und Universitäten sind Orte, wo alle Sinne eines Menschen stark gefordert sind, denn auch hier hat sich die Flut der

Außenreize in den letzten Jahrzehnten deutlich verstärkt. Und das gilt nicht nur für Schulhöfe, sondern auch für Klassenzimmer. Hier sollen und müssen HSK sich konzentrieren und dem Unterricht folgen. Das ist oftmals ein schwieriges Unterfangen, wenn ihr Gehirn damit beschäftigt ist, die vielfältigen aus der Umwelt auf sie eindringenden Reize zu verarbeiten. Oftmals führt dies dazu, dass sich die hochsensiblen Kinder nicht auf den Unterricht konzentrieren können, was nach einer Konzentrationsschwäche aussieht und auch als solche gedeutet wird. Dieses Unvermögen, seine Gedanken zu bündeln, resultiert in den meisten Fällen jedoch lediglich aus der Reizüberflutung, und deshalb kann bei den betreffenden Kindern eine deutliche Verbesserung erzielt werden, wenn Reizquellen ausgeschaltet oder wenigstens stark reduziert werden.

Tamara erzählt:

„Mein Sohn hatte von Anfang an Konzentrationsprobleme in der Schule und entwickelte sich etwa ab dem zweiten Schuljahr zum Zappelphilipp. Ich verstand das überhaupt nicht, denn zu Hause konnte er sich stundenlang auf sein Spiel konzentrieren und war oft ganz vertieft. Immer öfter wurde ich in die Schule gerufen, und nach einiger Zeit legte man mir nahe, meinen Sohn auf AD(H)S testen zu lassen. Ich war mittlerweile völlig verunsichert und machte das tatsächlich. Er habe kein typisches AD(H)S, sagte mir der Kinderpsychologe, weise aber starke solche Züge auf. Seitdem galt er in der Schule als AD(H)S-Kind, was für ihn und für mich eine große Belastung darstellte. Eine Freundin fragte mich in einem Gespräch darüber, wo in der Klasse mein Sohn seinen Sitzplatz habe. Er saß immer ganz hinten, weil er eines der größten Kinder in der Klasse war, und meine Freundin riet mir, darauf zu bestehen, dass er einen Platz in der ersten Reihe bekäme. Es war ein Kampf, das durchzusetzen, aber wir haben es geschafft. Seine Konzentrationsprobleme sind nicht ganz weg, aber erheblich besser geworden."

Franz erzählt:

„Meine Tochter hatte sich sehr auf ihr Studium gefreut. Etwa drei Monate nach Vorlesungsbeginn entwickelte sie psychosomatische Symptome, die schnell immer schlimmer wurden. Sie hatte regelrechte Angstzustände und musste Vorlesungen oftmals vorzeitig verlassen. Nachdem sie sich hatte ärztlich untersuchen lassen, wobei keine körperlichen Ursachen festgestellt werden konnten, riet ihr der Arzt, einen versierten Psychologen aufzusuchen. Dort hörte sie zum ersten Mal von Hochsensibilität, und der Fachmann riet ihr, etwas früher zur Uni zu fahren und sich immer in die erste Reihe zu setzen, weil sie dort die Geräusche ihrer Umwelt besser ausblenden könne. Fortan fuhr sie immer sehr früh los und ergatterte einen Platz in der Mitte der ersten Reihe, direkt vor dem Rednerpult. Und ihre Symptome verschwanden gänzlich. Kürzlich hat sie ihr Diplom mit einer glatten Eins bestanden."

Die Geräuschkulisse und die optischen Reize werden durch einen Platzwechsel insgesamt nicht geringer. Von einem Platz in den hinteren Reihen aus müssen sich die Augen und Ohren aber erst durch eine Vielzahl von Reizen kämpfen, die auf dem langen Weg nach ganz vorn auf sie einströmen. In der ersten Reihe sind die optischen Reize der hinteren Reihen nicht mehr sichtbar, und somit ist die Reizflut drastisch reduziert. Zwar hören unsere Ohren auch, was hinter uns geschieht, sie können sich aber mithilfe der Augen ebenfalls nach vorn fokussieren. So lassen sich die meisten hinter einem aufkommenden Geräusche für eine ganze Weile weitestgehend ausblenden. Dadurch wird das Gehirn entlastet und hat mehr Kapazität frei für die bewusste Konzentration.

In Klassenzimmern, gerade bei noch kleineren Kindern, gibt es meist viele Bilder an den Wänden, Mobiles, die von der Decke hängen, bunte Vorhänge und Möbel und vor allem künstliches Licht. Das alles kann in der Summe für ein HSK bereits eine Reizüberflutung darstellen, und hier hilft dem Kind ebenfalls ein Platz ganz vorn. Dort ist es auch allen anderen Reizen, die von seinen Klassenkameraden ausgehen, nicht so stark ausgesetzt.

Ein anderes großes Thema in der Schule sind psychosoziale Probleme. Hochsensible Kinder ziehen sich häufig zurück und haben oftmals nur sehr wenige Freunde. Zum einen hat der Rückzug in der Schule sicher mit dem hohen Geräuschpegel zu tun, der den Kindern und Jugendlichen oftmals in den Ohren schmerzt. Zum anderen hängt dies auch sehr eng mit ihren hohen ethischen Werten zusammen, deren Ausprägung sich bereits an Kleinkindern beobachten lässt. Sie haben eine große Abneigung gegen jegliche Form von Gewalt. Deshalb ist ihnen oft allein schon körperliche Nähe unangenehm. Den Sinn von Rangeleien und Raufereien können sie nicht nachvollziehen, folglich beteiligen sie sich auch nicht daran. Oftmals wehren sie sich nicht einmal, wenn sie angegriffen werden, weil sie sich ohnmächtig fühlen angesichts dieses in ihren Augen völlig unverständlichen Verhaltens. Sie können keinen Sinn in Gewalt sehen, auch nicht „nur zum Spaß", und fühlen sich durch das Verhalten anderer Kinder irritiert. Es liegt einfach nicht in ihrer Natur, und deshalb können sie es auch gar nicht oder nur sehr schwer lernen. Für andere Kinder mag das so aussehen, als seien die HSK feige. Dies kann der Grund dafür sein, dass HSK mit Spott und Hohn überschüttet, ausgegrenzt und sogar gemobbt werden.

Auch ihr ausgeprägter Gerechtigkeitssinn wird häufig von anderen Kindern (und Erwachsenen!) nicht verstanden, und sie selbst können nicht begreifen, warum andere nicht so denken. Das kann sie zur Verzweiflung bringen, und deshalb reagieren sie mitunter auf Ungerechtigkeiten hochemotional. Dabei setzen sie sich auch und vor allem gegen Ungerechtigkeiten zur Wehr, die anderen widerfahren. Unabhängig davon, ob sie die Betreffenden mögen oder nicht. Dieses Verhalten wird ihnen von Gleichaltrigen manchmal als Dummheit ausgelegt, und selbst die Lehrer zeigen wenig Verständnis für ihren Einsatz. Aufgrund ihres hochgradig emotionalen Verhaltens heißt es oft, diese Kinder hätten noch keine oder nur geringe soziale Kompetenzen, weil sie in ihrer emotionalen Entwicklung zurückgeblieben wären. Es ist jedoch genau das Gegenteil der Fall: Sie haben weitaus höhere ethische Werte als ihre Altersgenossen, und damit sind ihre sozialen Kompetenzen weitaus größer, als es der jeweiligen Altersgruppe angemessen wäre. Das lässt sich sehr gut beobachten, wenn man hochsensible Kinder im Umgang mit Ihresgleichen erlebt: Untereinander haben sie nämlich keine psychosozialen Probleme. Ihre hochemotionalen Reaktionen auf Ungerechtigkeit sind nur Ausdruck ihrer Verzweiflung darüber, dass andere sie nicht zu verstehen scheinen.

Das soll und kann jedoch nicht heißen, dass HSK ausschließlich mit HSK zusammenkommen sollten. Das wäre sicher kontraproduktiv. Wichtig ist aber, dass sie regelmäßigen Kontakt mit anderen HSK pflegen können. Dabei reicht schon ein Treffen von etwa zwei Stunden in der Woche. Dieser Kontakt ist sehr wichtig, damit sich diese Kinder „normal" fühlen können. Wenn sie sich nicht mehr permanent als „anders" empfinden, festigt sich ihr Selbstwertgefühl, und damit eröffnet sich ihnen die Möglichkeit, auch Normalsensiblen gegenüber weniger scheu aufzutreten.

Natürlich wissen hochsensible Kinder, dass Menschen allesamt individuell unterschiedlich sind und sich das schon sehr früh ausprägt. Doch sie merken auch sehr schnell, dass diese Unterschiedlichkeit bei ihnen in einigen Bereichen noch einmal komplett anders ist und sie keinen Zugang zu Denk- und Verhaltensweisen anderer Kinder finden. Aber das läuft „vorbegrifflich" ab, das heißt, sie können es noch nicht benennen (übrigens kann das auch kaum ein Erwachsener!). Deshalb werden sie die Dinge auch nicht konkret ansprechen (können), sondern bestenfalls ein paar Bemerkungen fallen lassen, mit denen Außenstehende oftmals nur schwer etwas anfangen können.

Wenn Sie ein hochsensibles Kind haben, sprechen Sie offen mit ihm über diese Persönlichkeitsform. Dies führt nicht – wie es häufig befürchtet wird – zu einer weiteren Ausgrenzung, sondern vielmehr zu einem größeren Selbstverständnis und damit auch zu emotionaler Sicherheit. Diese Kinder verstehen viel mehr, als man manchmal glaubt!

Auch der Sportunterricht liefert Lehrern immer wieder Anlass für Gespräche mit den Eltern von HSK. Dabei geht es häufig um das angeblich „seltsame" Verhalten ihrer Kinder bei Mannschaftssportarten. Sie gingen „nicht richtig aus sich heraus", wären zurückhaltend bis ängstlich oder würden den Sport komplett verweigern. Hochsensible verhalten sich grundsätzlich „wettbewerbsfeindlich". Es ist ihnen nicht wichtig zu wissen, wer „der Beste" ist, und sie selbst wollen auch nicht unbedingt „die Besten" sein. Sie sehen keinen Sinn darin, sich mit anderen zu messen, und stehen dem ganzen Wettbewerbsdenken völlig verständnislos gegenüber. Beim Mannschaftssport kommt die ihnen unangenehme große körperliche Nähe zu anderen hinzu, manche Sportarten ähneln in ihrer Ausübung oft eher Rangeleien und Raufereien, was Hochsensible mit Gewalt verbinden. Deshalb liegen ihnen Einzelsportarten eher. Die Turnhalle ist demnach für sie besser geeignet als der Sportplatz. Geräteturnen, Tischtennis, Badminton oder Tennis, Schwimmen, Bergsteigen/Klettern und Skifahren, als Erwachsene auch Motorsport oder Golf sind Sportarten, in denen proportional mehr Hochsensible zu finden sind. Dabei sind HSK körperliche Aktivitäten durchaus wichtig. Es müssen eben nur die für sie richtigen Sportarten sein …

Aufgrund ihrer überdurchschnittlichen Intelligenz kann es bei hochsensiblen Kindern (und natürlich auch bei Erwachsenen) in der Schule oder anderen Bildungseinrichtungen zu einer dauerhaften Unterforderung kommen. Eine solche dauerhafte Unterforderung untergräbt das Selbstwertgefühl, weil diese Kinder (und Erwachsenen) für sich selbst keine Lernerfolge sehen. Zwar erzielen viele von ihnen gute Noten, aber es befriedigt sie nicht, wenn sie nichts dafür tun mussten, wenn es ihnen einfach „zugeflogen" ist. Auf diese Weise können sie ihre Leistungsgrenzen nicht erfahren und „austesten", weshalb sie auch unsicher mit sich selbst werden. Daraus kann sich ein „Hochstapler-Syndrom" entwickeln. Ebenso kann eine andauernde Unterforderung zur Leistungsverweigerung in einem oder mehreren Bereichen führen.

Das mit der überdurchschnittlichen Intelligenz gekoppelte Bilderdenken der Hochsensiblen ist in den meisten Fällen mit der

Lehrmethode in unserem Schulsystem nicht vereinbar, und auch hieraus können sich Probleme ergeben, die von Lehrern oder auch Schulpsychologen oftmals als „Lernbehinderung" unterschiedlicher Formen gedeutet werden. Bilderdenker müssen sich zuerst einen Überblick über das gesamte anstehende Thema verschaffen, bevor sie sich den Details zuwenden können. Sie brauchen das, um sich orientieren zu können, die Zusammenhänge richtig erkennen und Einzelthemen gegeneinander abgrenzen zu können. Die Lehrmethoden von heute funktionieren jedoch genau gegenteilig: Sie führen vom Detail zum Ganzen. Das raubt den Bilderdenkern die Möglichkeit zur Orientierung. Und diese Orientierungslosigkeit vermittelt ihnen das Gefühl, sie könnten – im Vergleich beziehungsweise im Unterschied zu ihren Mitschülern – die Sachverhalte nicht verstehen. Und genau diesen Eindruck erwecken sie oft auch bei den Lehrpersonen und natürlich auch bei ihren Mitschülern. Mit dem Ergebnis, dass sich überdurchschnittlich intelligente HSK häufig selbst für dumm oder lernbehindert halten.

Und auch Synästhesien können einen bisher noch ungeahnten Einfluss auf das Lernen haben. Wenngleich viele Synästheten berichten, dass ihnen ihre Synästhesien beim Lernen große Hilfen waren und sind, so gibt es doch auch einige andere, bei denen sie sich lernbehindernd auswirk(t)en.

Wenn bei einem Kind beispielsweise eine Farb-Graphem-Synästhesie (Buchstaben und Zahlen farbig sehen, mehr darüber auf Seite 121) vorliegt, und dieses Kind dann beim Lernen die Buchstaben und Zahlen in anderen Farben vorgesetzt bekommt, als es selbst im Kopf den betreffenden Symbolen zuordnet, kann dies dazu führen, dass es sie deshalb einfach nicht erkennt. Die daraus resultierenden Misserfolge prägen sich ein, und so hat das betreffende Kind mitunter schon ganz früh den Eindruck, es sei „zu blöd" für Buchstaben und Zahlen. Unter Umständen wird bei ihm auch eine Legasthenie oder Dyskalkulie vermutet – und in der Tat kann beides daraus erwachsen. Diese Art der „Lernbehinderung" kann beseitigt werden, wenn die Synästhesie als Ursache erkannt, der richtige Umgang damit gefunden und mit dem Kind entsprechend geübt wird.

Auch eine Sequenz-Raum-Synästhesie (hierbei werden Zahlen, Buchstaben, Wochentage etc. in einer festen Anordnung in einem dreidimensionalen Raum gesehen, mehr dazu auf Seite 122f.) kann Ähnliches bewirken, wenn die Sequenzen im Kopf des Kindes anders angeordnet sind, als sie vom Lehrer dargeboten werden. Diese Form der Synästhesie ermöglicht es einigen großen und kleinen HSM auch, Ergebnisse von Rechenaufgaben von ihrem mentalen Bild einfach „abzulesen", sodass sie zwar das richtige Ergebnis vorweisen, aber den Rechenweg nicht nachvollziehen können. Dieses Verhalten verursacht regelmäßig Konflikte mit Lehrpersonen, und das kann bei den Kindern dazu führen, dass sie ihren eigenen Wahrnehmungen nicht mehr trauen.

Eine Ordinal-Linguistic-Personification-Synästhesie (Personifizierung von Buchstaben, Zahlen und anderen Gegenständen, mehr darüber auf Seite 126f.) kann sich ebenfalls lernbehindernd auswirken, wenn dem betroffenen Kind Zahlen oder Buchstaben unsympathisch sind oder es gar beängstigen. Es wird dann den entsprechenden Umgang damit nur unter Schwierigkeiten lernen können. Etliche Synästheten haben mir davon berichtet, dass sie teilweise große Probleme hatten, das kleine Einmaleins zu lernen, weil ihnen einige Zahlen einfach unsympathisch waren – oder auch, weil sie nicht gut schmeckten oder ein unangenehmes Geräusch verursachten.

Hier gilt es, gegebenenfalls vorliegende Synästhesien zu erkennen, das betreffende Kind und seine Eltern darüber aufzuklären und mit dem Kind einen individuell angepassten Umgang mit seinen „Spezialitäten" zu üben.

Was immer für Probleme bei Ihnen und/oder Ihren Kindern bestehen, sie sind lösbar! Zunächst muss das Problem eindeutig identifiziert und formuliert werden. Im Anschluss kann man mit der Bearbeitung einzelner Punkte beginnen. Bei Kindern ist es besonders wichtig, sie auf keinen Fall damit zu überfordern und sich möglichst eine Schwierigkeit nach der anderen vorzunehmen. Achten Sie dabei immer genau darauf, wie es Ihrem Kind damit geht. Zeigen Sie sich interessiert, aber (be)drängen Sie es nicht. Am wichtigsten für Ihr Kind ist emotionale Stabilität, und die erhält es durch Ihre Anerkennung seiner Person so, wie sie ist, und durch Ihr Vertrauen. Ebenso wichtig sind aber Rückzugsmöglichkeiten, Zeit mit sich allein, Erholungsphasen, damit es sich regenerieren kann.

Sollten Sie selbst betroffen sein, empfehle ich Ihnen, sich eingehender mit den entsprechenden Thematiken zu beschäftigen. Mit der Zeit werden Sie herausfinden, wo es bei Ihnen vielleicht „geklemmt" hat beziehungsweise noch immer „klemmt" und wie Sie das ändern können, was Ihnen wichtig erscheint.

Ich fühle, was du fühlst – kann es das geben?

„Es gibt Menschen, in deren Gegenwart ich mich irgendwie bedrückt fühle" – „In Anwesenheit einer bestimmten Arbeitskollegin bekomme ich regelrechte Beklemmungen" – „Bei jeder kirchlichen Hochzeit oder auch auf Beerdigungen kann ich die Tränen nicht zurückhalten, auch wenn ich mit den Personen gar nichts zu tun habe."

Diese und ähnliche Aussagen höre ich von nahezu jedem HSM. Sehr viele von ihnen sind dadurch verunsichert, und nicht wenige schämen sich für ihre Gefühle. Oftmals ist es genau dieser Bereich der Hochsensibilität, der diese Menschen befürchten lässt, mit ihnen sei etwas nicht in Ordnung. Entsprechend groß ist ihre Erleichterung, wenn sie nach zunächst zögerlich preisgegebenen Berichten von derartigen Situationen erfahren, dass auch dies „nur" ein Ausdruck ihrer HS ist und nicht etwa krankhaft. Und dieses tiefe Empfinden ist – im Gegensatz zur vorherrschenden Meinung – keineswegs frauenspezifisch! Auch Männer schildern solche Begebenheiten, allerdings meist in einem anderen, weniger emotionalen Vokabular als Frauen.

Hochsensible Menschen sind sehr empathisch. Empathie wird im Allgemeinen als „Einfühlungsvermögen" bezeichnet, was bedeutet, dass sich jemand in einen anderen Menschen hineinfühlen und dadurch größeres Verständnis für ihn aufbringen kann. Diese etwas oberflächliche Erklärung reicht oftmals nicht aus, um die mit dem Phänomen der Empathie einhergehenden tiefen Empfindungen begreiflich zu machen. Deshalb möchte ich Ihnen an dieser Stelle raten, sich einmal mit den unterschiedlichen Definitionen von Empathie zu beschäftigen. Denn dieser Begriff wird in unterschiedlichen Bereichen mit unterschiedlichen Inhalten gefüllt. So gibt es beispielsweise die Theorie der „Spiegelung". Sogenannte Spiegelneuronen im Gehirn sollen dafür verantwortlich sein, dass Menschen einander im *motorischen Verhalten* nachahmen, und das wird mancherorts auch auf die Emotionen übertragen. Ferner gibt es die Unterscheidung zwischen „authentischer" und „funktionaler" Empathie, wobei Letztere berechnend ist, also auf den (persönlichen) Vorteil abzielt. Das stellt im weitesten Sinn eine Form der (negativen) Manipulation dar und hat deshalb für die meisten HSM keine Gültigkeit. Dieser funktionalen Empathie begegnet man zum Beispiel in der Werbebranche oder auch im direkten Verkauf. Eine Definition, die in meinen Augen deutlich zeigt, welche Ausmaße Empathie annehmen kann, gibt der amerikanische Anthropologe und Psychologe Paul Ekman in seinem Buch *Gefühle lesen*:

> *„Kognitive Empathie lässt uns erkennen, was ein anderer fühlt. Emotionale Empathie lässt uns fühlen, was der andere fühlt, und das Mitleiden bringt uns dazu, dass wir dem anderen helfen wollen ..."*

In der Psychologie wird Empathie auch als die Übertragung der Gefühle des Patienten von seiner Person auf die des Therapeuten gesehen, damit dieser die Empfindungen des jeweiligen Patienten an sich selbst „nach-fühlen" kann.

In unserer heutigen Gesellschaft, in der nahezu jeder Lebensbereich auf Funktion und Funktionieren ausgerichtet ist, wird Empathie leider häufig mit zu großer Emotionalität gleichgesetzt und damit herabgewürdigt. Das hat zur Folge, dass kaum noch jemand über seine eigene Empathie sprechen mag, vor allem Männer nicht. Dabei ist Empathie eine außerordentlich wichtige und förderliche Eigenschaft beziehungsweise Fähigkeit, die wesentlich zum Erfolg eines Menschen beitragen kann. In der Wirtschaft hat man dies längst erkannt: Es gibt kaum ein Seminar für Führungskräfte, in dem Empathie nicht behandelt wird. Auch Verkaufs- und Telefonseminare gründen auf Empathie, in helfenden und Heilberufen ist sie geradezu Voraussetzung. Doch handelt es sich hierbei in den meisten Fällen um die funktionale Empathie. Sie wird bewusst gelenkt, ist kalkuliert, hat immer ein Ziel und vor allem eine Grenze. *Authentische Empathie* wird nicht bewusst eingesetzt: Sie kommt von innen heraus und braucht nicht erlernt zu werden. Zwar hat auch sie ein Ziel, aber sie ist nicht berechnend und *sie hat keine Grenze*. Und an genau dieser Stelle entspringt das Dilemma hochsensibler Menschen.

HSM nehmen Reize aus ihrer Umwelt intuitiv wahr, und natürlich beschränkt sich das nicht auf die Funktionen, die den fünf Sinnen im Allgemeinen zugesprochen werden. Hochsensible bemerken an ihrem Gegenüber kleinste Veränderungen in der Mimik, der Gestik, der Körperhaltung. Sie sehen auch kleinste Veränderungen der Hautfarbe und der Haarstruktur, hören fast unmerkliche Veränderungen in der Tonlage, der Sprachmelodie oder auch der Wortwahl. Sie riechen Veränderungen in der Zusammensetzung des Schweißes eines Menschen (oder Tieres), spüren schon beim Begrüßungshändedruck oder einer Umarmung leiseste Veränderungen der Körpertemperatur. Sie setzen diese Wahrnehmungen in Beziehung zueinander und verbinden sie mit bereits vorhandenen Erfahrungen, wodurch sie ein differenziertes Bild von der Situation erhalten. Dies alles geschieht in Sekundenbruchteilen und ist den Hochsensiblen selbst gar nicht bewusst. Deshalb wissen sie oft, wie es jemandem geht, doch sie haben keine Ahnung, woher dieses Wissen stammt oder weshalb es vorhanden ist. Und das ist für viele verwirrend, vor allem auch für ihr Umfeld. Wenn sie ihre Wahrnehmungen äußern, bekommen sie oft Kommentare zu hören wie „Was du dir wieder

einbildest ...", „Du interpretierst mal wieder viel zu viel hinein"
oder „Du hörst mal wieder das Gras wachsen". Natürlich tragen
derartige Reaktionen von Familie, Freunden und Bekannten beträchtlich dazu bei, einen HSM an seinen eigenen Wahrnehmungen zweifeln zu lassen.

Peter erzählt:

*„Wir waren seit vielen Jahren mit einem Ehepaar sehr gut
befreundet und verbrachten viel Zeit mit den beiden. Wir haben sogar so manche Urlaube gemeinsam verbracht. Andere
beneideten uns. Gleich zwei Traumpaare seien selten, hörten
wir oft. Und wir fühlten uns auch, als wären wir vom Glück
verfolgt. Doch nach einigen Jahren begann ich mich nach den
Treffen mit diesen Freunden immer schlecht zu fühlen. Ich
war völlig kraftlos, wie ausgelaugt. Und ich empfand so etwas
wie ein schlechtes Gewissen. Ich überlegte hin und her, warum ich ein derartiges Gefühl hatte. Ich hatte mir nichts zu-
schulden kommen lassen. Nach einer Weile habe ich meiner
Frau davon erzählt und die Vermutung geäußert, dass es an
unseren Freunden läge. Aber sie war der Meinung, sie hätten
sich nicht verändert, es sei alles wie immer. Und scherzhaft
fügte sie hinzu, wenn ich ein schlechtes Gewissen hätte, dann
hätte ich wohl etwas ‚ausgefressen' ... Ich sprach auch meinen
Freund unter vier Augen darauf an. Aber auch er beteuerte, es
sei alles in bester Ordnung, es müsse an mir liegen. Vielleicht
sei ich überarbeitet? Aber das war es nicht. Ich hatte und habe
einen Beruf, der mich ausfüllt und mir sehr viel Freude macht.
Er gibt mir eher Energie, als dass er mich welche kostet. Also
dachte auch ich, es läge an mir, irgendetwas stimmte mit mir
nicht. Das konnte doch nicht sein? Was war das nur? Sicher
bildete ich mir alles nur ein, aber mich machte das völlig fertig
und ich beschloss, einen Psychologen aufzusuchen. Aber noch
bevor es dazu kam, stand mein Freund eines Tages das erste
Mal, seit wir uns kannten, in meinem Büro – mit blutleerem
Gesicht. Wortlos und mit zitternder Hand reichte er mir einen Brief. Es war der Abschiedsbrief seiner Frau. Sie hatte ihn*

bei Nacht und Nebel verlassen. In diesem Brief erklärte sie ihm, warum sie nicht mehr mit ihm zusammenleben könne und dass sie bereits vor Monaten den Entschluss gefasst habe wegzugehen und die Zeit bis jetzt dafür gebraucht habe, alles vorzubereiten. Und ,vor Monaten' war genau der Zeitpunkt, an dem sich meine mir fremden Gefühle einstellten.

Das alles ist jetzt 15 Jahre her. Von der Frau haben wir nie wieder etwas gehört und auch zu meinem damaligen Freund habe ich heute keinen Kontakt mehr, weil er es nicht wollte. Er könnte nicht einfach so weiterleben, als wäre nichts passiert, sagte er damals, bevor er ins Ausland ging. Ich selbst hatte diese Geschichte schon fast vergessen, bis ich vor Kurzem etwas über Hochsensibilität las. Nach einer intensiven Reflexion meines ganzen Lebens aus dem Blickwinkel der Hochsensibilität weiß ich heute, dass ich schon als Kind genau gespürt habe, was in meinem Umfeld vor sich ging. Ich konnte meine Stimmungsschwankungen nur nicht einordnen und hatte mich damit abgefunden, mich manchmal aus für mich unerfindlichen Gründen einfach nicht gut zu fühlen. Gefühlsschwankungen haben ja alle Menschen, und bis zu einem gewissen Grad ist das ja auch normal. Auch als diese Sache mit unseren Freunden stattfand, habe ich das nicht miteinander in Verbindung bringen können. Aber heute weiß ich, dass ich die Gefühle anderer Menschen übernehme, als wären es meine eigenen. Vielleicht habe ich mich deshalb intuitiv immer mit positiven Menschen umgeben?"

Ja, bei Peter mag das so gewesen sein. Aber man kann sich die Menschen nicht immer aussuchen, mit denen man in Kontakt kommt.

Viele HSM erleben dieses „Übernehmen von Gefühlen" eher diffus und wundern sich, warum sie sich mitunter scheinbar grundlos schlecht fühlen. Andere wissen bereits, dass sie fremde Gefühle übernehmen, als wären es ihre eigenen, und wünschen sich manchmal, diesen „Mechanismus" abstellen zu können.

Oftmals wird es in der Tat als sehr belastend empfunden, und das kann es auch wirklich sein.

Hochsensible sind durch die zahllosen Reize beziehungsweise Informationen, die sie über ihre fünf Sinne aufnehmen, ohnehin schon stark beansprucht. Zusätzlich reflektieren sie sich selbst und ihr Leben nahezu pausenlos, was ebenfalls Kraft kostet. Kommen dann auch noch die Sorgen und Nöte anderer Menschen hinzu, die obendrein die bei HSM sehr ausgeprägte Hilfsbereitschaft ansprechen, ist das eine Extrembelastung, die durchaus zu einem dauerhaften Erschöpfungszustand führen kann.

Wenn Ihnen nicht klar ist, ob Sie die Gefühle anderer Menschen übernehmen, beobachten Sie sich. Reflektieren Sie die vorhergehenden Ereignisse, wenn Sie sich unwohl fühlen oder unter Ihnen unerklärlichen Stimmungsschwankungen leiden. Berücksichtigen Sie dabei jedoch auch andere mögliche Reizquellen beziehungsweise Stressfaktoren, die für Ihren Zustand verantwortlich sein könnten. Es *müssen* nicht unbedingt und nicht immer die Gefühle anderer sein, die Sie (mit)empfinden. Wenn Sie zu dem Schluss kommen, dass die gerade empfundenen Gefühle wirklich nicht zu Ihnen, sondern ursprünglich zu jemand anderem gehören, sind Sie schon ein ganzes Stück weiter!

In akuten Situationen hilft es Ihnen, wenn Sie auf sich selbst achten und genau in sich hineinhorchen, wann „Ihr" Gefühl umschlägt. In der Anfangsphase können Sie diese Situation dann beenden. Gehen Sie einfach, entziehen Sie sich dem Ganzen. Das ist durchaus möglich, auch ohne jemanden zu verletzen. Mit der Zeit werden Sie sich stärker fühlen und können versuchen, auch in anstrengenden Situationen bei sich zu bleiben. Das ist gerade am Beginn nicht leicht und bedarf einiger Übung. Stellen Sie sich dazu beispielsweise ein imaginäres STOPP-Schild vor, das Ihnen bedeutet: „Bis hierher und nicht weiter!" Das wird Ihnen helfen, wieder zu sich selbst zurückzukommen. Sie können sich auch eine Art Mantra ausdenken, wie zum Beispiel „Ich lasse deins bei dir" oder noch einfacher: „Das ist deins", das Sie sich im akuten Fall immer wieder vorsagen.

Machen Sie sich Ihre eigenen Bedürfnisse bewusst. Was wünschen Sie sich jetzt gerade? Vielleicht möchten Sie nicht zuhören, sondern selber angehört werden? Dann sagen Sie es genau so. Einige Menschen wird das vielleicht ziemlich ungerührt lassen, aber andere werden unter Umständen erst so darauf aufmerksam, dass sie Sie unbeabsichtigt mit Beschlag belegt haben, und sich zurücknehmen. Lassen Sie sich dabei nicht durch Ihre Vorstellungen von möglichen Reaktionen leiten, sondern seien Sie mutig und probieren Sie es aus!

Es gibt aber auch Menschen und Situationen, bei denen die gerade beschriebenen Verhaltensweisen ohne Erfolg bleiben, so oft sie es auch damit versuchen. Dabei handelt sich um Menschen, die sich ständig um sich selbst drehen, die Ihre Aufmerksamkeit benötigen und Ihnen Energie abziehen. In der Regel sind das sehr einseitige Beziehungen, in denen niemals eine wirkliche Interaktion zwischen den Beteiligten stattfindet. Sollten Sie Anlass zu der Vermutung haben, dass es auch in Ihrem Leben derartige Beziehungen gibt, überlegen Sie sich gut, ob das ewig so weiterlaufen soll, und vor allem, ob Ihre Energiereserven dies langfristig zulassen. Denn in Beziehungen mit dieser Struktur ändert sich erfahrungsgemäß nichts und wenn doch, ist es nicht von Dauer. Im Gegenteil: Nur allzu schnell werden Sie sich und den Beziehungspartner in den alten, destruktiven Mustern wiederfinden. Viele HSM ertragen den Gedanken kaum, einem Menschen nicht helfen zu können und ihn „aufgeben" zu müssen. Doch eine derartige „unausgeglichene" Beziehung führt nicht selten zur Selbstaufgabe, und so weit sollten Sie es nicht kommen lassen! Meistens wird Ihnen in einem solchen Fall leider nichts anderes übrig bleiben, als den Kontakt zu der oder dem Betreffenden stark einzuschränken oder gar abzubrechen. Bedenken Sie dabei, dass Sie Menschen nur dann helfen und sie adäquat unterstützen können, wenn Sie selbst bei Kräften sind und bleiben. Es nützt niemandem, wenn Sie sich für einen anderen Menschen aufopfern, bei dem aber gar nichts besser wird und der Ihnen folglich nur Ihre Kraft raubt. Nicht Ihrem Partner, nicht Ihren Kindern, nicht Ihren (anderen) Freunden und am allerwenigsten Ihnen selbst.

Der Begriff „Helfersyndrom" ist vielen gut bekannt, und HSM wird oftmals genau das nachgesagt. Die meisten HSM handeln jedoch aus zweifellos großer und selbstloser Hilfsbereitschaft heraus, die zum großen Teil aus ihren hohen ethischen Werten entspringt. In Verbindung mit ihrer Fähigkeit, die Gefühle anderer zu übernehmen, kann dies für HSM zur Falle werden, wenn sie nicht außerordentlich gut auf sich selbst – und andere – achtgeben.

Yvonne beschreibt eine kürzlich erlebte Situation:
„Neulich ging ich mit meiner Freundin zu einer Party, deren Gastgeber ich nur flüchtig kannte, aber sehr mochte. Ich freute mich sehr, dass ich ebenfalls eingeladen war. Die Gastgeberin war sehr aufmerksam und immer mitten im Geschehen. Dabei hatte ich das Gefühl, dass ihr sehr daran gelegen war, dass ich mich wohlfühlte. Sie bezog mich mit ein, als würden wir uns schon länger kennen, und machte mich mit anderen Gästen bekannt. Scherzend und lachend kümmerte sie sich vorbildlich um jeden Einzelnen und ich fühlte mich großartig, weil sie mich genauso behandelte wie ihre langjährigen Freunde. Dennoch spürte ich, dass sie etwas verbarg. Hinter ihrer Fröhlichkeit sah ich eine tiefe Traurigkeit und ich wunderte mich, dass es anscheinend keiner ihrer Freunde bemerkte. Mir tat das in der Seele weh. Ich konnte selbst fühlen, wie es ihr gehen musste in diesem Zwiespalt, und sie tat mir sehr leid. Es ging ihr schlecht, und niemand sah es oder nahm sich ihrer an. Als ich sie nach einiger Zeit allein in der Küche antraf, fragte ich sie vorsichtig, was sie bedrücke und ob und wie ich ihr helfen könne. Sie reagierte richtig aggressiv! Sie zischte mich an, wie ich dazu käme, ihr irgendetwas zu unterstellen, sie habe gedacht, ich sei ein netter Mensch und nur deshalb habe sie mich mit eingeladen, aber so etwas müsse sie sich nicht bieten lassen … und noch vieles mehr. Das war für mich wie ein Schlag ins Gesicht. Ich verstehe das nicht, ich wollte doch nur helfen, weil es sonst niemand tat. So etwas ist mir schon öfter passiert. Dabei habe ich doch nichts Böses im Sinn …"

Yvonne war völlig ratlos.

Alle Hochsensiblen kennen solche oder ähnliche Situationen oder können sie zumindest nachvollziehen. Was sie jedoch meist nicht nachvollziehen können, ist die Reaktion anderer Menschen, weshalb sie häufig den Schluss daraus ziehen, ihr Gegenüber müsse wohl ein „ungehobelter Klotz" sein. In Situationen wie der oben geschilderten kommen gleich mehrere Aspekte der Hochsensibilität zum Tragen. Zum einen entwickeln HSM mitunter sehr schnell eine tiefe Bindung zu anderen Menschen, außerdem sind sie sehr harmoniebedürftig. Daher stört es sie, wenn es jemandem nicht gut geht, und sie setzen oftmals alles daran, diesen Zustand zu ändern. Zum anderen werden sie häufig von intensiven Gefühlen überwältigt und richten ihren Fokus unbewusst nur noch darauf. Dabei ist es für sie unerheblich, ob es ihre eigenen oder fremde Gefühle sind. Die sonst so reflektierten HSM können manchmal regelrecht blind sein für Zusammenhänge oder Differenzierungen, und das verleitet sie unter Umständen dazu, Grenzen zu überschreiten. Denn ihre oberste Priorität besteht darin, die Harmonie wiederherzustellen, die Missstimmung zu beseitigen oder wenigstens zu lindern, der Gesamtkontext tritt demgegenüber völlig in den Hintergrund. Und mit Blick auf den Gesamtkontext hat Yvonne mit ihrer unerbetenen Nachfrage an dieser Stelle eine Grenze überschritten, wogegen sich die Gastgeberin (zu Recht!) ziemlich heftig zur Wehr gesetzt hat.

Grundsätzlich gilt für HSM auch hier, sich in entsprechenden Situationen den Sachverhalt bewusst zu machen. Behalten Sie daher immer den Gesamtkontext im Auge und wahren Sie den notwendigen beziehungsweise geforderten Abstand. Manchmal brauchen die Dinge einfach nur Zeit!

Für viele Hochsensible ist es eine der schwierigsten Übungen, diese Ambivalenz zu ertragen – das Hin-und-her-gerissen-Sein zwischen dem Wissen, helfen zu können, und dem „Verbot" zu helfen. Um das auszuhalten, bedarf es einer großen Portion Verständnis, Vertrauen und Geduld, sowohl für und in sich selbst als auch für und in seine Mitmenschen. Anderen Menschen nicht „unter die Arme zu greifen", ist nicht immer ein Ausdruck von

Egoismus. In vielen Fällen ist es auch der erste Schritt der Hilfe zur Selbsthilfe.

Eine völlig andere Lage entsteht natürlich, wenn Sie um Hilfe gebeten werden. Jemandem, der um Hilfe bittet, sollte sie auch gewährt werden. Doch auch hier ist für hochsensible Menschen Vorsicht geboten, denn sie lassen sich nur allzu oft ausnutzen. Reflektieren Sie deshalb Ihre eigenen Bedürfnisse und Beweggründe immer genau! Diesbezügliche Entscheidungen fallen nicht unbedingt leicht, doch mit entsprechender Übung wird es Ihnen sicher gelingen, jeweils die richtige Wahl zu treffen.

Mehr in die Tiefe gehende Informationen zu den Themen „Abgrenzung" und „Emotionsregulation" finden Sie ab Seite 234 im letzten Teil dieses Buchs, der sich mit dem langfristigen Umgang mit Hochsensibilität beschäftigt.

An dieser Stelle möchte ich Ihnen auch die Spiegel-Berührungs-Synästhesie (Mirror-Touch-Synesthesia, siehe Seite 124f.) noch einmal in Erinnerung rufen. Bei dieser Form der Synästhesie fühlt der Synästhet Berührungen, die er bei anderen Menschen wahrnimmt, am eigenen Körper ganz genau so, als wäre er selbst berührt worden. Bei manchen Hochsensiblen geht diese Empfindung so weit, dass sie auch körperliche Schmerzen ganz genau so spüren. So berichtete mir beispielsweise eine Mutter, dass sie ebenfalls ein Kratzen im Hals verspürt, wenn ihr Kind Halsschmerzen hat, und ein Mann, dass er ein taubes Gefühl in seinem rechten Bein bekam, als bei einem Autounfall das rechte Bein seiner Ehefrau eingeklemmt wurde.

Mindestens für die körperliche Ebene ist wissenschaftlich erforscht und belegt worden, dass es sich bei diesen Empfindungen um eine Form der Synästhesie handelt: Sie fällt unter den Oberbegriff „Gefühlssynästhesie". Ob sich dieses Phänomen auch auf die emotionale Ebene übertragen lässt, ist meines Wissens noch nicht (abschließend) untersucht.

In meiner Praxis und innerhalb der Gruppe, die ich moderiere, stellte sich nach eingehenderer Beschäftigung mit solchen oder ähnlich beschriebenen Sachverhalten oftmals heraus, dass es sich dabei nicht um die Übernahme von Gefühlen (Emotionen), sondern um diese Synästhesieform handelte. Den relevanten Unterschied hierbei macht der Blickkontakt. Auch der manchmal schwierige Umgang mit dieser Synästhesie lässt sich durch Bewusstheit und Übung wesentlich vereinfachen.

Beim Arzt – „Das kann man nicht spüren!"

Bisher deuten alle Forschungsergebnisse darauf hin, dass Hochsensibilität im Gehirn ihren Ursprung hat. Das Gehirn ist unser wichtigstes Organ, denn es steuert auch alle Körperfunktionen. Nervenbahnen bilden Verbindungen zu sämtlichen Organen und anderen Körperregionen, die eine wechselseitige Kommunikation zwischen diesen und dem Gehirn ermöglichen und bedingen. So gelangen auch alle Reize aus dem Körperinneren über den Thalamus, das Zwischenhirn, ins Großhirn und werden dort verarbeitet, wobei anschließend – falls erforderlich – eine Antwort in den Körper gesendet wird. Betrachtet man das Ganze aus dieser Perspektive, wird einem deutlich, dass ein hochsensibler Geist und eine hochsensible Seele in einem ebenfalls hochsensiblen Körper wohnen (müssen). Das heißt, dass bei HSM auch bereits kleinste Veränderungen im Körper wahrgenommen werden und ins Bewusstsein gelangen. Oft werden diese von ihnen ebenso diffus empfunden wie äußere Reize, weil das Phänomen nicht zu erklären ist. Und auch bezüglich körperlicher Symptome bekommen Hochsensible oftmals Kommentare wie „Stell dich nicht so an!" oder „Was du dir wieder einbildest!" zu hören.

Ich habe in dem Zeitraum, seitdem ich mich intensiv mit dem Thema „Hochsensibilität" beschäftige, mittlerweile einige Hundert HSM befragt, beispielsweise danach, ob sie im psychischen und physischen Ruhezustand (gegebenenfalls auch durch Konzentration darauf) ihren Herzschlag wahrnehmen können, was von Medizinern als „Kardiosensibilität" bezeichnet wird. Schätzungen zufolge sollen dazu nur etwa 10 bis 20 Prozent der Bevölkerung in der Lage sein. Von den meisten der Befragten erntete ich ein ganz erstauntes „Ja kann das denn nicht jeder?". Für

Hochsensible scheint diese Empfindung also ganz normal zu sein, wobei ihre Intensität allerdings von Mensch zu Mensch stark schwankt. Eine hochsensible Frau berichtete mir, dass sie schon befürchtete, eine Herzerkrankung zu haben, weil sie ihren Herzschlag im Sitzen mitunter so stark spüre, dass sie sich nicht anlehnen könne und ihre Körperhaltung ändern müsse. Untersuchungen blieben ohne Befund. Andere HSM erzählten mir, sie müssten sich schon stark darauf konzentrieren, aber dann spürten sie ihren Herzschlag. Für die meisten Hochsensiblen ist es ganz normal, in Seitenlage ihren Herzschlag in dem belasteten Ohr nicht nur zu hören, sondern ihn auch spüren zu können. Eine Dame beteuerte, sie spüre ihren Herzschlag beim besten Willen nicht. Bei einer entsprechenden Untersuchung stellte sich dann heraus, dass sie tatsächlich an Herzrhythmusstörungen litt, was eine Kardiosensibilität verhindern kann. Natürlich sind diese Umfragen keineswegs repräsentativ, aber sicher wenigstens imstande, eine Ahnung davon zu vermitteln, was (hochsensible) Menschen spüren können. Des Weiteren haben viele HSM mehr oder weniger große Probleme damit, größere Gegenstände (Tabletten, Kapseln) zu schlucken, weil sie dabei jeden Millimeter ihrer Speiseröhre wahrnehmen. Untersuchungen, die an der oder über die Speiseröhre vorgenommen werden müssen, werden von ihnen als sehr unangenehm bis schmerzhaft geschildert. Mehrere Ärzte, mit denen ich darüber sprach, erklärten mir mit Entschiedenheit, *niemand* könnte derartige Untersuchungen als schmerzhaft empfinden, weil in der Speiseröhre gar keine Schmerzrezeptoren vorhanden seien. Gleiches gilt zum Beispiel auch für Lunge, Leber, Herz und Gehirn. Und dennoch können nicht wenige Hochsensible spüren, wenn an oder mit diesen Organen etwas nicht stimmt. Einige davon bezeichnen das Signal als Schmerz. Viele Dinge sind nach heutigem Stand medizinisch nicht erklärbar, und das Thema „Hochsensibilität" ist meines Wissens überhaupt noch nicht in der Medizin, geschweige denn in der medizinischen Forschung angekommen. Immerhin ist man sich wenigstens darüber im Klaren, dass es mehr und weniger sensible Menschen gibt, und das ist gut so. Doch über Ursachen, Ausmaß und Wirkungen von

Krankeiten und Therapien im Zusammenhang mit Hochsensibilität gibt es noch keine gesicherten Erkenntnisse. Vermutungen werden allerdings an einigen Stellen geäußert.

Aufgrund des Mangels an entsprechenden medizinischen Erkenntnissen über den hochsensiblen Körper fehlen natürlich auch Angaben dazu, ob HSM häufiger krank sind als Normalsensible und ob sie gegebenenfalls anfälliger sind für bestimmte Krankheiten. Und so bleibt es mir nur, Erfahrungen aus der eigenen Praxis zu schildern. Ob eine Verbindung zur Hochsensibilität besteht und welcher Art sie ist, lässt sich derzeit allenfalls vermuten.

Bei den Krankheiten, die mir in meiner Praxis immer wieder begegnen, handelt es sich hauptsächlich um Allergien/Unverträglichkeiten in jeglicher Form. Dabei höre ich überproportional häufig von Nahrungsmittelunverträglichkeiten wie Laktoseintoleranz und Histaminintoleranz (Histaminose). Beide Unverträglichkeiten sind nicht leicht zuzuordnen, weil ihre Symptomatik bezüglich Manifestation und Intensität unterschiedlich ist und sie mitunter in Schüben auftreten. Eine eindeutige Diagnose ist deshalb oftmals schwierig und langwierig. Hinzu kommt, dass die Histaminintoleranz noch recht wenig bekannt ist.

Einige HSM reagieren auch allergisch auf Nahrungsmittelzusätze wie Geschmacksverstärker, künstliche Süßungsmittel, Aromen und Farbstoffe.

Zu den weiteren sehr oft erwähnten Krankheiten von Hochsensiblen gehören Fibromyalgie, Magen-Darm-Erkrankungen und Hautproblematiken wie Schuppenflechte und Neurodermitis sowie Schilddrüsenerkrankungen, insbesondere die Hashimoto-Thyreoiditis (chronische Entzündung der Schilddrüse) und andere Autoimmunerkrankungen. Auch von Migräne ist proportional häufiger die Rede.

Im Zusammenhang mit den heute vermehrt auftretenden Nahrungsmittelunverträglichkeiten ist es sicher aufschlussreich, sich noch einmal die Veränderungen, die unsere Lebensweise in den vergangenen 50 bis 60 Jahren erfahren hat, ins Gedächtnis zu rufen. Auch unsere Nahrungsmittel und Ernährungsgewohnheiten haben sich deutlich gewandelt. Nie zuvor wurden Nahrungsmittel in diesem Ausmaß haltbar gemacht, geschmacklich und optisch „aufgepeppt" und zu diesen Zwecken mit allerlei Zusatzstoffen versehen. Und nie zuvor wurden Nahrungsmittel in diesem Ausmaß industriell gefertigt und manipuliert (hochprozessiert). Beim Gedanken an ihren (ebenfalls) hochsensiblen Körper erstaunt es nicht, dass HSM auch hier früher und/oder stärker von Nebenwirkungen und Unverträglichkeiten betroffen sind. Ich kann daher jedem Hochsensiblen nur dringend empfehlen, sich auch selbst zu beobachten und sich zu informieren. Achten Sie auf (die) Zusatzstoffe in Ihrer Nahrung und machen Sie sich Notizen dazu. Hierbei kann ein Ernährungstagebuch hilfreich sein, in dem Sie genau notieren, was und wie viel Sie zu welcher Uhrzeit gegessen und getrunken haben. Wenn Sie Symptome an sich bemerken oder beobachten, können Sie das entsprechend dazuschreiben. Durch den vermehrten Konsum oder das Weglassen einzelner Lebensmittel lässt sich testen, wann welche Symptome auftreten oder eben nicht. Mit der Zeit werden sich Ihnen Verbindungen zwischen Nahrungsmitteln und Symptomen offenbaren – auf der Basis dieser Erkenntnisse können Sie Ihre Ernährung ganz individuell auf Ihren Körper abstimmen. Auch Ihr Schlafrhythmus, Schlafstörungen jeglicher Art und Ihre Stressbelastung können wichtige Hinweise geben. Vielleicht können Sie mit diesen Informationen auch Ihren Arzt bei der Diagnosestellung und/oder der Therapie unterstützen.

Oftmals kommt es zu Missverständnissen oder Unstimmigkeiten zwischen Hochsensiblen und ihren Ärzten. HSM möchten gern „auf Augenhöhe" mit ihnen (und ihren Psychologen) sprechen und fühlen sich von diesen häufig nicht ernst beziehungsweise nicht für voll genommen oder gar übergangen. Das kann bei ihnen sogar das Gefühl der Entmündigung hervorrufen. Sehr häufig liegt das schlicht darin begründet, dass Hochsensible Dinge spüren, die andere Menschen für gewöhnlich gar nicht registrieren. Je nach Persönlichkeit des Arztes und des Patienten kann dies zu Missverständnissen führen. Manche Ärzte (und Psychologen) empfinden den Wunsch nach „Augenhöhe" als arrogant oder haben ihrerseits den Eindruck, nicht ernst genommen zu werden. Reden Sie in solchen Fällen offen mit Ihrem Arzt. Sie müssen in einem solchen Gespräch ja nicht unbedingt den Begriff „hochsensibel" verwenden, wenn Ihnen dabei nicht wohl ist. Erklären Sie dem Arzt ruhig und sachlich, dass Sie schon immer ein außerordentlich gutes Gespür für Ihren Körper hatten und Ihre Erfahrung gezeigt hat, dass Sie mit Ihrer Wahrnehmung für gewöhnlich richtig lagen. Vielleicht fallen Ihnen noch andere Symptome auf beziehungsweise ein, die mit Ihrem derzeitigen Befinden zusammenhängen könnten oder auch nur gerade jetzt ebenfalls auftreten. Möglicherweise möchten Sie auch noch hinzufügen, dass Ihnen Ihr Körper sehr wichtig ist und Sie deshalb natürlich aktiv an Ihrer Gesundung mitarbeiten möchten. Jeder Hinweis vermag Ihrem Arzt weiterzuhelfen, denn auch er kann nicht in Sie hineinschauen. Bedenken Sie, dass Sie möglicherweise einen hochsensiblen Körper haben und Ihr Arzt das nicht wissen kann, weil ihm vielleicht weder die Existenz des Phänomens Hochsensibilität noch mögliche körperliche Verbindungen und Zusammenhänge bekannt sind. Er kann sich nur darauf einstellen, dass *Sie* eben sensibler sind als andere Patienten, und er wird dies sicher auch tun, vor allem wenn Sie ihn deutlich darauf aufmerksam machen.

Rainer erzählt:
„Ich ging mit einer hartnäckigen Erkältung zum Arzt. Er hörte mir aufmerksam zu, hörte mich gründlich ab und erklärte, es sei eine Bronchitis. Das sei nichts Schlimmes und würde eben individuell unterschiedlich lange dauern. Er verschrieb mir Erkältungsmedikamente und schickte mich nach Hause. Aber es wurde nicht besser, und eine Woche später war ich wieder dort. Ich hatte ein ungutes Gefühl. Meine Lunge fühlte sich anders an als sonst. Genau so sagte ich das auch. Wieder hörte er mich gründlich ab, konnte aber nichts Ungewöhnliches feststellen. Er sagte mir aber auch, dass die Lunge keine Schmerzrezeptoren habe und von daher Veränderungen in der Lunge nicht spürbar seien. Ich bestand darauf, dass

aber eben dort etwas nicht stimme. Daraufhin wurde mir Blut abgenommen und ich wurde für den nächsten Tag wieder in die Praxis bestellt. Die Blutergebnisse ergaben eine geringfügige Erhöhung der Entzündungswerte, sonst nichts. Das sei bei einer Bronchitis nichts Ungewöhnliches. Mein ungutes Gefühl blieb. Ich bestand auf weitergehenden Untersuchungen und bekam daraufhin eine Überweisung zum Radiologen für Röntgenbilder beziehungsweise für eine CT. Auch hatte ich das Gefühl, dass der Arzt der Meinung war, ich würde übertreiben oder mir das Ganze nur einbilden, aber das war mir in diesem Fall egal. Nach der Untersuchung beim Röntgenarzt wurde ich dort zum Gespräch gerufen. Der Arzt schaute mich mit großen, ungläubigen Augen an und sagte: ‚Das habe ich noch nie erlebt! Sie haben eine noch sehr kleinflächige Lungenentzündung! Normalerweise merkt das bei dieser Geringfügigkeit kein Mensch!' Mein Hausarzt war genauso überrascht. Aber ich bekam Antibiotika und fühlte mich zwei Wochen später wieder völlig gesund. Seither fühle ich mich sehr sicher bei diesem Arzt, weil ich weiß, dass er mir jetzt uneingeschränkt glaubt."

Einige hochsensible Menschen sind von Natur aus ängstlich und man könnte meinen, dass sie aufgrund dessen bei jeder Kleinigkeit zum Arzt liefen. Doch es ist genau das Gegenteil der Fall. Viele HSM kehren ihre Symptome buchstäblich unter den Teppich und gehen erst sehr spät zum Arzt. Das mag daran liegen, dass sie es gewohnt sind, ihre eigenen Bedürfnisse hintanzustellen, dass sie nie gelernt haben, ihren eigenen Wahrnehmungen zu trauen, oder auch daran, dass sie sich nicht ernst genommen fühlen, weil sie ohnehin schon ängstlich sind. Grundsätzlich suchen Hochsensible eher selten einen Arzt auf und wenn, dann erst sehr spät. Dabei ist es dann besonders wichtig, dass sie ihrem Arzt ihre Symptome umfassend schildern. Geben Sie ihm die Möglichkeit, Sie in Ihrer Individualität kennenzulernen. Und wenn sich Ihr Arzt die dafür notwendige Zeit nicht nehmen will oder kann, dann schauen Sie sich nach einem anderen Arzt um. Für HSM ist es außerordentlich wichtig, dass sie sich ernst genommen fühlen und mit ihrer eher subtilen und teilweise diffusen Symptomatik auch für voll genommen werden. Dabei kann es sehr hilfreich für Sie sein, wenn Sie sich selbst auch anderweitig informieren. Wenn Sie Symptome ausbilden, die Sie nicht zuordnen können, wenn Sie das Gefühl haben, es sei Ihnen noch nicht die richtige Diagnose gestellt worden, oder wenn Sie einfach tiefer gehendes Interesse haben, nutzen Sie das Internet, lesen Sie Fachzeitschriften oder Bücher. Auf diese Weise erhalten Sie neben umfangreichen Informationen auch die Möglichkeit, Ihre Empfindungen (Symptome) besser, klarer und eindeutiger zu beschreiben. Und wahrscheinlich werden Sie ein klareres Bild von Ihren Körperempfindungen bekommen.

Achten Sie bei Ihren Informationsquellen in jedem Fall unbedingt auf Seriosität und sprechen Sie über wichtige neue Erkenntnisse oder richtungweisende Informationen mit Ihrem Arzt. Sortieren Sie das Ganze aber vorher in Ihrem Kopf und lassen Sie es auf sich einwirken und sich setzen, damit Sie Ihren Arzt (zeitlich) nicht über Gebühr belasten.

Wenn ich meine Klienten dazu auffordere, auch in diesem Bereich selbst aktiv zu werden und sich kundig zu machen, bekomme ich manchmal zur Antwort: „Ja muss ich denn alles selbst machen? Wofür gibt es dann Ärzte, wenn sie nicht wissen, was mir fehlt …?"

Natürlich sollen und können Sie nicht zu Ihrem eigenen Arzt werden. Ärzte sind heute sehr gut ausgebildet, und selbstverständlich dürfen Sie ihnen vertrauen. Sie als Patient besitzen Ihrem Arzt gegenüber jedoch einen nicht zu unterschätzenden Vorteil: Nur Sie kennen Ihre eigene Geschichte bis ins Kleinste, nur Sie wissen, *was* Sie *wie* empfinden, nur Sie wohnen in Ihrem Körper. Auch Ärzte sind – wie jeder andere, von dem Sie Hilfe erwarten (dürfen) – auf Informationen angewiesen, und die können sie nur von Ihnen bekommen. Unterschätzen Sie die Kompetenz Ihres Arztes nicht, aber übertragen Sie ihm auch nicht die Alleinverantwortung für Ihre Gesundheit! Eine respektvolle Zusammenarbeit kann, vor allem für *Sie*, nur von Nutzen sein.

Tipps zur Gesundheitsvorsorge – der hochsensible Körper

Wie ich im vorigen Kapitel bereits ausgeführt habe, können und müssen wir davon ausgehen, dass sich Hochsensibilität nicht auf *einen* Aspekt des Daseins beschränkt und wir ebenfalls einen hochsensiblen Körper haben. Unsere Umwelt hat sich in den letzten 50 Jahren massiv gewandelt und es wundert nicht, wenn Hochsensible auf diese Veränderungen schneller reagieren als normalsensible Menschen.

Der Wandel unserer Umwelt betrifft alle Lebensbereiche: Unsere Luft ist hochgradig mit Schadstoffen belastet und ihr Sauerstoffanteil gesunken. Unsere Böden sind durch Monokulturen ausgelaugt und mit Kunstdünger und Pestiziden verseucht. Das hat zur Folge, dass unsere Pflanzen nicht mehr dieselben Mengen an Vitaminen und Mineralstoffen beinhalten, wie das noch vor nur 50 Jahren der Fall war. Dementsprechend bekommt der menschliche Körper natürlich auch nicht mehr, was er benötigt, um gesund zu sein und zu bleiben. Unsere Nutzpflanzen werden bereits mit Blick auf ihre Weiterverarbeitung gezüchtet, gekreuzt, immer häufiger gentechnisch verändert und für oder während des Verarbeitungsprozesses mit allerlei Zusätzen versehen. Nicht alle diese Zusätze sind künstlichen Ursprungs, doch sie verändern in jedem Fall die Zusammensetzung unserer Nahrung. Dadurch entsteht ein Ungleichgewicht in uns – nicht nur in unserem Verdauungstrakt –, worauf unser Körper nicht eingerichtet ist und das ihm folglich mehr oder minder schwer zusetzt beziehungsweise schadet. Und selbstverständlich lässt sich mittlerweile auch das eine oder andere echte Gift (Toxin) in unseren Nahrungsmitteln nachweisen. Giftige Zusätze finden sich in zahlreichen Produkten, die wir in unserem täglichen Leben verwenden, vor allem aber in Artikeln zur Körperpflege, wobei es nicht jedem Menschen bewusst ist, dass unser Körper diese Chemikalien dann über die Haut und die Schleimhäute aufnimmt. Hier seien als Beispiele nur Fluor (Zahnpasta) und das hochgiftige Aluminium (Deo) genannt, deren Gefährlichkeit sich mittlerweile zum Glück in weiten Teilen der Bevölkerung herumgesprochen hat. Viele Menschen beruhigen sich selbst mit dem Glauben daran, dass die festgesetzten Grenzwerte für bestimmte Inhaltsstoffe von den Herstellern nicht überschritten werden beziehungsweise mit der Hoffnung darauf, dass diese Grenzen von den Kontrollorganen eng genug gefasst wurden. Hochsensiblen stellt sich jedoch die Frage, ob als ungesund oder schwer verträglich bekannte Inhaltsstoffe oder gar Gifte überhaupt in ihren Körper gelangen sollten, denn sie reagieren ja – manchmal fast unmerklich – auf kleinste Veränderungen. (Schwer-)Metalle und andere giftige Substanzen haben im menschlichen Körper nun mal nichts verloren, auch nicht in Kleinstmengen! Was mit dem Motor eines Kraftfahrzeugs passiert, wenn man ihm das falsche Öl zuführt, ist wohl (mindestens) sämtlichen Autobesitzern bekannt, weshalb sie es auch unter allen Umständen zu vermeiden suchen. Und niemand wird freiwillig täglich ein paar Sandkörner ins Getriebe seines Autos streuen, weil er ja weiß, dass es dadurch Schaden nimmt, bis es dann eines Tages seinen Dienst versagt. Der menschliche Körper ist in seiner Anlage wie auch seinen Funktionen um ein Vielfaches komplexer als ein Automotor und es ist ein gewaltiger Irrtum zu glauben, dass er tatsächlich gut bewältigt, was wir ihm zumuten, nur weil er keine (oder besser: keine merklichen) unmittelbaren und eindeutig zuzuordnenden Symptome ausbildet.

Allem Anschein nach reagieren Hochsensible auch auf Strahlen (Elektrosmog) sehr empfindlich. Ich spreche hier hauptsächlich von der mittelbaren Belastung durch Mikrowellen und Mobilfunkstrahlung etc., doch darf man auch die unmittelbare Belastung des Nervensystems aufgrund extremer visueller Reize – beispielsweise durch Energiesparlampen – keinesfalls außer Acht lassen. Wie bei den meisten der bisher angesprochenen Themen gehen auch hier die Meinungen weit auseinander und der Einzelne ist bezüglich der Zuordnung möglicherweise auftretender Symptome wieder weitestgehend sich selbst überlassen.

Nach meinen persönlichen Erfahrungen mit mir spreche ich selbst auf derartige Dinge wohl nicht sonderlich stark an, doch auch mir ist früher häufig aufgefallen, dass beim Telefonieren mit dem

Handy nicht nur mein jeweiliges Ohr, sondern die ganze Kopfhälfte wärmer wurde. Anfänglich habe ich das gar nicht bewusst wahrgenommen und nur ein ganz leichtes Unwohlsein bemerkt. Später konnte ich den Temperaturanstieg in der einen Kopfhälfte sogar mit der Hand fühlen. Meine Konsequenz: Weil ich auf mein Mobiltelefon nicht verzichten kann, telefoniere ich seither nur noch mit den zugehörigen Ohrstöpseln. Damit bleibt die Temperaturerhöhung in der Kopfhälfte aus. Ich bin mir aber durchaus darüber im Klaren, dass möglicherweise noch andere Folgen oder Symptome in Erscheinung treten können, allein schon deshalb, weil ich mein Handy dauernd in meiner Nähe habe ...

Noch weit über unsere Ernährung hinaus hat sich unsere Lebensweise dahingehend verändert, dass wir uns nur noch wenig bewegen und zu wenig in der Natur und vor allem in der Sonne aufhalten. Auch wenn HSM sehr naturverbunden sind, leben die meisten von ihnen diesen Bezug zur Natur viel zu wenig aus. Das belastet nicht nur den Körper, sondern auch die Seele. Wir Menschen haben 120.000 (!) Generationen lang als Jäger und Sammler gelebt (und dabei täglich etwa 30 bis 50 Kilometer zu Fuß zurückgelegt!) und rund 50.000 Generationen von Ackerbau und Viehzucht. Dem gegenüber stehen die zehn Generationen, die seit dem Beginn der Industrialisierung vergangen sind, und die gerade mal eine einzige Generation, die bereits das Computerzeitalter erlebt hat. Führt man sich diesen Verlauf der menschlichen Evolutionsgeschichte einmal deutlich vor Augen und setzt die Zahlen in Relation zueinander, wird einem schnell klar, weshalb wir uns so schwer an die veränderten Lebensbedingungen gewöhnen und sie uns so krank machen können. Das gilt natürlich auch für junge Menschen, die oftmals glauben, ihre auf Fast Food, Computerspielen, Smartphones und lautstarke Musikbeschallung gründende Lebensweise sei völlig in Ordnung, weil sie in die Welt in ihrem heutigen Zustand hineingeboren wurden. Dabei übersehen sie jedoch, dass sich die genetischen Programme des Menschen seit Jahrmillionen nur wenig verändert haben und alles andere sind als „modern". So schnell ist sie nicht, die Evolution!

Vor allem hochsensible Menschen klagen häufig über Allergien und Unverträglichkeitsreaktionen, zudem scheinen sie proportional häufiger von Autoimmunerkrankungen betroffen zu sein. Und besonders häufig wird mir von mehr oder weniger stark ausgeprägten depressiven Verstimmungen bis hin zu schweren Depressionen berichtet. Darüber hinaus tritt eine Fülle von Symptomen mit scheinbar (!) unerklärlichen Ursachen auf, weshalb man dann an den betroffenen Menschen „herumdoktert" und ihre Körper mit weiteren chemischen Substanzen aus den Labors der pharmazeutischen Industrie (Medikamenten) belastet – lediglich mit dem Ziel, diese Symptome zu beseitigen. Deren Zahl ist mittlerweile so stark angewachsen, dass die ärztlichen Bemühungen häufig von wenig Erfolg gekrönt sind oder gar einer Austreibung des Teufels mit dem Beelzebub ähneln.

In den letzten etwa 20 Jahren wird in zunehmendem Maß auch die Psyche der Patienten für Symptome ohne ersichtliche oder erklärliche körperliche Ursache verantwortlich gemacht. Mithilfe solcher psychosomatischer Symptome signalisiert der Körper mehr oder weniger deutlich, dass mit der Seele des betreffenden Menschen etwas nicht stimmt. Dies ist gerade für HSM ein großes Thema. Doch gibt es umgekehrt auch die sogenannten somatopsychischen Symptome, mit denen die Psyche auf einen „Fehler" im Körper hinweist. Diese Betrachtungsweise ist leider immer noch zu wenig verbreitet und es gibt – im Gegensatz zur psychosomatischen Medizin – (noch) keine Fachärzte für dieses Gebiet. So kann beispielsweise ein Mangel an bestimmten Vitaminen – genauso wie zu wenig Bewegung – zu Depressionen führen und ein Zuviel an Giften unter anderem aggressives Verhalten auslösen. In solchen Fällen sollten die Betroffenen unbedingt die Inhaltsstoffe der verwendeten Nahrungsmittel, Kosmetik- und Haushaltsartikel überprüfen. Auch in der Verarbeitung (Stichwort „Hochprozesstechnik") und der Zubereitung der Produkte können Ursachen für mögliche Überreaktionen verborgen sein. Bei Unklarheiten beziehungsweise Unsicherheiten sollten Sie auch nicht davor zurückscheuen, den Hersteller zu kontaktieren. Es ist wichtig, dass Sie sehr genau hinschauen und Ihre Ernährungs- und

Lebensgewohnheiten sehr genau unter die Lupe nehmen. Dieser Aufwand lohnt sich auf jeden Fall, denn wenn sie das Ergebnis umsetzen, erhöht sich häufig die Lebensqualität und innere Zufriedenheit der Betroffenen und kann sogar lebensrettend sein.

Für hochsensible Menschen gestaltet sich – je nach den individuellen Umständen – die Suche nach den Ursachen ihrer Beschwerden möglicherweise sehr schwierig und aufwendig, weil noch niemand weiß, weshalb und in welchem Ausmaß wir immer eher und immer mehr Dinge auch körperlich wahrnehmen und darauf reagieren. An dieser Stelle sind wir alle stark gefordert, uns selbst zu informieren und sehr aufmerksam in uns hineinzuhorchen. Dabei mag sich der eine oder andere selbst sogar schon mal als Hypochonder fühlen. Wenn Sie aber möglichst alle aufgezeigten Aspekte berücksichtigen (vielleicht fallen Ihnen noch weitere ein?), werden Sie der oder den Ursachen Ihrer körperlichen Probleme sicher auf die Spur kommen. Auch in diesen Fällen können wir Hochsensiblen uns auf unsere Intuition verlassen, sofern wir unserer „inneren Stimme" zuhören.

Bevor ich jedoch auf diesen Bereich konkreter eingehe, möchte ich erst noch ein paar Worte zum Thema „Stress" äußern, für hochsensible Menschen wohl das Hauptproblem in ihrem Alltag: In unserer heutigen Leistungsgesellschaft gilt es schon fast chic, im Stress zu sein, steht er doch als Zeichen für eine (vermeintlich) hohe Leistung. Viele sagen von sich, sie seien „im Stress", obwohl sie keinerlei Stresssymptome aufweisen, während andere Stress empfinden und kein Wort darüber verlieren, denn sie merken es ja oft selber gar nicht. Denken Sie an die berühmten Workaholics, die Menschen, die immerzu mit irgendetwas beschäftigt sind und sich niemals Ruhe gönnen. Doch Stress ist nicht nur ein *Gefühl* von Hektik oder Überforderung, er äußert sich immer auch in extremen Körperreaktionen, die als Bestandteil des Überlebensmechanismus in Ausnahmesituationen durchaus ihren Sinn haben, für den Körper jedoch eine enorme kurzfristige Belastung bilden. Unser Körper reagiert gänzlich ohne unser Zutun zu unserem Schutz, er macht sich bereit zum Angriff oder zur Flucht. Seltener tritt auch der „Totstellreflex" auf (Schockstarre). Puls, Blutdruck und Herzschlag schnellen in die Höhe. Muskeln werden stärker durchblutet, um sie auf die extreme Belastung vorzubereiten – deshalb werden einem oft Hände und Füße kalt. Der Sexualtrieb wird ausgesetzt, die Verdauungsfunktionen bis an den Rand des Stillstands verlangsamt, der Blutzuckerspiegel steigt gravierend an. Der Körper schüttet das Stresshormon Adrenalin aus, baut es nach Beendigung der Situation aber auch schnell wieder ab. Aufgrund ihrer intensiveren Wahrnehmung sind Hochsensible Stress häufiger und umfassender ausgesetzt. Dabei kann die Wahrnehmung über unsere fünf Sinne genauso Stress auslösen wie die Wahrnehmung aus unserem Körperinneren oder über unsere Emotionen. Mittlerweile ist bekannt, dass sich tief gehender und lang anhaltender Stress negativ auf das Gesamtbefinden des betreffenden Menschen auswirkt. Dass weniger intensive und kürzere, dafür häufiger auftretende Stressmomente ebenfalls Dauerstress darstellen, der dieselben negativen Auswirkungen auf den Körper hat, dessen sind sich jedoch nur wenige bewusst. Und Hochsensible erleben täglich viele Stressmomente: Eine unbedachte – und vielleicht noch nicht einmal ernst oder gar böse gemeinte – Bemerkung eines Arbeitskollegen, die den HSM trifft wie ein Messerstich, Krankenwagen und Feuerwehr mit laut heulenden Martinshörnern, quietschende Züge, überfüllte öffentliche Verkehrsmittel, penetrante Gerüche, Gewaltszenen auf der Straße oder auch nur im Fernsehen und Nachrichten von Katastrophen und menschlichem Leid gehören zum ganz normalen Alltag. Doch für hochsensible Menschen bedeutet dies Dauerstress. Folge: Ihr Körper stellt sich darauf ein und produziert statt des kurzfristig wirkenden Adrenalins nun das Langzeitstresshormon Cortisol. Baut sich der Stress aber nicht wieder ab, bleibt ein ständig erhöhter Cortisolspiegel im Blut, und der kann massive Schäden verursachen: eine Schwächung der Immunabwehr, dauerhaft erhöhten Blutdruck, erhöhten Blutzucker, vermehrtes Schwitzen und eine verlangsamte Verdauung sind nur einige davon. Ergebnis: Langfristig kann es zu einer Erschöpfung der Nebennieren kommen, die ihrerseits Funktionsstörungen der Schilddrüse auslöst, was unter Umständen weitere Störungen hervorruft. Zudem hemmt Cortisol die Serotoninproduktion, was den betroffenen Menschen schlimmstenfalls geradewegs in eine Depression führen kann. Deswegen sollten Sie also auch die vielen kleinen Stressmomente in Ihrem Alltag sehr ernst nehmen und nicht mit „ist doch halb so schlimm" abtun, wie man es selbst so gerne macht und wie es einem das Umfeld auch nur allzu häufig nahelegt.

Was Sie kurzfristig tun können, um Ihren Cortisolspiegel zu regulieren:

Bewegen Sie sich regelmäßig an der frischen Luft. Sie müssen dafür nicht stundenlang joggen. Ein 30-minütiger Spaziergang täglich und in flottem Tempo reicht schon aus, wenn Sie ihn wirklich regelmäßig unternehmen. Doch wenn Sie gereizt und wütend sind oder sich verletzt fühlen, ist es sehr hilfreich, wenn Sie sofort die berühmte „Runde um den Block" laufen. Bewegung unterstützt den Körper beim Abbau des Cortisols.

Die meisten Probleme hochsensibler Menschen scheinen sich in beziehungsweise über ihre Psyche, ihre Seele zu äußern. Doch der Mensch besteht – das kann ich gar nicht oft genug betonen – aus *Körper, Geist und Seele,* und Hochsensibilität beschränkt sich nicht auf einen dieser Bereiche. Deshalb müssen wir davon ausgehen, dass unser Körper ebenfalls hochsensibel ist, bereits kleinste Veränderungen in der Umwelt (zum Beispiel bei der Luftqualität) und in den Nahrungsmitteln (Zusätze etc.), wahrnimmt und nur allzu oft auch deutlich spürbar darauf reagiert.

Seit dem Beginn des Industriezeitalters in Deutschland im frühen 19. Jahrhundert hat sich sehr viel verändert, insbesondere in den vergangenen rund 60 Jahren. Um sich selbst die immense Bedeutung dieser Veränderungen deutlich vor Augen zu führen, möchte ich Sie bitten, die Absätze oben (nach meinem „Handy-Text") noch einmal zu rekapitulieren, denn daraus ersehen Sie, was Sie unbedingt im Bewusstsein behalten sollten: Wir haben 99,989 Prozent unserer gesamten Existenz als Jäger und Sammler verbracht und uns in dieser Zeit genetisch kaum verändert. Erst seit 0,011 Prozent unserer Existenz folgen wir einer komplett neuen Lebens- und Ernährungsweise. Natürlich können wir uns daran nicht „von heute auf morgen" gewöhnen und natürlich sind es die „Seismografen" der Gesellschaft, die Hochsensiblen, die das zuerst an sich bemerken. Wenn wir unsere Entwicklungsgeschichte aus dieser Perspektive betrachten, wird klar, dass wir unserem Körper ununterbrochen Dinge zuführen, die er nicht kennt und möglicherweise auch gar nicht (richtig) verarbeiten kann, dass wir ihm sozusagen „Sand ins Getriebe" streuen und obendrein noch das falsche „Motoröl" einfüllen, während er auf der anderen Seite Mangel leidet an jenen Dingen, die er zwingend und dringend für ein gesundes Überleben bräuchte, wie Vitamine, Mineralstoffe, Enzyme, Rohfasern und viele mehr.

Uns allen ist heute der Begriff „Zivilisationskrankheiten" sehr geläufig, wir alle blicken mit steigender Besorgnis auf die stetig wachsende Zahl sowohl kranker Menschen wie auch neuer Krankheitsbilder, aber kaum jemand fragt – und recherchiert! – einmal nach, *warum* sich das Blatt in so kurzer Zeit so drastisch gewendet hat. „Ja, aber natürlich", werden Sie jetzt vielleicht sagen, „es sind die Düngemittel und die Pestizide im Boden, im Grundwasser und in unseren Pflanzen, die uns krank machen!" Vielleicht denken Sie auch an Stress, Bewegungsmangel und einseitige Ernährung. Und damit liegen Sie sicher richtig, doch das ist es nicht allein. Auf die Gefahr, mich zu wiederholen, möchte ich hier doch noch einmal ganz deutlich auf die Fakten hinweisen: Außer unserer *Ernährungsweise* haben sich auch unsere *Lebensmittel* stark verändert. Ihr Nährstoffgehalt wird seit Jahren stetig geringer. Der Wahrheitsgehalt des noch vor 100 Jahren völlig richtigen englischen Gesundheitsspruchs *„An apple a day keeps the doctor away"* („Ein Apfel pro Tag hält den Doktor fern") begann bereits vor 50 Jahren zu schwinden, und heute kann davon kaum noch die Rede sein. Die überall üblich gewordenen, weil ertragssteigernden großflächigen und dauerhaften Monokulturen haben unsere Böden ausgelaugt, weshalb diese schon längst keinen gesunden Mineralstoffgehalt mehr aufweisen. Dementsprechend können uns unsere Pflanzen natürlich auch nicht mehr ausreichend Mineralstoffe liefern, unabhängig davon, ob sie nun biologisch angebaut sind oder nicht. Sicher sind Erzeugnisse aus organischem Landbau weitaus besser und wahrscheinlich auch gesünder als die aus der Massenproduktion, doch unseren Nährstoffbedarf können auch sie nicht abdecken.

Industriell hergestellte Nahrungsmittel werden – aus den unterschiedlichsten Gründen – mit allen möglichen Zusätzen versehen, die sich bei Weitem nicht in Konservierungs- und Farbstoffen erschöpfen und großenteils nur noch Ungesundes wie gesättigte Fettsäuren („Transfette") und Zucker (auch in Form von Stärke) enthalten. So werden beispielsweise zwecks leichterer Verarbeitung unterschiedliche unseren Körper belastende Substanzen wie etwa Gluten (Stichwörter „Viskoelastizität", „Gashaltefähigkeit") noch eigens hinzugefügt – über die in unserem „modernen" Weizen ohnedies bereits enthaltene viel zu große Menge hinaus –, wodurch wir entschieden zu viel davon aufnehmen. Der Zusatz künstlicher Aromastoffe, von Geschmacksverstärkern und künstlichen Süßungsmitteln ist – mindestens für die Lebensmittelhersteller – längst zur Normalität geworden.

Unsere Sonne, die Jahrmillionen lang alles (gesunde) Leben auf dieser Erde hervorbrachte, wird seit etwa 30 Jahren als Verursacherin von Hautkrebs und tödliche Strahlen aussendender Planet gebrandmarkt.

Bei der Betrachtung dieser Missstände und der Suche nach Lösungen scheiden sich die Geister und die Diskussionen unter Fachleuten verlaufen sehr kontrovers, wobei etliche Gesundheitsprobleme aufgrund unserer heutigen Ernährungssituation wahrscheinlich aus Fehl- beziehungsweise Mangelernährung und/oder einem Zuviel des Guten resultieren. Der menschliche Körper ist ein hochkomplexer, biochemisch aufs Allerfeinste ausgeklügelter Organismus, in dem Mutter Natur alles in der richtigen Menge, der richtigen Zusammensetzung und zur richtigen Zeit zur Verfügung stellt. Folglich kann es nicht verwundern, wenn dieses empfindliche Gebilde bei der kleinsten Störung seines Gleichgewichts nicht mehr (richtig) funktioniert. Wie wichtig es ist, sich dieser Tatsache bewusst zu werden und es auch zu bleiben, möchte ich mit einem Zitat von Herrn Prof. Dr. Jörg Spitz aus seinem Buch *Krebszellen mögen keine Sonne* illustrieren:

„In der Tat ist unser Körper ein wahrer Chemiegigant! Das ‚Unternehmen' verfügt über 50 Billionen komplett ausgerüstete chemische Fabriken, nämlich die Körperzellen. Bekanntlich können Fabriken jedoch nur so lange arbeiten und etwas produzieren, wie sie über genügend Material verfügen. Und es genügt nicht irgendein Rohstoff, sondern es werden spezielle Materialien benötigt, je nachdem, was die Fabrik herstellt. Und diese Ausgangsstoffe müssen konstant zur Verfügung stehen, sonst stoppt die Produktion. Genau die gleichen Voraussetzungen gelten auch für die Zellen in unserem Körper."

Meiner Ansicht nach sollte *jeder Mensch* zumindest in groben Zügen wissen, wie sein Körper funktioniert, was er braucht und was ihm schadet – für den Besitzer eines hochsensiblen Körpers ist es allerdings absolut unabdingbar. Machen Sie sich schlau! Das Internet bietet uns heute zahllose Möglichkeiten, an Informationen zu gelangen. Natürlich steht dort auch jede Menge Nonsens geschrieben, aber durch eine gezielte Suche und mit einer gehörigen Portion Vertrauen in Ihre Intuition werden Sie ganz sicher das für Sie Richtige herausfinden. An dieser Stelle gestatte ich mir die augenzwinkernde Bemerkung: Man muss nicht Medizin studieren, um seinen eigenen Körper und dessen Funktionsweise kennen- und verstehen zu lernen!

Achten Sie also auf die Qualität Ihrer Ernährung. Eine regelmäßige Energiezufuhr ist das A und O für einen hochsensiblen Menschen. Essen Sie also zu bestimmten Zeiten und meiden Sie dabei Gerichte beziehungsweise Snacks mit raffiniertem Zucker und stark stärkehaltige Produkte wie beispielsweise Weißmehl – oder reduzieren Sie diese wenigstens beträchtlich. Die in daraus zubereiteten Speisen enthaltene Stärke wird bereits in der Mundhöhle in Zucker umgewandelt – das gilt übrigens auch für Alkohol. Dieser chemische Vorgang lässt Ihren Blutzuckerspiegel, der durch zu viel Cortisol möglicherweise ohnehin schon erhöht ist, kurzfristig gefährlich hoch ansteigen, verursacht Ihrem Körper damit enormen Stress und verbraucht dadurch sehr viele Vitamine, Enzyme und Mineralstoffe. Gönnen Sie sich reichlich Vitamine (wirklich genau auf die Höchstmenge beziehungsweise den Tagesbedarf achten müssen Sie nur beim Vitamin A), notfalls auch über Nahrungsergänzungsmittel auf Naturbasis, und trinken Sie viel reines Wasser. Wasser fördert den Nährstofftransport im Körper. Wassermangel im Körper bewirkt eine Erhöhung des Blutdrucks, was das Gefühl von Stress auslösen oder verstärken kann. Folglich können Sie sich mit ein paar rasch getrunkenen Gläsern Wasser in akuten Stresssituationen Erleichterung verschaffen. Wussten Sie, dass das menschliche Gehirn rund 25 Prozent der gesamten Energie verbraucht, die wir unserem Körper zuführen? Das Gehirn eines Hochsensiblen wird durch die vermehrte Aufnahme und Verarbeitung von Reizen/Informationen stärker beansprucht als das eines Normalsensiblen, folglich dürfte auch der Energiebedarf für sein Gehirn etwas höher anzusetzen sein. Dem sollten Sie mit einer gesteigerten Energiezufuhr Rechnung tragen. Sparen Sie daher auf keinen Fall an vitamin-, enzym- und mineralstoffreicher Nahrung sowie an gutem, reinem Wasser und machen Sie, wo immer möglich, einen großen Bogen um Nahrungsmittel aus Massenproduktion beziehungsweise Fertiggerichte.

Ein anderes großes Thema – nicht nur – für Hochsensible ist das Vitamin D, das eigentlich gar kein Vitamin ist, sondern ein Prohormon, das heißt die Vorstufe eines Hormons. Vitamin D wirkt auf vielerlei Weise im Körper: Es sorgt für eine störungsfreie Aufnahme von Kalzium im Darm, das von dort aus direkt in die Knochen transportiert wird, stärkt das Herz-Kreislauf-System und die Muskelfunktionen, es beeinflusst den Zyklus der Frau wie auch den männlichen Hormonhaushalt positiv. Zudem ist es an Zellteilungsprozessen beteiligt, wobei es hier die Entstehung und das Wachstum von Tumoren verhindern beziehungsweise einschränken kann und vieles andere mehr. Ein Vitamin-D-Mangel kann ebenfalls Depressionen fördern oder sie sogar auslösen. Unter Sonnenbestrahlung (UVB-Licht) bildet der menschliche Körper selbst Vitamin D. Leider ist (noch zu) wenig bekannt, dass in den nördlichen Breitengraden und gerade hier bei uns in Deutschland der Vitamin-D-Mangel sehr verbreitet ist und wir auch keine ausreichenden Möglichkeiten haben, es über die Nahrung aufzunehmen. Mit Abstand am meisten Vitamin D steckt in Lebertran, es sind etwa 13.200 I. E. (Internationale Einheiten) Vitamin D je 100 Gramm – das entspricht etwa sieben Esslöffeln! Der „nächstbeste" Vitamin-D-Lieferant, allerdings weit vom Spitzenreiter Lebertran entfernt, ist Fisch. Hering enthält etwa 1.250 I. E. je 100 Gramm, gefolgt vom Lachs mit etwa 650 I. E. Zum Vergleich: Der menschliche Körper bildet an einem Sonnentag, wenn man möglichst viel von seiner nackten, ungeschützten Haut direkt von der Sonne bescheinen lässt, etwa 20.000 bis 40.000 I. E. Vitamin D in *einer Stunde,* wobei Wissenschaftler bisher davon ausgehen, dass sich die Menge im weiteren Verlauf am selben Tag auch nicht weiter erhöht. Das ist auch ein Grund, weshalb Sie sich nach einem Urlaub im Süden noch lange gut fühlen.

Hochsensible haben in vielen Fällen kaum Möglichkeiten, ausreichend Vitamin D zu produzieren. Zum einen sind viele von ihnen introvertiert und deshalb gern und viel allein, wobei sie sich nicht unbedingt im Freien aufhalten, und das schon gar nicht in nur spärlicher Bekleidung. Dazu kommt unter Umständen eine gewisse Temperaturempfindlichkeit sowohl Hitze als auch Kälte gegenüber wie auch die unter HSM weitverbreitete Lichtempfindlichkeit. Die gesellschaftlichen Veränderungen im Bereich der Freizeitgestaltung tragen auch eher selten dazu bei, dass sich Hochsensible ausreichend oft und lange im Freien aufhalten. Für *alle* Menschen gilt, dass sie als Erwachsene auch im Hochsommer nicht auf ausreichende Kleidung verzichten. Und die Angst vor Hautkrebs, dessentwegen vor direkter Sonneneinstrahlung gewarnt wird, tut ein Übriges. Die in Sonnenschutzmitteln enthaltenen Lichtschutzfaktoren (LF) reduzieren die Möglichkeit der Vitamin-D-Bildung extrem, bei einem LF ab etwa 15 kommt die Produktion ganz zum Erliegen. Dunkelhäutige Menschen sind noch stärker gefährdet, weil sie umso weniger Vitamin D produzieren, je dunkler ihre Haut ist. Das ist für dunkelhäutige Zuwanderer sicher ein großes Problem.

Kurzfristig können Sie Ihren Vitamin-D-Spiegel beim Arzt messen lassen. Krankenkassen übernehmen diese Untersuchung im Allgemeinen nicht. (Doch Ihr Wohlbefinden ist Ihnen sicher 25 bis 30 Euro wert ...) Sollten Sie tatsächlich an einem

Vitamin-D-Mangel leiden, informieren Sie sich ausführlich und substituieren Sie das Vitamin in ausreichender Dosis durch ein Nahrungsergänzungsmittel. Das können Sie beruhigt langfristig beibehalten, aber lassen Sie Ihren Vitamin-D-Spiegel zweimal im Jahr (nach dem Winter und nach dem Sommer) von Ihrem Arzt kontrollieren. Bitte beachten Sie, dass auch auf diesem Gebiet die Meinungen der Mediziner weit auseinandergehen: Derselbe Messwert, der dem einen Arzt völlig unbedenklich erscheint, stellt sich für einen anderen bereits als gesundheitsgefährdend dar. Doch auch die menschlichen Körper funktionieren nicht alle gleich. Was beim einen für die Versorgung des Organismus noch ausreicht, manifestiert sich bei einem anderen bereits als extremer Mangel. Gerade Sie als HSM sollten vorsorglich davon ausgehen, dass Ihr Körper ebenfalls empfindsamer reagiert als der eines Normalsensiblen. Sie können sich im Internet breit gefächert informieren, damit Sie für sich persönlich einen angemessenen Umgang mit dem Vitamin D finden.

Viele HSM sind Vegetarier oder Veganer und nicht nur, aber vor allem für sie ist es wichtig, (auch) auf das Vitamin B_{12} zu achten. Da unser Körper dieses Vitamin nicht selbst herstellen kann, sind wir darauf angewiesen, es uns durch Lebensmittel, in diesem Fall hauptsächlich über Fleisch, zuzuführen. Ein Mangel an B_{12} kann ebenfalls Depressionen und noch viele andere unerfreuliche Zustände fördern oder gar hervorrufen. Deshalb ist es wichtig, dass Sie sich auch bei diesem Vitamin über seine Funktionen, (Symptome von) Mangelerscheinungen, Untersuchungsmöglichkeiten, Referenzwerte und Substitution eingehend informieren. Hierbei sollten Sie Ihr besonderes Augenmerk auf die Untersuchungsmöglichkeiten richten, denn der am häufigsten bestimmte einfache Blutwert ist hinsichtlich des Speicherwerts nicht sehr aussagekräftig.

Mit den Informationen über diese beiden wichtigen Vitamine, deren Mangelsymptome von einigen Medizinern und Heilpraktikern bereits als „Volkskrankheiten" bezeichnet werden, und den gegebenenfalls daraus resultierenden Substitutionen mit Nahrungsergänzungsmitteln können Sie wenigstens die unter Hochsensiblen verbreiteten depressiven Verstimmungen aufgrund eines Vitaminmangels weitgehend ausschalten. Möglicherweise verschwinden darüber hinaus auch weitere größere oder kleinere „Zipperlein". Stimmen Sie dabei aber *immer alle* Maßnahmen mit einem darauf spezialisierten Arzt ab!

Auch die Beschäftigung mit einigen Mineralstoffen kann Ihnen sehr förderlich sein. Wie wir heute wissen, enthalten unsere Böden Magnesium und Selen nicht (mehr) in ausreichenden Mengen, und auch aus Mängeln an diesen Stoffen können sich unterschiedliche Krankheiten beziehungsweise Gesundheitsprobleme ergeben. Im Vorfeld etwaiger Untersuchungen sollte man wissen, dass unterschiedliche Labors mitunter auch unterschiedliche Referenzwerte zugrunde legen. So werden in den Berichten einiger Labors beispielsweise beim Vitamin D 30 Nanogramm pro Milliliter als Mindestwert für eine ausreichende Versorgung angesetzt, wohingegen andere Labors 75 Nanogramm pro Milliliter als Mindestwert ausweisen und alle darunter liegenden Werte als Mangel klassifizieren. Das ist eine Differenz, die beim persönlichen Wohlbefinden eines Menschen einen gravierenden Unterschied machen kann. Die Meinung Ihres Arztes ist hier also auch von den Referenzwerten des von ihm beauftragten Labors abhängig.

Langfristig ist es sicher für uns alle ratsam, zu einer traditionellen regionalen und saisonalen Ernährungsweise zurückzukehren. Das heißt, wir sollten uns entsprechend dem jahreszeitlichen Angebot der Natur in unserer Region ernähren. Möglichst von frischen, naturbelassenen Lebensmitteln, versteht sich! Auch der menschliche Körper unterliegt den Zyklen der Jahreszeiten, ist von regionalen Gegebenheiten abhängig und ein Teil der ihn umgebenden Natur. Und das gilt ganz besonders für die naturverbundenen Hochsensiblen. Natürlich lassen sich diese Idealziele in unserer heutigen Zeit nicht immer eins zu eins realisieren – die Gründe dafür liegen in den unterschiedlichen Gegebenheiten und Lebensumständen. Versuchen Sie dennoch insgesamt, aber vor allem bei Ihrer Ernährung, möglichst im Einklang mit der Natur zu leben. Ihr hochsensibler Körper wird es Ihnen danken!

Nicht minder wichtig ist die Bewegung in der freien Natur. Ich habe bereits darauf hingewiesen, dass Sie nicht gleich losjoggen müssen. Wenn Sie lieber spazieren gehen möchten, reicht das völlig aus. Es soll Ihnen Freude bereiten und keinen (zusätzlichen) Stress verursachen. Achten Sie aber darauf, dass Sie sich wirklich genügend Bewegung verschaffen, denn nur auf diese Weise versorgen Sie Ihren Körper mit ausreichend Sauerstoff. Ihr Stoffwechsel sollte bei Ihren Aktivitäten schon ein wenig in Schwung kommen. Und auch hier lautet die Devise: Je öfter und je regelmäßiger, desto besser. Das tut nicht nur Ihrem Körper gut, sondern auch Ihrer Seele, und das ist kein Wunder: Denken Sie an das biochemische und physiologische Wunderwerk, das unser Organismus darstellt! Unsere Körperzellen benötigen Sauerstoff, um weiterhin möglichst optimal funktionieren zu können, und dasselbe gilt natürlich auch für unsere Gehirnzellen. Unser Gehirn benötigt allein zur Aufrechterhaltung seiner Funktionen etwa 20 Prozent des Sauerstoffs, den unser Blut transportiert. Das sind etwa 75 Liter reiner Sauerstoff – täglich! Möglicherweise liegt dieser Bedarf bei Hochsensiblen sogar ein wenig höher. Bedenken Sie, dass die Luft im Wald sehr viel sauerstoffreicher ist als andernorts und unternehmen Sie, wann immer Sie Gelegenheit dazu haben, Waldwanderungen oder -spaziergänge.

Von enormer Wichtigkeit für die Gesundheit von Hochsensiblen ist nicht zuletzt die Psychohygiene – und hierbei denke ich vor allem an die Reiz- und Informationsflut, der wir alle tagtäglich ausgesetzt sind. Durch Fernsehen, Internet sowie eine schier unglaubliche und mittlerweile unüberschaubare Masse an Printmedien werden wir heute permanent mit Nachrichten aus allen Bereichen und aus aller Welt konfrontiert, die wir zu sehen, zu hören und zu lesen bekommen. Und selbstverständlich muss unser Gehirn das alles auch verarbeiten. Weil im Gehirn von Hochsensiblen ohnehin mehr Reize beziehungsweise Informationen ankommen, als das bei Normalsensiblen der Fall ist, sind gerade die HSM hier besonders gefordert. Nicht nur, dass ihre Augen und Ohren nahezu ununterbrochen strapaziert werden, auch die ethischen

Werte und die Emotionen von Hochsensiblen kollidieren nur allzu häufig mit den Sensationsgeschichten. Immer wieder berichten mir Betroffene, dass sie der Zustand unserer Gesellschaft und der ganzen Welt geradezu krank macht. Sie können nicht gut mit Leid umgehen, sind sehr hilfsbereit, und deshalb erschüttert es sie in ihrem tiefsten Inneren, das Leid der ganzen Welt nahezu ohnmächtig und hilflos mitansehen zu müssen und kaum etwas dagegen ausrichten zu können. Immer wieder wird ihnen bewusst, dass die Kluft zwischen dieser Welt und ihren eigenen, individuellen ethischen Werten immer weiter auseinanderklafft.

Wenn Sie auch darunter leiden, machen Sie sich bewusst, dass dieses Gefühl durch permanente Wiederholung nur noch verstärkt wird. Weil die Nachrichten auf allen Kanälen mehrmals am Tag wiederholt und auch von den Printmedien bis ins kleinste, möglichst schreckliche Detail ausgeschlachtet werden, brennen sie sich in unser Gehirn, in unsere Netzhaut ein und entfalten so ihre für HSM oft verhängnisvolle Wirkung. Wir leiden immer öfter unter depressiven Verstimmungen, unter Weltschmerz, der in eine tiefe Depression münden kann, und fühlen uns im Angesicht des vielen Leids, der Ungerechtigkeiten und der Gewalt völlig hilflos. Nicht selten führt dies zu einer generellen Handlungslähmung. Reduzieren Sie also die anbrandende Informationsflut. Um gut informiert zu sein, reicht es durchaus, Nachrichten nur einmal zu *hören* und sie ganz bewusst nicht auch noch anzu*sehen*. In vielen Fällen genügt es bereits, die Überschrift eines Artikels zu lesen. Aus ebendiesem Grund besitzen viele Hochsensible überhaupt keinen Fernsehapparat (mehr) oder reduzieren ihren Konsum auf ein Minimum von wenigen Minuten am Tag.

Machen Sie sich bewusst, dass es niemandem hilft, wenn *Sie* leiden, und werden Sie aktiv. Sie können nicht die ganze Welt retten, aber es gibt viele Menschen (oder auch Hilfsprojekte) in Ihrer direkten Umgebung, die Ihre Unterstützung benötigen und sie dankbar annehmen. Engagieren Sie sich, wo und wann immer Sie können. Das mag in der Nachbarschaftshilfe sein, in einem sozialen Ehrenamt, in einem Tierheim oder bei einem Umweltprojekt.

Ihnen wird das nur guttun, denn es gibt Ihnen das Gefühl, das Leid der Welt wenigstens ein bisschen lindern zu können. Falls Sie einen Garten besitzen, arbeiten Sie aktiv darin. Bauen Sie beispielsweise reichlich Biogemüse an und geben Sie den Überschuss an Bedürftige weiter. Das erfrischt Körper, Geist und Seele von Hochsensiblen: Sie haben viel Bewegung in der Natur, an der frischen Luft, sie können den Pflanzen beim Wachsen zusehen, mit ihren eigenen Händen in der Erde „wühlen", sie empfinden schon bei der Ernte und erst recht beim Verzehr ihres eigenen Obsts und Gemüses ein Glücksgefühl, weil sie wissen, dass nichts Künstliches darin enthalten ist. Das Verarbeiten und Konservieren von selbst gezogenem Obst und Gemüse kann zum wundervollen Hobby werden, und wenn Sie leckere, gesunde Nahrung an Menschen verschenken, die weniger privilegiert sind als Sie selbst, befriedigt dies Ihre Hilfsbereitschaft. Sorgen Sie aber zunächst einmal dafür, dass es *Ihnen* gut geht. Denn nur so haben Sie die Kraft, *anderen Menschen* beizustehen. Und gerade das liegt doch vielen Hochsensiblen so sehr am Herzen!

Hochsensible und Psychotherapie

Liebe LeserInnen, Sie werden feststellen, dass sich dieses Kapitel in seiner Art etwas von meinen Ausführungen über die anderen Alltagssituationen unterscheidet und ich hier weit weniger gründlich auf Einzelheiten eingehen kann. Das ist zum einen der Sensibilität des Themas an sich geschuldet, aber auch den vielfältigen Facetten, die es umfasst. Deshalb kann ich hier nur die wesentlichen Grundlagen und die Rahmenbedingungen behandeln. Bevor ich mich nun den Hauptaspekten dieses Themas zuwende, möchte ich in aller Deutlichkeit darauf hinweisen, dass sich der gesamte nachfolgende Text an psychisch gesunde beziehungsweise psychisch stabile Menschen richtet. Falls Sie unter Traumata, manifesten psychischen oder psychiatrischen Störungen leiden, binden Sie Ihren behandelnden Therapeuten bitte immer in etwaige Erkenntnisprozesse mit ein!

Wenn Sie sich das Kapitel „Hochsensibilität gestern und heute" (ab Seite 50) ins Gedächtnis zurückrufen, wird Ihnen schnell klar, dass auch der Bereich der Psychotherapie in den nicht immer und nicht überall rein positiven Wandel der letzten Jahrzehnte einbezogen wurde. 1960 schienen noch nicht viele Menschen von allen möglichen psychischen „Störungen" heimgesucht, so galt beispielsweise nicht jeder kleine „Zappelphilipp" gleich als AD(H)S-Kind und nicht jeder traurige oder trauernde Mensch gleich als depressiv. Noch bis weit in die 1980er-Jahre hinein waren Begriffe wie „Depressionen", „AD(H)S", „Narzissmus", „Angst- und Anpassungsstörungen", „Sozialphobie" und viele andere der breiten Öffentlichkeit weitestgehend unbekannt, sie blieben der Fachwelt vorbehalten und der Gang zum Psychotherapeuten wurde schamhaft verschwiegen. Seit den 1990er-Jahren und damit parallel zur sprunghaft verlaufenden Entwicklung der Digitaltechnologie wurden sie allmählich immer präsenter und heute – im Abstand von nur rund 30 Jahren – sind sie beinahe schon Allgemeingut. Und nicht nur das: Es scheinen auch immer mehr Menschen unter psychischen Störungen zu leiden. Wenn man – wie ich – mit sehr vielen Hochsensiblen zusammenkommt, drängt sich einem der Eindruck auf, dass sie im Vergleich zur restlichen Bevölkerung überproportional stark von Seelenleiden betroffen sind. Es scheint kaum einen HSM zu geben, der noch keine Psychotherapie gemacht hat, und einige von ihnen sogar über viele Jahre hinweg – ganz offensichtlich mit nur mäßigem Erfolg. Im Zuge einer solchen Behandlung sind viele dieser HSM auch mit einer oder mehreren Diagnosen belegt und entsprechenden Therapien unterzogen worden. Nicht selten höre ich auch Schlagwörter wie „austherapiert" oder „nicht therapierbar", was bei den Betroffenen das Gefühl verstärkt hat, sie seien „nicht mehr zu retten" und wieder ganz auf sich allein gestellt beziehungsweise zurückgeworfen. Woran kann das liegen? Wer oder was mag dafür verantwortlich sein? Sind wirklich so viele Menschen psychisch gestört oder krank? Und wenn ja, warum war das früher anders?

Natürlich wurden im Gefolge der rasanten Weiterentwicklung der Digitaltechnologie auch die wissenschaftlichen

Forschungsmöglichkeiten und damit die Diagnoseverfahren erheblich verbessert. Und das gilt nicht nur für die Medizin, obwohl es auf diesem Gebiet für jedermann deutlich sichtbar wird („bildgebende Diagnostik"). Unsere heutigen Mediziner sind in der Lage, Ursachen von Krankheiten zu erkennen und diese zu heilen, wovon ihre Vorgänger noch vor 50 Jahren nicht einmal zu träumen gewagt hätten – und sehr viele Menschen haben diesem Fortschritt ihr Leben zu verdanken. Doch wie jede andere hat auch diese „Medaille" ihre Kehrseite. Unsere Umwelt hat sich ebenfalls stark gewandelt, auch bei unseren Ernährungsgewohnheiten und den Lebensmitteln, die wir unserem Körper zuführen, haben sich deutliche Veränderungen ergeben. Die aus den letztgenannten Faktoren resultierenden Krankheiten scheinen sich schneller zu vermehren, als die Entwicklung technischer Geräte für Diagnose und Therapie Schritt zu halten vermag, was auch durch die Existenz zahlreicher verschiedener medizinischer Fachrichtungen beziehungsweise deren ständige Weiterverzweigung in untergeordnete Sachgebiete bestätigt wird. Und so stehen Ärzte heute vor der großen Herausforderung, die *eine richtige* von den vielen anderen vorhandenen Möglichkeiten abzugrenzen und zweifelsfrei festzustellen, wobei einiges auch weiterhin spekulativ bleiben *muss*, eben weil das betreffende Symptom oder Phänomen noch nicht bekannt ist oder weil den Medizinern noch keine beziehungsweise keine ausreichenden Möglichkeiten der Analyse und konkreten Bestimmung zur Verfügung stehen.

Ähnliches gilt für das Gebiet der Psychologie. Auch hier konnten die Diagnoseverfahren – unter anderem anhand von Erkenntnissen aus der neurologischen Forschung – erheblich verbessert werden. Heute lassen sich die (körperlichen, das heißt im Gehirn begründeten) Ursachen vieler psychischer Krankheiten mittels MRT (Magnetresonanztomografie) aufspüren. Man kann sie zum Teil lokalisieren und entsprechend behandeln, sodass Betroffene besser oder sogar gut damit leben können. Auch hier ist die „Kehrseite der Medaille", dass sich alle anderen Lebensbereiche ebenfalls verändert haben. So gibt es beispielsweise Mangelerscheinungen und Überreaktionen, deren Symptome sich auf psychischer Ebene in sehr facettenreichen Erscheinungsbildern manifestieren und die eine korrekte psychologische Diagnose mitunter stark erschweren können. Und oftmals gibt es auch gar keine psychologische Ursache, weil die (vermeintlich psychischen) Symptome in Wahrheit körperliche Reaktionen auf unsere veränderten Ernährungs-, Lebens- und Arbeitsgewohnheiten und/oder Umweltgifte sind. Das allerdings ist für einen Psychologen nur schwer bis gar nicht erkennbar, weil er ausbildungsbedingt ja nicht unbedingt über medizinische Fachkenntnisse verfügt. Zudem ist das Bewusstsein der Allgemeinheit heute stark darauf ausgerichtet, alles zu kategorisieren und einzuordnen – und da wundert es nicht, wenn das Ergebnis in einer Egalisierung besteht, die *eine* Norm für *alle* Menschen aufstellt, die der Realität nicht standhalten *kann*, weil die Realität weit komplexer ist. Und so wird jedem, der nicht in diese Norm passt, eine vermeintliche psychische „Störung" attestiert.

Hochsensible passen schon von Haus aus nicht in diese Norm. Sie haben eine intuitive Wahrnehmung und bilden damit einen nur sehr kleinen Teil der Bevölkerung. Wenn man bedenkt, dass aus der Wahrnehmung eines Menschen sämtliches Denken, die Emotionen und auch das Verhalten entspringen, wird deutlich, dass und warum sie sich nicht nur *anders fühlen*, sondern in der Tat *anders sind*. Leider ist diese an sich recht simple Erkenntnis (noch) nicht in der Lehre (sprich: an den Universitäten) angekommen, und folglich wird ihr auch keine oder nur wenig Bedeutung beigemessen. Das heißt für eine Psychotherapie ganz klar: Individuelle Unterschiede werden erkannt und auch an-erkannt, aber eine dermaßen gravierende Andersartigkeit nicht. Mit dieser Grundeinstellung geht der Therapeut also zunächst an seine Arbeit heran. Das ist verständlich und menschlich, reicht jedoch für den hochsensiblen Menschen nicht aus, weil ihn diese Haltung in seinem Wesen völlig verkennt!

Laut Elaine Arons Schätzung sind etwa 50 Prozent der Klientel psychologischer Praxen hochsensibel. Ich persönlich halte diesen Anteil für um einiges höher, und das liegt meiner Ansicht nach großenteils in jenen Merkmalen begründet, die eine hochsensible Persönlichkeit ausmachen, das heißt in den Persönlichkeitsmerkmalen der Hochsensiblen selbst. Als hochreflektive Menschen sind sie natürlich auch sehr selbstkritisch. Sie beziehen vieles, was in ihrem Umfeld nicht rundläuft, auf sich selbst und glauben daher oft, mit ihnen stimme etwas nicht. Sie fühlen sich selbst unverstanden und können ihrerseits ihre Mitmenschen nicht verstehen. Sämtliche Erklärungsversuche der eigenen Gedanken, Gefühle oder des eigenen Verhaltens laufen ins Leere. Sie spielen die Situationen immer und immer wieder durch, um den Knackpunkt vielleicht doch noch zu finden und damit einen Weg, sich ihrem Gegenüber verständlich zu machen oder es selbst zu verstehen. Dieses Bemühen trägt ihnen häufig Ansagen wie „Du grübelst zu viel!" ein. Und trotz ihres vielen Vor- und Nachdenkens können sie den „Fehler" nicht finden. Was läge da näher, als einen Fachmann zu fragen?

Sie gehen zum Psychologen – in der Erwartung, dass er den Fehler finden wird, ihn beheben kann und sie dann „richtig funktionieren". Weil das bei Hochsensiblen meistens entweder gar nicht oder wenigstens nicht auf Anhieb klappt, setzt auch hier wieder ihr intensives Vor- und Nachdenken ein: Sie reflektieren die Gesprächssituationen mit dem Therapeuten, den Therapeuten selbst als Fachmann und als Menschen und sich selbst in den entsprechenden Gesprächssituationen. Einige wollen dabei sämtliche Umstände, die Vorgänge, die daran Beteiligten etc. regelrecht „sezieren": Sie bombardieren den Therapeuten mit unzähligen Fragen, Zweifeln, Erklärungen und Richtigstellungen. Viele Hochsensible möchten mit ihrem Therapeuten auf Augenhöhe diskutieren, was etliche Therapeuten nicht können oder auch gar nicht wollen. Nicht selten bauen Hochsensible in sich auch tiefere Beziehungen zu ihrem Gegenüber auf, als es der Betreffende vermag oder es ihm lieb ist. Das ist für beide Seiten sehr anstrengend und mitunter frustrierend.

Werden Sie sich deshalb zunächst einmal darüber klar, dass bisher nur sehr wenige Therapeuten wissen, worum genau es bei Hochsensibilität überhaupt geht. Die meisten räumen diesem

Persönlichkeitsmerkmal nicht den Stellenwert ein, den es für eine erfolgreiche Therapie haben müsste. Und das ist nur allzu verständlich, denn Hochsensibilität ist ein noch sehr junges Forschungsgebiet und bisher nicht in der offiziellen universitären Lehre angekommen. Psychologen und auch Psychiater wissen also in der Regel nicht, was Hochsensibilität ausmacht, selbst wenn sie den Begriff als solchen schon einmal gehört haben. Und natürlich gilt hier, wie für jeden anderen Menschen auch: Wie sollen sie etwas, das sie selbst nicht kennen, er-kennen, verstehen und dem Klienten auch noch zutreffend erklären? Also greifen sie auf ihr vorhandenes Wissen zurück – und diagnostizieren und therapieren damit in aller Regel gründlich an ihrem hochsensiblen Klienten vorbei. Erinnern Sie sich an den von mir im Kapitel „Forschungsgeschichte" zitierten Satz von Eduard Schweingruber:

„Die gesamte Eigenart ist das Instrument, auf dem der Sensible die Melodie des Lebens zu spielen hat."

Demnach müsste ein Therapeut mit der gesamten Eigenart der hochsensiblen Persönlichkeit als solcher vertraut sein, um dem jeweils betreffenden HSM helfen zu können, die Töne für seine individuelle Melodie des Lebens zu finden. Stattdessen wird jedoch häufig der Versuch unternommen, dem Hochsensiblen Eigenarten seiner Persönlichkeit abzugewöhnen und ihn darauf zu „trimmen", wie ein Normalsensibler wahrzunehmen, zu fühlen und zu denken und sein Verhalten entsprechend zu verändern. Dass dies unmöglich ist, liegt auf der Hand, denn *die Form der Wahrnehmung eines Hochsensiblen*, aus der alles andere erwächst, *ist angeboren, neurologisch verankert und damit unveränderbar.* Kein Wunder also, dass so mancher HSM als „austherapiert" oder „nicht therapierbar" aus der Therapie entlassen wird.

Die spezifischen Eigenarten der Hochsensibilität weisen große Ähnlichkeit mit einigen Diagnosekriterien für psychische Erkrankungen auf. Weil sie sich gern selbst überzeugen wollen und – jetzt mithilfe eines Therapeuten – immer noch auf der Suche sind nach einer schlüssigen Erklärung für ihr „Anderssein", beschäftigen sich HSM meist selbst intensiv mit der Thematik, und so mancher findet sich in weiten Teilen und groben Zügen, aber eben nicht gänzlich und genau in diesen Symptombeschreibungen wieder. Und exakt dieser Umstand bringt die Hochsensiblen in Konflikte: „Könnte es nicht vielleicht doch sein, dass die gestellte Diagnose auf mich zutrifft, auch wenn sich das (noch) nicht richtig anfühlt?", „Vielleicht kann mir die vorgeschlagene Therapie ja doch helfen, obwohl es sich nicht richtig anfühlt?", „Vielleicht lehne ich diese Diagnose ab, weil sich ein psychisch Kranker gar nicht selbst als solcher erkennen kann?"

Zudem vertreten viele HSM die Überzeugung, ein beliebiger Therapeut könnte ihnen bei „echten" Störungen durchaus helfen, und geben dazu folgende Begründung: „Die Hochsensibilität ist ja nur ein Teil von mir, daneben bin ich ja auch noch ein ganz normaler Mensch." Und genau damit unterliegen sie dem weitverbreiteten Irrtum, wonach Hochsensibilität ein *zusätzliches Persönlichkeitsmerkmal* darstellt, eine *Eigenschaft*, die jemand *hat* oder eben nicht. Diese Sichtweise greift jedoch viel zu kurz. Hochsensibilität ist ein *trait*, ein grundlegendes, ein konstitutives Merkmal, das Charakteristikum einer intuitiv wahrnehmenden Persönlichkeit. Das bedeutet:

Man *hat* nicht HS, sondern man *ist* es.

An dieser Stelle möchte ich Ihnen gern die Lebensgeschichten zweier hochsensibler Menschen in Kurzform präsentieren. In der ersten hat sich die Betroffene mit ihrer Depression auseinandergesetzt, in der zweiten geht es um die Reflexion der Diagnose „Borderlinesyndrom". Beide Beispiele lassen sich leicht auch auf andere „Krankheitsbilder" (Symptome psychischer Störungen) übertragen.

Tanja erzählt:

„Ich hatte Depressionen, weil ich von (meiner) HS nichts wusste und dementsprechend mein Leben lang nicht für mich gesorgt habe. Ich habe Antidepressiva bekommen, und es war furchtbar! Zwischenzeitlich habe ich meine Hochsensibilität erkannt und viel darüber und über mich gelernt. Ich habe die

Antidepressiva wieder abgesetzt und achte jetzt viel mehr auf mich. Heute bin ich mir meiner Persönlichkeit immer bewusst und kann mich von den Problemen anderer abgrenzen. Es geht mir gut dabei. Ich habe erkannt, dass die Depression nur ein Symptom war. Deshalb haben auch die Antidepressiva bei mir nicht angeschlagen. Seit ich lerne, mit meiner Hochsensibilität richtig umzugehen, geht es mir besser, als es Medikamente erreichen konnten. Das muss nicht allgemeingültig sein, das ist mir klar. Jedoch bin ich der Meinung, dass zwischen Ursache (HS nicht erkannt und gepflegt) und Symptom (in meinem Fall Depression) genau unterschieden werden sollte. Dazu muss natürlich der Arzt um HS wissen."

Miriam schildert ihre Reflexion:

„Aus beruflichen Gründen bin ich immer wieder auf die Borderline-Persönlichkeitsstörung (BPS) gestoßen. Diagnosekriterien wie Unsicherheit bezüglich des eigenen Selbstbilds, Verlustängste, Leeregefühle und wiederholt scheiternde zwischenmenschliche Beziehungen schienen mir inhaltlich blendend zu passen. Auch die tiefenpsychologische Sicht auf Borderline als eine gering integrierte psychische Struktur, welche unter anderem durch Idealisierung und Entwertung (hier liegt die Überschneidung zur narzisstischen Persönlichkeitsstörung [NPS]), Kränkbarkeit und Angst vor Zerstörung des eigenen Selbst durch Verlust des guten oder bösen Objekts, erschien mir oberflächlich richtig. Ich habe mich von diesen Beschreibungen allerdings nie gänzlich erfasst gefühlt. Der Gedanke, ich könne ein Borderliner sein, hat mir nichts erklärt, sondern nur noch mehr Fragezeichen und ein diffuses Unwohlsein verursacht, weswegen ich den Gedanken, diese Diagnose könnte zutreffen, schleunigst aufgegeben habe. Die Entdeckung meiner HS und etwas später meiner Hochbegabung haben dann fast alle Fragezeichen bei mir aufgelöst. Ich denke, mein Unwohlsein bezüglich der BPS kam durch mein korrektes Empfinden, mich durch solche Diagnosen (insbesondere durch die

dahinterstehenden Störungstheorien, die von grundlegender struktureller Schwäche ausgehen) kränker zu machen, als ich tatsächlich bin. Meine vor der Entdeckung von HS/HB bestehenden narzisstischen Mechanismen haben sich auch urplötzlich drastisch reduziert. Ich sehe sie – grob beschrieben – eher als künstliche Aufwertung meines Selbst in Reaktion auf eine unnütze künstliche Abwertung von außen, die ich schon früh internalisiert habe, weil ich aufgrund meines Andersseins wiederholt abgelehnt worden bin. Infolgedessen waren sie nur überlagernd und nicht tief gehend einer narzisstischen Persönlichkeit entsprungen. Als ich dann mein natürliches Niveau gefunden hatte, wurden diese Mechanismen überflüssig."

Ich möchte anhand meines Beispiels einmal die Diagnosekriterien analog zum DSM-IV [Anmerkung der Autorin: Das DSM-IV (Diagnostic and Statistical Manual of Mental Disorders) ist die Vorgängerversion des aktuellen Klassifikationssystems, der Psychologen und Psychiater die für eine bestimmte psychische Störung festgelegten Symptome entnehmen können.] durchgehen, um Parallelen und Unterschiede zur BPS aufzuzeigen:

1. **Vermeidung von Verlusten**

   Weil es mir an Validierung meiner Person [Selbstwertgefühl] mangelt, habe ich mich natürlich festhalten wollen an dem, was ich „wenigstens" hatte. Zudem spielen tatsächliche Verlusterlebnisse bei mir eine Rolle. Den Verlustängsten widersprach jedoch immer mein Freiheitsdrang, weswegen ich dependenten [abhängigen, unterwürfigen] Impulsen in auf Unabhängigkeit basierenden zwischenmenschlichen Beziehung zumindest im Handeln nicht nachgeben wollte.

2. **Instabile, aber intensive zwischenmenschliche Beziehungen**

   Dies bringe ich gerne mit den psychoanalytischen Idealisierungs- und Abwertungsmechanismen in Verbindung. In meinem Wunsch, endlich dieses Mal einen Menschen zu treffen, der mich er- und aner-kennt, habe ich natürlich viel

investiert und was nicht passte einfach wegidealisiert. Später folgte immer die Enttäuschung, meine Idealisierung ist
offensichtlich fehlgeschlagen. Die antizipierte Validierung
meiner selbst wurde mir nie zuteil oder wurde wieder weg-
genommen. Ich fühlte mich wiederum nur halb-existent,
weil nicht bestätigt. Abwertung hilft tatsächlich sehr kurzfristig. Jedoch habe ich diese nur in extrem empfundenen
Fällen ausagiert. In den sonstigen Erfahrungen habe ich
das Erleben in mir reflektiert und durch die Gewissheit,
dass Idealisierung und Abwertung wenig hilfreich sind,
dauerhaft unterbunden.

3. Identitätsstörung

*Wie soll ich eine gefestigte Identität haben, wenn mich nie
jemand in meinem Sein bestätigt hat?*

4. Impulsivität in selbstschädigenden Bereichen

*Das war für mich praktisch nie ein Thema, weil ich mir be-
wusst war, dass eine reale Umsetzung jeglicher gedanklicher
Impulse keinen langfristigen Nutzen für mich hätte.*

5. Suizidale Handlungen

*Für mich ebenfalls weniger ein Thema, weil ich mir des feh-
lenden Nutzens bewusst war. Jedoch habe ich mich bis zur
Entdeckung meiner HS/HB nie wirklich lebendig gefühlt.*

6. Affektive Instabilität

*Meine Hochsensibilität ... und zusätzliche Schwankungen,
natürlich verstärkt durch enttäuschende zwischenmenschliche Beziehungen. Siehe Punkt 2.*

7. Chronisches Gefühl von Leere

*Wenn ich nie mache, was mich füllt, kann ich mich wohl
kaum erfüllt fühlen, oder?*

8. Heftige Wut

*Das war bei mir zumeist die Folge aus gescheiterten Be-
ziehungen (siehe Punkt 2) oder alternativ lediglich bedingt
durch meine jahrelange, teils wahnsinnige Ungeduld oder
ausgelöst durch die Dummheit anderer. Mit dem Alter beziehungsweise vielmehr dem wachsenden Selbsterkennen
werde ich sogar etwas gelassener.*

9. Paranoide Vorstellungen und dissoziative Symptome
Beides hatte ich zeitweise. Etwa eineinhalb Jahre lang war ich stets überzeugt, die meisten Menschen fänden mich bei näherer oder teils auch flüchtiger Betrachtung unerträglich. Daher unternahm ich auch schnelle Fehldeutungen von Reaktionen, sobald kleinste Ähnlichkeiten zu negativen Erfahrungen auftraten. Dissoziationen haben mich seit meiner Kindheit begleitet, weil ich für meine Emotionen keinen sicheren Ort kannte. Wohl deshalb fand ich es besser, sie abzuspalten.

Fazit: *Ich und BPS? Nein! Denn eine tief greifende Persönlichkeitsstörung sehe ich nicht, sondern vielmehr Umgangsweisen oder Folgen des Nicht-tiefgehend-gesehen-Werdens. Und wie soll ich eine solche tief greifende Persönlichkeitsstörung aufweisen, wenn ich in der Lage bin, meine Symptome sogar noch zu reflektieren und dementsprechend Handlungen zu unterlassen?*

Wenn ich bei einem Therapeuten gewesen und diesem meine HS/HB entgangen wäre ...?!!!"

Bei derart umfassenden und intensiven Reflexionen des Themas und der eigenen Persönlichkeit wird sehr deutlich, dass es sich hierbei um Menschen handelt, die – wenn überhaupt – einen Therapeuten benötigen, der sie in ihrem Sosein unterstützt und sie anleitend in ihrem Entwicklungsprozess begleitet. In die Tiefe gehendes und weitreichendes Wissen über Hochsensibilität/Hochbegabung ist für den Therapeuten nicht nur unerlässlich, sondern zwingend erforderlich, um entsprechende Klienten als HSM erkennen und adäquat begleiten zu können. Dabei reicht es ganz und gar nicht aus, wenn einem Therapeuten lediglich bekannt ist, dass Hochsensible eben sensibler sind und Hochbegabte eben schlauer. Umfangreiche Kenntnisse der entsprechenden (angeborenen!) Persönlichkeitsmerkmale und ihrer unterschiedlichen Erscheinungsformen können hier im wahrsten Sinn des Wortes lebensrettend wirken!

Es geht also immer um die Unterscheidung, ob es sich um ernsthafte Störungen handelt, wie sie durchaus auch bei HSM auftreten können, oder die Symptome „lediglich" aus der Hochsensibilität und/oder Hochbegabung der/des Betreffenden resultieren. Und selbst wenn eine „echte" Störung vorliegt, muss sich die Therapie an den besonderen Eigenschaften der hochsensiblen/hochbegabten Persönlichkeit orientieren, wenn sie erfolgreich sein soll. *Die intuitive Wahrnehmung* mit allen ihren Folgeerscheinungen *kann nicht abtrainiert werden.*

Sollte Ihr derzeitiger oder zukünftiger Therapeut also keine Ahnung von Hochsensibilität haben und sich auch auf Ihren Hinweis hin nicht mit dem Thema beschäftigen wollen oder können, stehen Ihnen mehrere Möglichkeiten offen: Sie können bleiben und versuchen, den für Sie größtmöglichen Nutzen aus der laufenden Therapie zu ziehen. Sie können nach einem Therapeuten Ausschau halten, der mit der Thematik/Problematik wirklich vertraut ist, wobei Sie da nicht so einfach fündig werden dürften, weil sich nicht jeder Therapeut dieses Thema auf seine Fahne schreibt und es bisher ohnehin erst wenige Spezialisten für Hochsensibilität/Hochbegabung gibt. (Fragen Sie vielleicht einmal in einer HS-Gruppe, an einem HS-Stammtisch oder in einem Internet-Blog für HSM/HB nach einer Empfehlung für einen sachkundigen Therapeuten in Ihrer Nähe.) Sie können auch einen entsprechenden Coach zurate ziehen, den Sie bei unserer derzeitigen Gesetzeslage aber aus eigener Tasche bezahlen müssen. Oder Sie versuchen, den Weg zu sich selbst mithilfe entsprechender Literatur zu finden. Und natürlich lassen sich die hier aufgeführten Möglichkeiten auch individuell miteinander kombinieren. Die Entscheidung, wie Sie verfahren wollen (oder können), liegt ganz allein bei Ihnen.

In diesem Sinn möchte ich dieses Kapitel mit einem Wort des Dalai Lama abschließen:

Du brauchst keinen Lehrer, der dich beeinflusst.
Du brauchst einen Lehrer, der dich lehrt,
dich nicht mehr beeinflussen zu lassen.

Langfristiger Umgang mit Hochsensibilität

Durch die Lektüre der vorangegangenen Kapitel haben Sie Ihr Wissen um die vielen Facetten der Hochsensibilität bestimmt vertiefen und auch um einige Aspekte erweitern können sowie sicher vieles über die ganz individuelle Ausprägung und Intensität Ihrer eigenen Hochsensibilität erfahren. In diesem letzten Kapitel möchte ich noch einmal grundlegende Überlegungen zusammenfassen und Ihnen einige weitere Anregungen geben, die es Ihnen als HSM erleichtern (sollen), ein zufriedenes und glückliches Leben zu führen.

Um als hochsensibler Mensch in der Welt zu bestehen, sich abgrenzen, souverän und kompetent das eigene, oftmals unbewusste Potenzial entfalten, unabhängig und selbstbewusst die eigene Sicht vertreten zu können, kurz: seinen Platz im Leben zu finden, muss man einen *Prozess* durchlaufen, der sich „Persönlichkeitsentwicklung" nennt.

Mit den im Folgenden zusammengestellten Informationen und Tipps haben viele meiner Klienten gute Ergebnisse bei der Ausrichtung ihres Bewusstseins auf ihre Hochsensibilität erzielt. Dabei kommt es nicht so sehr darauf an, ob entsprechende Übungen mehr oder weniger regelmäßig ausgeführt wurden. Es gibt keine wichtigen oder weniger wichtigen Bereiche, Art und Umfang bleiben immer dem Einzelnen überlassen.

Menschen sind soziale Wesen. Das bedeutet auch, dass sie in und von Gemeinschaften den Umgang mit anderen und mit sich selbst lernen. Erfahren sie von anderen Menschen Anerkennung und Wertschätzung, können sie auch mit sich selbst anerkennend und wertschätzend umgehen. Aus diesem Prozess der wechselseitigen Interaktion entwickelt sich nach und nach ihr Selbstwertgefühl. Wird ihre Ähnlichkeit mit anderen überwiegend bestätigt, fühlen sie sich zugehörig und werden als zugehörig anerkannt. Das Zugehörigkeitsgefühl und damit die Entwicklung des Selbstwertgefühls eines Menschen hängen also auch von Ähnlichkeiten mit anderen ab. Das ist ein ganz natürlicher Vorgang, wie man ihn auch in der Tierwelt beobachten kann: Wie die meisten von uns wissen, dürfen wir Menschen junge Wildtiere auf keinen Fall anfassen, weil sie dann von ihren Muttertieren möglicherweise nicht mehr angenommen werden – allein aufgrund des ihnen anhaftenden fremden menschlichen (mit Gefahr assoziierten) Geruchs. Nun sollte man meinen, das müsste bei Menschen anders sein, da wir mit Verstand begabt sind – doch auch Menschen sind überwiegend unbewusst emotional. Eine deutlich spürbare oder gar sichtbare Andersartigkeit eines unbekannten Individuums wird zunächst als Bedrohung empfunden und löst in jedem Menschen Stress aus, worauf der Betreffende mit Angriff, Flucht oder dem Totstellreflex reagiert. Auf den Alltag übertragen heißt dies: verbale Ausfälle, Hohn und Spott (Angriff), Ausgrenzung (Flucht) oder stillschweigende Ignoranz (Totstellreflex). In jeder Gesellschaft gibt es Menschen oder Menschengruppen, die attackiert oder ausgegrenzt werden, und ihre bloße Duldung (Ignoranz ihrer Andersartigkeit) wird oftmals schon als Fortschritt gehandelt. Je nach Kultur, allgemeinem Wissensstand und Ausrichtung der betreffenden Gesellschaft können das ganz unterschiedliche Menschen oder Menschengruppen sein, und die Gründe für die vermeintlich berechtigten Angriffe wie auch die Schwelle von der Anerkennung zur Ausgrenzung sind variabel. Dazu bietet die Geschichte der Menschheit vielfältige Beispiele.

Erlebt ein Mensch in seinem Sosein das ständige Auftauchen von Widersprüchen zwischen seinen eigenen Wahrnehmungen und Gefühlen und denen beziehungsweise den Reaktionen seines Umfelds, so kann ihn dies in mehr oder weniger starke Selbstzweifel stürzen und damit zu einem geringen und/oder instabilen Selbstwertgefühl führen. Davon sind viele Hochsensible betroffen. Das Zugehörigkeitsgefühl zu einer Gruppe beziehungsweise einem Sozialverband ist für alle Menschen elementar wichtig, weshalb jeder Mensch nach einer solchen Zugehörigkeit streben wird. Wenn die Inkongruenz der eigenen Wahrnehmungen/Gefühle mit denen der Umwelt dem Erreichen dieses Ziels im Weg steht, kann das zur Folge haben, dass der Betroffene seine eigenen Wahrnehmungen/Gefühle verleugnet und sein Verhalten entsprechend anzupassen versucht, in der Hoffnung, dadurch akzeptiert und eingebunden zu werden. Diese Anpassungsversuche sind für den betreffenden Menschen sehr anstrengend. Je nach persönlichem Umfeld und persönlichem Erleben von Ablehnung können dabei seine eigenen Wahrnehmungen und die daraus resultierenden beziehungsweise damit verbundenen eigenen Bedürfnisse in den Hintergrund geraten, im schlimmsten Fall verliert der betreffende Mensch das Gespür für sein eigenes Wesen völlig. Aussagen wie „Ich weiß gar nicht, was ich will oder was mir guttut" oder gar „Ich kann mich selbst nicht spüren" sind aus dem Mund hochsensibler Menschen keine Seltenheit. Hier bildet das neu erworbene Bewusstsein der eigenen Hochsensibilität die Basis für die nun anstehende Persönlichkeitsentwicklung, die durch unterschiedliche Übungen unterstützt und gefördert werden kann.

Trainieren Sie Ihre Wahrnehmung

Die Wahrnehmung eines Menschen ist ein komplexer Vorgang, der sich in mehreren Schritten vollzieht: Zuallererst nehmen wir Informationen/Reize auf, was weitestgehend über unsere Sinnesorgane geschieht. Diese Informationen kommen (vereinfacht ausgedrückt) im Gehirn an, im sogenannten Thalamus (vom griechischen Wort für „Schlafgemach", „Kammer", dem größten Teil des Zwischenhirns), der sie an die für die Verarbeitung zuständigen Stellen weiterleitet. Dabei können wir weder die Funktionsweise unserer Sinnesorgane noch die des Thalamus bewusst beeinflussen. Sind die Informationen jedoch an den Stellen angelangt, an denen sie verarbeitet werden, haben wir durchaus Eingriffsmöglichkeiten. Wir können entscheiden, *welche Informationen* wir beachten möchten und auch *wie* wir sie bewerten möchten. Das können wir bewerkstelligen, indem wir unsere Aufmerksamkeit gezielt steuern lernen. Das, was wir beachten möchten, liegt im Zentrum unserer Aufmerksamkeit. Hier können wir Einfluss nehmen, denn unser Fokus lässt sich willentlich verändern beziehungsweise frei wählen. Konkret heißt das: Wenn wir etwas nicht wahrnehmen möchten, können wir unsere Aufmerksamkeit davon abziehen und auf etwas anderes richten. Jeder von uns kennt dieses Mittel, wendet es aber meist nicht bewusst an. Meiner Erfahrung nach ist es als bewusst geübte Technik für Hochsensible von unschätzbarem Wert. Machen Sie es sich bewusst, wenn Sie etwas wahrnehmen, was Ihnen nicht guttut, und lenken Sie Ihre Aufmerksamkeit dann auch ganz bewusst auf etwas anderes. Leichter gesagt als getan? Nein, ganz sicher nicht, denn Sie setzen dieses Instrument der Aufmerksamkeitssteuerung bereits ein, nur tun Sie das meist eben nicht bewusst! Sicher haben Sie schon Momente erlebt, in denen Sie mit irgendeinem Gegenstand oder einer Arbeit derart beschäftigt, derart darin „versunken" waren, dass andere Dinge buchstäblich an Ihnen „vorbeigerauscht" sind. Beim Lesen eines spannenden Buchs beispielsweise das sonst so nervtötende laute Ticken einer Uhr. Ihre Ohren hören es, aber Sie beachten es nicht, weil Sie Ihre Aufmerksamkeit in eine andere Richtung gelenkt haben. Setzen Sie diese Technik bewusst ein, wenn Sie feststellen, dass Sie etwas überbelastet!

Nebst dieser Fokussierung auf eine bestimmte Richtung steht uns auch noch die Möglichkeit offen, die *Intensität* unserer Aufmerksamkeit zu beeinflussen. Wir können unsere Aufmerksamkeit so intensiv bündeln, dass wir kleinste Einzelheiten erkennen können, oder sie so weit streuen, dass wir zwar viele verschiedene Dinge wahrnehmen, aber kaum noch Details. Auch das ist Ihnen bereits bekannt: Wenn Sie durch die Natur gehen, bekommen Sie alles mit, was in Ihrem Blickfeld liegt. Sobald Sie sich jedoch auf einen einzelnen Baum, ein Tier, einen Stein konzentrieren, wird alles andere in Ihrem Blickfeld unscharf. Die Intensität Ihrer Aufmerksamkeit hat sich verändert. Viele Hochsensible sind sehr geräuschempfindlich, und einige können Hintergrund- oder Nebengeräusche kaum oder gar nicht ausblenden. Was hier als Vermischung von allem („Geräuschkulisse") und damit schnell als „zu viel", als Überschreitung der Belastbarkeitsgrenze empfunden wird, ist oft ein ständiger, sehr schneller Wechsel der

Aufmerksamkeitsintensität. Hierbei wird in rascher Folge gestreut und dann wieder gebündelt – das ist sehr anstrengend. Beim Sehen tritt dies besonders klar zutage, denn wenn man ständig und sehr schnell von der Konzentration auf einen Punkt zur Wahrnehmung des Gesamtbilds wechselt, bekommt man bald eine „Quittung" dafür: Die Augen schmerzen, die Sehschärfe leidet oder es stellen sich Kopfschmerzen oder Schwindel ein. Unsere anderen Sinnesorgane funktionieren ganz genauso. Nur wird es uns weniger deutlich bewusst. Setzen Sie auch diese Technik bewusst ein! Bei einer Reizüberflutung ist es wichtig, dass Sie Ihre Aufmerksamkeit der entsprechenden Situation genau anpassen. Diese „Feinjustierung" fällt nicht immer leicht, ist aber mit etwas Übung durchaus machbar.

Ein bei hochsensiblen Menschen häufig vorkommendes Phänomen besteht darin, dass ihre Aufmerksamkeit unkontrolliert, das heißt unbewusst, hin- und herspringt und sie ihren Fokus deshalb vielleicht permanent verändern (müssen). Erschöpfung ist die rasche Folge. Übrigens werden wir auch dann von Reizen überflutet, wenn wir mit unserer Konzentration schnell zwischen Bündelung und Streuung hin und her „switchen". Wenn Sie also lernen, Ihre Aufmerksamkeit bewusst zu steuern und Ihren Fokus bewusst zu wechseln, werden die unangenehmen, teilweise schmerzhaften Symptome der Überanstrengung für Sie bald der Vergangenheit angehören. Konzentrationsübungen jeder Art können dabei sehr hilfreich sein.

Die folgende kleine visuelle Übung können Sie zu beinahe jeder Zeit und an jedem Ort durchführen: Betrachten Sie einige Sekunden lang bewusst Ihr komplettes Sichtfeld und nehmen Sie in sich auf, was Sie sehen können. Vielleicht eine Wand mit einem Fenster, einigen Bildern und einem Bücheregal. Dann richten Sie Ihre Aufmerksamkeit auf einen bestimmten Punkt, beispielsweise auf eines der Bilder. Schauen Sie sich dieses Bild genau an und bleiben Sie sich dabei der Tatsache bewusst, dass Sie gleichzeitig auch immer noch alle anderen Dinge sehen können. Dann lösen Sie sich wieder von dem Bild und kehren zur Betrachtung Ihres ganzen Sichtfelds zurück. Wiederholen Sie diesen Vorgang zwei bis drei

Mal. Machen Sie diese kleine Übung mehrmals täglich und behalten Sie sie bei. Mit der Zeit werden Sie bemerken, dass Sie Ihre Aufmerksamkeit in allen Lebensbereichen besser steuern können.

Bauen Sie auch andere kleine Konzentrationsübungen in Ihren Alltag ein und führen Sie sie in unterschiedlichen Situationen und an verschiedenen Orten durch. Sie finden im Internet eine Fülle von Anregungen dazu und können sich heraussuchen, was Ihnen am meisten entspricht und was für Sie am besten passt.

Bleiben Sie bewusst – achten Sie (auch) auf die kleinen Stressmomente!

Über Stress haben Sie bereits an vielen Stellen dieses Buchs gelesen, und in der Tat ist der adäquate Umgang mit Stresssituationen, die im Alltag zahlreich sind beziehungsweise sein können, das zentrale Thema für Menschen mit Hochsensibilität. Oftmals bemerken wir erst viel zu spät, dass unsere Nerven blank liegen. Hier ist es sehr wichtig, dass Sie sich selbst beobachten, in sich hineinspüren und den Punkt herausfinden, an dem Ihre Stimmung kippt. Gerade für „Neulinge" auf diesem Gebiet ist das keine leichte Aufgabe, und Sie tun sich viel leichter damit, wenn Sie auf Signale achten, die Stress ankündigen. Da diese Anzeichen von Mensch zu Mensch variieren, kann ich hier nur einige Beispiele anführen: innere Unruhe, Konzentrationsverlust, Kopfschmerzen, Verspannungen, Stimmungsänderungen, Müdigkeit, Zittern, Schwitzen, Frieren, Ausbrüche von kaltem Schweiß, Jucken und Aggressivität. Bei einigen Menschen kommt es gar zu Atemnot oder Schwindelgefühlen. Diese „Stressboten" treten bei unterschiedlichen Menschen auch mit unterschiedlicher Intensität in Erscheinung, weshalb Sie unter Umständen schon sehr genau in sich selbst hineinhorchen müssen. Wenn Sie gut auf mögliche Signale achten, werden Sie sicher bald am besten wissen, in welcher Weise Stress sich bei Ihnen äußert. Die Formen und Kombinationen sind immer individuell verschieden! Einige Hinweise und Tipps, wie Sie Stress entweder ganz vermeiden oder sich wenigstens leichter erträglich machen können, haben Sie in den vorausgegangenen Kapiteln schon bekommen.

Als übergreifende Maßnahme gegen jede Art von Stress sollten Sie möglichst rasch lernen, Nein zu sagen! Das heißt auch: Lassen Sie das Telefon einfach mal klingeln, erlauben Sie sich, nicht bei jedem Treffen dabei zu sein oder auch mal vorzeitig nach Hause zu gehen. Sie dürfen, wenn es die Situation zulässt, durchaus auch einmal nicht helfend zur Stelle sein und sich stattdessen um sich selbst kümmern. Genau an diesem Punkt beginnt die viel zitierte und viel gerühmte Abgrenzung, die für HSM so wesentlich ist. Respektieren Sie Ihre eigenen Grenzen, dann werden andere Menschen dasselbe tun. Wenn Sie selbst andauernd darüber hinausgehen, können andere Menschen Ihre Grenzen nicht erkennen und sie damit auch nicht achten und einhalten. Machen Sie sich immer wieder klar, dass es Ihnen Stress bereitet, wenn Sie Ihre Grenzen überschreiten. Allein schon Ihr zunehmend geschärftes Bewusstsein für diesen Bereich kann Ihnen eine große Hilfe sein, wenn Sie Ihre individuellen Grenzen besser wahrnehmen und dann auch einhalten wollen. Führen Sie sich immer wieder deutlich vor Augen, dass Stress kein Bagatellproblem ist, sondern eine ernsthafte Gefährdung für Ihre physische und psychische Gesundheit darstellt.

Stressauslöser sind häufig „hausgemacht" und vielleicht haben Sie sich bisher noch gar nicht eingehend damit befasst, welche das bei Ihnen im Einzelnen sein könnten. Selbst verursachter Stress kann durch immer wiederkehrende Gedanken(muster), aber auch durch „typische" Persönlichkeitsmerkmale entstehen. Dazu gehören beispielsweise Perfektionismus (zu hohe Erwartungen an sich selbst), das permanente Überschreiten der eigenen Leistungsgrenzen, ständig wiederkehrende (und „wiedergekäute") Gedanken an vergangene, durch andere Menschen erlittene Verletzungen oder Ärger mit anderen und das Unvermögen, Dinge ohne Bewertung anzunehmen. Oftmals liegt die Ursache wirklich in uns selbst, während der Auslöser möglicherweise im Außen zu finden ist. Wobei wir hier unbedingt einen Unterschied machen müssen – denn wenn wir nicht zwischen Ursache und Auslöser unterscheiden, laufen wir Gefahr, in die Falle einer „Vermeidungsstrategie" zu tappen, indem wir Stressauslösern einfach aus dem Weg gehen. Das ist nicht weiter schlimm, solange es sich um Dinge handelt, die für uns keinen wirklichen Verlust bedeuten. Verzichten wir jedoch auf Dinge, an denen wir grundsätzlich Freude haben, breitet sich das Gefühl von Mangel, Entbehrung und Unzulänglichkeit in uns aus, und das zehrt an unserer Substanz. Wenn wir lernen, die Stressursachen zu beseitigen oder sie doch wenigstens für eine gewisse (notwendige) Zeitspanne „in den Griff" zu bekommen, sind das Erfolgserlebnisse – sie fungieren als positive Verstärker, die unsere Entwicklung vorantreiben.

Grundsätzlich gut bewährt gegen Stress haben sich Atemübungen. Sie sind hervorragend geeignet, eine Stressresilienz aufzubauen und zu erhalten, zudem kann man sie – von anderen unbemerkt – in (nahezu) jeder Situation durchführen. Wenn Sie generell stressempfindlich sind, gehen Sie mit Atemübungen dagegen an – dauerhaft und regelmäßig. So kommen Sie zu sich selbst zurück, Ihr Körper wird besser mit Sauerstoff versorgt und Sie werden insgesamt ruhiger. Dabei sind eine aufrechte Körperhaltung und die Bauchatmung wichtig. Durch die Körperhaltung bewirken Sie eine freie Luftzufuhr, zudem braucht die Bauchatmung weniger Energie, sie setzt das Herz keinem zusätzlichen Druck aus und darüber hinaus sind die unteren Lungenlappen größer als die oberen, wodurch Sie mehr Sauerstoff aufnehmen können. Langfristig werden Sie immer gelassener …

Kümmern Sie sich um Ihre Emotionen

Ein weiteres Kernthema für Hochsensible sind die Emotionen. Nur allzu häufig höre ich die beiden zentralen Fragen „Wie schaffe ich es, dass mich abfällige oder abwertende Bemerkungen nicht mehr so treffen?" oder „Ich leide immer sehr mit anderen mit, wie kann ich mich da klarer abgrenzen?". Und natürlich möchten Hochsensible grundsätzlich besser und vor allem ganz natürlich mit ihren negativen Emotionen umgehen können.

Alle Emotionen haben ihren Sinn. Es geht hier nicht darum zu lernen, seine Gefühle zu unterdrücken oder gar abzustellen, sondern auf individuell unterschiedliche Art und Weise so mit ihnen umzugehen, sie so zu regulieren, dass Sie Ihr Leben unbeschwert und gesund genießen können. Und das ist unabhängig vom Auftreten der Emotionen an sich, es geht vielmehr um unser Empfinden und damit um Dauer und Intensität der jeweiligen Gefühle. Dieses Empfinden lässt sich steuern, und zu dieser Steuerung möchte ich ein paar Worte sagen. Auch hier besteht der erste Schritt darin, sich Grundlagenwissen und -bewusstsein zu erwerben.

Bei Hochsensiblen liegen Dauer und auch Intensität von Emotionen oftmals sehr viel höher als bei normalsensiblen Menschen. Ein wichtiger Aspekt dabei: Gefühlsschwankungen sind nicht nur emotional subjektiv, sondern führen auch zu körperlichen Stressreaktionen. Unser Gehirn gerät dadurch ebenfalls in einen Ausnahmezustand, denn durch Emotionen wird der sehr alte Bereich mit den sogenannten niederen Funktionen angesprochen. Befindet sich das Gehirn in diesem Zustand, sind kreative Leistungen und vernünftige Entscheidungen nicht mehr möglich, denn wir können nicht mehr klar und konstruktiv denken. Gleichzeitig blockieren die negativen Emotionen natürlich auch die Entwicklung positiver Gefühle. Folgen lang anhaltender negativer Emotionen sind zum Beispiel chronische Schmerzen, Migräne, Herzprobleme, Atemprobleme, Angststörungen, soziale Ängste, Burn-out, Depressionen und vieles mehr.

Um nicht länger „Spielbälle" ihrer eigenen überbordenden Emotionen zu sein, sollten sich HSM eine oder auch mehrere Techniken zur langfristigen und dauerhaften Emotionsregulation aneignen. Ziel solcher Übungen ist es, so mit seinen Emotionen umgehen zu lernen, dass man nicht länger davon beherrscht wird, sondern ganz entspannt damit leben kann. Es existiert ein breites Spektrum an Techniken, die sich ganz individuell auswählen und auch kombinieren lassen. Nicht alles ist für jeden gleich gut geeignet. Der eine schwört auf autogenes Training, während die andere

Yoga bevorzugt oder einfach nur einen meditativen Spaziergang unternimmt. Die sich in diesem Bereich eröffnenden Möglichkeiten sind beinahe grenzenlos. Ob Sie sich nun für Affirmationen („Glaubenssätze"), Meditation in der einen oder anderen ihrer vielen unterschiedlichen Formen und/oder für Körperübungen wie Yoga, Pilates, progressive Muskelentspannung, Feldenkrais oder fernöstliche Kampfsportarten (Konzentration) und Selbstverteidigungskurse (Selbstbewusstsein) entscheiden, allen ist eines gemeinsam: Sie helfen ausgezeichnet bei der langfristigen Regulation von Emotionen!

Natürlich ist individuell empfundene Entspannung in jeglicher Form grundsätzlich gut. Ob das die Tasse Tee zwischendurch ist, der Spaziergang in der Natur, das Entspannungsbad, die Lieblingsmusik, ein gutes Buch oder das Treffen mit Freunden. Was immer Sie entspannt – Sie sollten es so häufig wie möglich tun!

Eine Methode, die Hochsensible intuitiv fast automatisch anwenden, ist das sogenannte Reframing (*frame* = „Rahmen"), die Um- oder Neubewertung vergangener Situationen aus der neu gewonnenen Perspektive der Hochsensibilität – Sie haben damit wahrscheinlich schon am Anfang Ihrer Lektüre dieses Buchs begonnen. Man erinnert sich ganz unwillkürlich an immer mehr Situationen, die einem unter Berücksichtigung seiner neuen Erkenntnisse in einem ganz anderen Licht („Rahmen" = *frame*) erscheinen. Dies kann man auch bewusst unternehmen und zusätzlich mit einem gewünschten „Zielgefühl" verbinden. „So habe ich mich damals gefühlt, weil …, und heute fühle ich mich als erkannte/r Hochsensible/r so damit, weil … " Dieses bewusste Reframing bedarf einiger Übung und gegebenenfalls auch der Anleitung.

Darüber hinaus gibt es weitere Techniken zur Emotionsregulation und Erhöhung der Stressresilienz, die von Hochsensiblen meines Wissens nicht oder nur wenig genutzt werden, aber durchaus rasche und nachhaltige Entlastung bringen können.

Eine sehr effektive Methode bei schweren oder langwierigen Belastungen ist EMDR (*Eye Movement Desensitization and*

Reprocessing). Es geht auf die Psychologin Francine Shapiro zurück, die per Zufall darauf kam, dass ihr das Hin-und-her-Bewegen ihrer Augen eine deutliche Entlastung von ihren Ängsten und depressiven Gedanken brachte. Heute ist EMDR eine gut dokumentierte und belegte Behandlungsmethode, die vielfach Anwendung findet, etwa bei posttraumatischen Belastungsstörungen, Angststörungen und in der Behandlung chronisch alkoholkranker Menschen. Das zentrale Element dieses Verfahrens sind Augenbewegungen beziehungsweise eine beidseitige Stimulation, die auch über beide Ohren (stereo) oder taktil über abwechselnde Berührungen beispielsweise des linken und rechten Knies erfolgen kann. Es lassen sich auch zwei Sinne gleichzeitig stimulieren. Auf diese Weise können betroffene Menschen belastende Erinnerungen schneller und sehr nachhaltig verarbeiten.

Eine Variante des EMDR ist die Emoflex®-Methode – eine ausgezeichnete Hilfe bei der Verarbeitung von Reizen. Ursprünglich wurde sie von Johannes Drischel zur Behandlung von Autisten entwickelt, denn viele Autisten sind ebenfalls hochsensibel. Beide Techniken können Sie auch gut und gefahrlos bei sich selbst anwenden. Eine sehr einfache, aber wirksame Übung besteht darin, einige Minuten lang mit den Augen einem möglichst weit und gleichmäßig ausschlagenden Pendel zu folgen. Bei starken Belastungen empfiehlt es sich, so eine Übung mehrmals täglich und auch ruhig etwas länger durchzuführen. Bei geringerer Belastung reicht einmal täglich aus. Für Menschen mit einem diagnostizierten Trauma – gleich welcher Art – ist eine „Selbsttherapie" jedoch auf keinen Fall ratsam! So etwas gehört in die Hände eines auf diesem Gebiet besonders geschulten und erfahrenen Psychologen. Eine reguläre EMDR-Therapie bei einem versierten Psychologen hat eine ganz andere Qualität als die einfachen Übungen, wie ich sie Ihnen hier beschreibe. Dennoch werden unterstützende kleine Übungen zu Hause – nach vorheriger Absprache mit Ihrem Therapeuten! – kaum schaden, bei einem psychisch gesunden HSM können sie sich positiv auf alle Lebensbereiche auswirken. Verschiedene CDs mit akustischen Übungen bekommen Sie im Handel. Im Internet finden Sie auch Materialien für optische Übungen, wobei diese jedoch nur auf großen Bildschirmen sinnvoll nutzbar sind. Ich selbst stehe dem Einsatz bildschirmgestützter Übungen bei Hochsensiblen allerdings kritisch gegenüber, vor allem wenn es sich um visuell ausgeprägt sensible Menschen handelt: Die zusätzliche (extreme) Belastung durch die visuellen Reize auf dem und durch den Bildschirm kann die positive Wirkung der EMDR-ähnlichen Übungen unter Umständen stark reduzieren oder sogar zunichtemachen.

Eine weitere wirksame Technik ist die sogenannte Silencer®-Methode, sie stammt von der Psychologin Birgit Trappmann-Korr und lehnt sich an den Gebrauch von Gebetsketten an, die uns aus unterschiedlichen Religionen bekannt sind. Frau Trappmann-Korr entwickelte aus ihren wissenschaftlichen Forschungen dazu ein umfangreiches, sehr praxisbezogenes Übungsprogramm. Dessen wesentliche Grundlage bildet der taktile Sinn, der durch die Berührung der aufgereihten Perlen mit den Händen (Haptik) angeregt wird und dadurch das Gehirn beim Auf- und Umbau neurologischer Verbindungen („Synapsen") deutlich merkbar unterstützt. In der Lernpädagogik setzt man ebenfalls darauf, mehrere Sinne gleichzeitig anzusprechen: Mit je mehr Sinnen ein Lernender einen Inhalt erfasst, desto schneller und besser kann er ihn in seinem Gedächtnis abspeichern. So oder ähnlich dürfen Sie sich auch die Wirkung des Gebrauchs einer Perlenschnur vorstellen. Diese Methode, die Sie zur Unterstützung aller möglichen Übungen zusätzlich anwenden können, ist noch vergleichsweise neu. Ich habe sie im Selbstversuch getestet und bin begeistert, wie rasch und gut sie funktioniert. Mittlerweile wird sie mit großem Erfolg unter anderem bei AD(H)S-diagnostizierten Kindern eingesetzt.

Die Silencer®-Methode empfehle ich gern insbesondere all denjenigen, deren Tagesablauf sehr unregelmäßig ist oder die viel „auf Achse" sind. Und auch wer mit seiner Selbstdisziplin Probleme hat, wird auf diesem Weg deutliche Verbesserungen erzielen können. Informations- beziehungsweise Kontaktadressen finden Sie im Anhang auf Seite 253/54.

Lassen Sie Ihre Gefühle zu!

Wenn Sie erst einmal etwas mehr Erfahrung im Umgang mit Ihrer Hochsensibilität haben und emotional stabiler sind, können Sie üben, Ihre Gefühle zuzulassen. Dazu begegnen Sie Ihren Gefühlen, also sich selbst, mit Anteilnahme und Mitgefühl. Möglicherweise fällt Ihnen genau das schwer, denn hier kommen fremde Glaubenssätze und mitunter zahlreiche negative Erfahrungen zum Tragen, die es auszuhebeln und zu überwinden gilt. Sollten Sie feststellen, dass es Ihnen nicht so gut gelingt, Ihre Gefühle genau zu betrachten, können Sie einen kleinen „Trick" anwenden: Stellen Sie sich vor, ein Kind hätte diese Gefühle. Und vielleicht ist es genau dieses Kind, das Sie einmal waren. Falls Sie die Erinnerung an Ihre eigenen Kindheitsgefühle zu sehr mitnimmt, überfordern Sie sich nicht und stellen Sie sich zu Anfang lieber ein fremdes Kind vor. Wie würden Sie diesem Kind begegnen? Sicher doch mit Trost und Verständnis. Sie würden es vielleicht in den Arm nehmen oder hochheben und sich auf den Schoß setzen, ihm genau zuhören, es ernst nehmen und liebevoll mit ihm sprechen. Visualisieren Sie eine solche Situation ausgiebig und in allen Einzelheiten. Mit der Zeit wird es Ihnen gelingen, dieses Verhalten auf sich selbst zu übertragen und Ihren Gefühlen verständnisvoller und sanfter zu begegnen. Sie werden freundlicher und nachsichtiger mit sich werden, und genau das ist das Ziel.

An dieser Stelle möchte ich unbedingt noch etwas erwähnen, eine (zu) wenig beachtete Besonderheit, die immer wieder große Unsicherheit hervorruft und worüber die meisten Hochsensiblen gar nicht oder nur selten und zögerlich sprechen, obwohl es sie intensiv beschäftigt:

Bei Hochsensiblen klingen Emotionen naturgemäß länger nach und sie fühlen sich anderen Menschen (oder auch Dingen) enger verbunden. Diese Anlage erschwert es vielen, jemanden oder etwas loszulassen und vergangene, als belastend empfundene Situationen zu verarbeiten. Auch hier können die Methoden der Emotionsregulation überaus hilfreich sein, insbesondere EMDR, und das hat in diesem Fall einen triftigen Grund. In Gesprächen über lange nachklingende Emotionen und für das damit einhergehende Unvermögen, jemanden oder etwas loszulassen, gebrauchen Hochsensible häufig den Begriff „Flashback". Das ist ein überwiegend in der (Trauma-)Psychologie verwendeter Begriff für eine bestimmte Art der (unbeabsichtigt auftauchenden und nicht als solche erkannten) Erinnerung, und genau hieraus können sich Missverständnisse und teilweise sehr große Unsicherheiten ergeben. Hochsensibilität geht üblicherweise mit einem sehr guten Gedächtnis einher. Und das ist keineswegs auf äußerliche Gegebenheiten oder Ereignisse begrenzt, sondern betrifft vor allem den Gefühlsbereich. Hochsensible sind fast alle in der Lage, sich mit jeder Faser ihres Seins in eine vergangene (wie auch in eine zukünftige) Situation hineinzuversetzen. Sie können also Situationen nachfühlen, als wären sie gerade in diesem Augenblick wieder mittendrin. Manchmal, vor allem in Phasen der Überlastung, trifft sie eine solche Erinnerung auch völlig unvorbereitet und aus scheinbar heiterem Himmel. Einige Hochsensible ängstigen solche Vorkommnisse, insbesondere bei häufigerer Wiederholung. In der Tat hat ein solches „Wiedererleben" bei oberflächlicher Betrachtung große Ähnlichkeit mit einem traumabedingten Flashback. Ein wesentlicher Unterschied zu dem in der Trauma-Psychologie gemeinten Flashback besteht jedoch darin, dass HSM *jederzeit* wissen, dass es sich bei diesem „Wiedererleben" um eine *Erinnerung* handelt. Ein weiteres wichtiges Merkmal einer „normalen", wenngleich belastenden Erinnerung ist, dass HSM sie jederzeit bewusst aufrufen können. Weitere Unterschiede: HSM sind imstande, sich positive Situationen in dieser Form gleichsam ins Bewusstsein zu holen und extrem nachzufühlen, und sie schaffen dies auch mit zukünftigen oder fiktiven Situationen. Das Gleiche gilt für die meisten Hochbegabten und für Synästheten. Derartige Flashbacks können auch durch eine Synästhesie entstehen, wobei ein synästhetischer Reiz als eine Art Trigger (Auslöser) fungiert – daher können sie durch eine Synästhesie und weitere, ursächlich damit verbundene Empfindungen noch verstärkt werden. Hier bietet sich also kein Ansatzpunkt für eine

Therapie, denn eine Synästhesie ist angeboren und nicht veränderbar. Möglicherweise lässt sich jedoch auf indirektem Weg einiges erreichen, durch den bewussten Umgang mit diesen Empfindungen. Deshalb ist es unerlässlich, die genaue Ursache solcher Flashbacks zu ermitteln, bevor man Symptome unnötigerweise therapiert – denn das wird mit großer Sicherheit erfolglos bleiben. Prüfen Sie also, bevor Sie sich groß ängstigen, ob überhaupt ein triftiger Grund dazu besteht. In den meisten Fällen werden sich Betroffene bestimmt in meiner Beschreibung des bei HSM ganz normalen Erinnerungsvermögens wiedererkennen. Allein dieses Wissen wird den meisten Hochsensiblen schon sehr gute Dienste leisten, um ihre eigenen Empfindungen zu differenzieren und an der richtigen Stelle einzuordnen. Damit sind sie in der Lage, auch mit überraschend über sie hereinbrechenden Erinnerungen gelassener umzugehen. Methoden und Techniken zur Emotionsregulation und Stressresilienz können in solchen Fällen ebenfalls sehr hilfreich wirken. Sollte Sie Ihr besonderes Erinnerungsvermögen wider Erwarten auch nach diesen Erläuterungen weiterhin verunsichern oder gar beängstigen und stark belasten, empfehle ich Ihnen, EMDR *(Eye Movement Desensitization and Reprocessing)* oder auch Emoflex® (angelehnt an EMDR) anzuwenden, eben weil beide Methoden mit gutem Erfolg in der Traumatherapie beziehungsweise für die Emotionsregulation und Stressresilienz bei Autisten eingesetzt werden und dieses spezielle Erinnerungsvermögen von HSM auf den ersten Blick den Symptomen von Traumafolgen ähnelt. In diesem Fall sollten Sie unbedingt zusätzlich mit einem Psychologen darüber sprechen.

Respektieren Sie Ihre eigenen und die Grenzen anderer

HSM sind sehr empathisch und können sich gut in andere hineinversetzen, zuweilen sogar so gut, dass sie gar nicht mehr imstande sind zu unterscheiden, ob es sich um ihre eigenen oder die Gefühle eines anderen Menschen handelt. Diese „übersteigerte"

Empathie kann unter Umständen für die Hochsensiblen selbst schnell zur Belastung werden, außerdem besteht die Gefahr, dass sie (in bester Absicht!) die Grenzen ihres Gegenübers überschreiten, also „übergriffig" werden. Sie sind selbst so sehr an ihre Empathiefähigkeit gewöhnt und halten sie für so normal, dass sie – ganz menschlich – glauben, sie sei bei allen Menschen genauso oder ähnlich stark ausgeprägt. Damit schließen sie von sich auf andere und übersehen dabei, dass andere eben anders denken, fühlen und handeln als sie selbst.

Grundsätzlich können wir jedoch nicht *wissen*, wie sich andere Menschen in ihrem Innersten fühlen. Wir hören ihre Worte, beobachten ihr Verhalten und schließen daraus auf ihren Gemütszustand oder gar auf ihr ganzes Wesen. Bestimmt liegen sie aufgrund ihrer ausgeprägten Empathie dabei so manches Mal richtig, solche Schlüsse haben aber nicht immer eine Berechtigung, denn auch Hochsensible sind nicht imstande, Gedanken zu lesen. Oft glauben HSM auch nach der Erkenntnis ihrer eigenen HS immer noch, andere könnten sie verstehen, wenn sie nur aufmerksamer, verständiger, ja empathischer wären. Dies wird anhand solcher Aussagen deutlich: „Wie kann er das nur machen (sagen), er muss doch merken, dass es mich verletzt?" Nein, das muss er nicht! Wenn er bemerkte, dass er uns mit seinen Äußerungen und/oder seinem Verhalten verletzt, wäre er vielleicht ebenfalls hochsensibel.

Einer der ersten Schritte zur Abgrenzung besteht folglich darin, sich immer wieder deutlich vor Augen zu führen, dass andere Menschen eben nicht so empfinden wie wir und dass das nichts mit (böser) Absicht, Desinteresse oder einem Nicht-Wollen zu tun hat. Schützen Sie sich daher vor Enttäuschungen, indem Sie nicht nur Ihre eigenen, sondern auch die Grenzen Ihrer normalsensiblen Mitmenschen erkennen und respektieren.

Nicht wenige Hochsensible bekommen den Vorwurf zu hören, sie machten „aus einer Mücke einen Elefanten". Das liegt zum einen sicher an ihrer (für gewöhnlich) komplexen Denkweise, ihrer hohen Reflexionsfähigkeit, zum anderen bestimmt auch häufig an ihrem Unverständnis für die Denk- und Verhaltensweisen anderer Menschen. Egal ob Sie nun über ein eigenes Problem nachsinnen oder – wie es viele HSM aufgrund ihrer hohen Problemlösungskompetenz mit Vorliebe tun – über das Problem eines anderen, werden Sie sich über die tatsächliche Relevanz der Sache klar! Schenken Sie einer Angelegenheit ohne oder von nur geringer Bedeutung nicht so viel Aufmerksamkeit! Sie werden sehen: Die eine oder andere Schwierigkeit erledigt sich auch ganz ohne Ihr Zutun, und andere Menschen können (und dürfen!) Probleme auf ihre eigene Weise lösen.

Wenn auch Sie – wie viele Hochsensible – länger brauchen, um Entscheidungen zu treffen, dann nehmen Sie sich diese Zeit! Es ist völlig in Ordnung, um Bedenkzeit zu bitten, das tun Normalsensible auch. Und genauso wie andere Menschen dürfen auch Sie eine Entscheidung revidieren. Lernen Sie Nein zu sagen, wenn Sie Nein meinen, und Ja zu sagen, wenn Sie Ja meinen. Tun Sie das, ohne sich langatmig dafür zu rechtfertigen. Ein klares „Ich möchte das nicht" oder „Das möchte ich" ist für andere oft einfacher zu bewältigen als umschweifige Rechtfertigungen und Erklärungen. Denken Sie daran, dass sich andere Menschen üblicherweise weit weniger Gedanken machen als Sie selbst. Akzeptieren Sie dieses Faktum, formulieren Sie Ihre Wünsche und Bedürfnisse daher kurz und klar und gestehen Sie das Ihren normalsensiblen Mitmenschen gleichermaßen zu.

Anhang

Nachwort

Ich habe für dieses Buch zahlreiche Informationen zusammen-getragen und war dabei immer sehr darauf bedacht, das Phäno-men der Hochsensibilität möglichst ganzheitlich darzustellen. Dieses ganzheitliche Bild entstand während meiner Reflexion („Reframing") nach der Entdeckung meiner eigenen Hochsensi-bilität. In der Folgezeit hat sich dieses Bild durch unzählige Ge-spräche mit hochsensiblen, hochbegabten und synästhetisch be-gabten Menschen, aber auch mit Experten aus unterschiedlichen Fachgebieten und das Studium der breit gefächerten Literatur be-stätigt und zugleich weiterentwickelt. Dennoch bleiben nicht nur in der Wissenschaft, sondern auch bei mir und vielleicht auch bei Ihnen noch viele Fragen offen. Für eine umfassende Darstellung benötigt ein derart komplexes Themengebiet mehr Raum, als ihn ein Buch bieten kann. Deshalb möchte ich Sie ermutigen, auch selbst weiterzuforschen. Werden Sie zum „Experten in eigener Sa-che", lernen Sie sich selbst gründlich kennen – mit all Ihren Stär-ken, Schwächen und Eigenheiten, eben in allen Facetten!

Hochsensible Menschen sind meiner Erfahrung nach grund-sätzlich offen für alle Themen und insbesondere für Möglichkei-ten, mit denen sie ihre spezifische Veranlagung, dieses Merkmal ihrer Persönlichkeit besser verstehen, ihr Leben angenehmer ge-stalten können – und bekanntlich führen viele Wege nach Rom. Dabei ist es mehr als hilfreich, wenn Sie sich ständig wieder ins Bewusstsein rufen, dass *wir alle* Einheiten aus Körper, Geist und Seele sind und sich ein Ungleichgewicht an einer Stelle immer auf den gesamten Menschen auswirkt.

Es gibt zahlreiche Methoden und Übungen, anhand derer Sie lernen können, sich abzugrenzen, ihre innere Mitte zu finden – und die beschränken sich nicht nur auf den seelischen Bereich. So gilt es, ein möglicherweise vorhandenes körperliches Un-gleichgewicht ebenfalls aufzuspüren und auszugleichen, und Ihr Geist verdient dieselbe Beachtung. Auch geistige Unterforderung kann sich in vielfältigen Symptomen niederschlagen, wie bei-spielsweise als innere Unruhe, erhöhte motorische Aktivitäten

(„Zappelphilipp"), Aggression, Müdigkeit und Antriebslosigkeit bis hin zur Depression, um nur einige wenige zu nennen. Das Gegenteil von *Burn-out* heißt *Bore-out* („Überforderung durch Langeweile"), und das eine wird nicht von ungefähr gern einmal mit dem anderen verwechselt oder sie treten beide gemeinsam auf. Füttern Sie also auch Ihren Geist, geben Sie ihm die Nahrung, die er braucht. Dazu müssen Sie jedoch nicht unbedingt lernend am Schreibtisch oder vor dem Computer sitzen, bis Ihnen die Füße einfrieren und der Kopf raucht. Das geht auch wunderbar ganzheitlich, etwa mit einer Kräuterwanderung oder dem Besuch eines botanischen Gartens mit „blumiger" Teepause … Wenn Sie sich dafür mit anderen Hochsensiblen zusammentun, werden Sie noch mehr Freude an solchen Unternehmungen haben, Ihren Erkenntnisgewinn und allmählich auch den Umfang Ihrer Selbstakzeptanz vergrößern. Das Internet bietet mittlerweile eine Menge Möglichkeiten, andere HSM zu finden, sie näher kennenzulernen, persönliche Kontakte zu knüpfen und sich zu verabreden.

Wenn Sie sich selbst als „Gesamtkunstwerk" betrachten und entsprechend liebevoll und achtsam mit sich umgehen, wird es Ihnen Ihr hochsensibles Selbst sicher danken. Das zumindest kann ich Ihnen garantieren.

In diesem Sinn wünsche ich Ihnen von Herzen alles Gute!

Danksagung

Ein solches Buch schreibt man nicht ganz allein – deshalb möchte ich einigen Menschen danken, die alle in irgendeiner Weise an der Entstehung dieses Buchs beteiligt waren. Alle hier genannten (und noch weitere) Personen haben ihren ureigensten Anteil daran – meiner synästhetischen Wahrnehmung geschuldet führe ich sie hier in chronologischer Reihenfolge auf:

Den Beginn meiner Reise markiert eindeutig mein erster Besuch in der psychologischen Praxis von Dieter Hoff in Münster. In ihm fand ich einen Philanthropen erster Güte und einen meisterhaften Lehrer, der mir mit viel Verständnis, Empathie und Geduld mögliche Wege zu mir selbst aufzeigte. Lieber Dieter, ich danke Dir sehr für diese „Starthilfe"!

Marion Schulenburg („Charlotte") war lange zu jeder Tages- und Nachtzeit meine „Sparringspartnerin" für viele meiner Gedanken, Theorien und Ideen. Sie half mir beim Sortieren und Einordnen, bis sich in mir ein klares Bild formte. Sie las auch die ersten Ideen und Notizen für mein Buch, lange bevor ich es wirklich zu schreiben begann. Ich danke Dir, meine liebe Charlotte, für die vielen, sehr langen und überaus klärenden Spaziergänge …

Meiner Ausbilderin Birgit Trappmann-Korr danke ich dafür, dass sie mich in meinem eigenen Tempo und in meiner eigenen Reihenfolge lernen ließ und meinen neugierigen Fragen immer mit Herz und Hirn Rede und Antwort stand, auch und vor allem wenn es sich nicht direkt um Ausbildungsinhalte handelte. Dadurch eröffnete sie mir die Möglichkeit, weit mehr zu lernen, als es die Ausbildungsgänge vorsahen, und genau das ist mir in meiner heutigen Praxis von unschätzbarem Wert!

Den Redakteuren des Verlages, Andrei-Sorin Teusianu und Hannes Frisch, danke ich für ihr stets offenes Ohr, ihre einfühlsame, verständnisvolle Begleitung bei der Erstellung meines Manuskripts und die geduldige Beantwortung meiner Fragen zu organisatorischen Abläufen. Das war mir als Neuling eine große Hilfe, ohne die dieses Buch sicher weit weniger gut gelungen wäre.

Julia Wolkenkuckuck danke ich dafür, dass sie mit Begeisterung der Verwendung ihres Comics zustimmte und ihn für diesen Zweck sogar noch einmal überarbeitete. Danke Julia, es war mir eine große Freude!

Meiner Lektorin, Claudia Fritzsche, bin ich zu größtem Dank verpflichtet. Sie versteht es, zwischen den Zeilen zu lesen und zwischen den Worten zu hören. Mit viel Sprachgefühl ist es ihr immer wieder gelungen, meine zuweilen etwas „hölzerne" Ausdrucksweise richtig zu interpretieren und mit leichter Hand in flüssige Texte zu verwandeln. Die Zusammenarbeit mit Ihnen, Frau Fritzsche, war nicht nur angenehm, sie war ein Genuss! [Was soll ich da sagen – außer „Danke, gleichfalls!" Anm. der Lektorin]

Ein großes Dankeschön gilt all den Hochsensiblen, Hochbegabten und Synästheten, deren Erzählungen ich in diesem Buch veröffentlichen darf, sowie den vielen Menschen, die mir in unzähligen virtuellen und realen Treffen tiefe Einblicke in ihr Leben gewährt haben. Ohne sie wäre es mir nicht möglich gewesen, einen so umfassenden Überblick und ein so tiefes Verständnis des Persönlichkeitsmerkmals „hochsensibel" und seiner (möglichen) Komponenten zu erwerben.

Namentlich möchte ich mich an dieser Stelle auch ganz herzlich bei Eric Papagelidis und Kerstin Behrens bedanken, die mich in unermüdlichem Einsatz als Mit-Administratoren des Online-Gesprächskreises der Facebook-Gruppe „Hochsensitivität – Hochbegabung – Synästhesie" nicht nur während des Schreibens tatkräftig unterstützten.

Nicht zuletzt danke ich meiner Familie, insbesondere meiner Schwester und meinen Kindern! Ihr habt mir das nötige Vertrauen und Verständnis entgegengebracht, mich ermutigt, wenn ich es brauchte, und Euch zurückgenommen, wenn es nötig war. Ohne die mir dadurch gewährte Freiheit hätte dieses Buch nicht entstehen können.

Weiterführende Literatur

- Aron, Elaine: *Sind Sie hochsensibel? Wie Sie Ihre Empfindsamkeit erkennen, verstehen und nutzen*, mvg, München 2005
- Aron, Elaine: *Sind Sie hochsensibel? Das Arbeitsbuch,* mvg, München 2014
- Aron, Elaine: *Hochsensible in der Psychotherapie*, Junfermann, Paderborn 2014
- Batmanghelidj, Fereydoon: *Wasser – die gesunde Lösung, Ein Umlernbuch*, VAK Verlag, Kirchzarten 2014
- Brackmann, Andrea: *Jenseits der Norm – hochbegabt und hoch sensibel?*, Klett-Cotta, Stuttgart 2005
- Brackmann, Andrea: *Ganz normal hochbegabt – Leben als hochbegabter Erwachsener*, Klett-Cotta, Stuttgart 2007
- Branden, Nathaniel: *Die 6 Säulen des Selbstwertgefühls. Erfolgreich und zufrieden durch ein starkes Selbst,* Piper Verlag, München/Zürich, 7. Aufl. 2009
- Bunz-Schlösser, Gabriela: *Hand in Hand mit dem inneren Kind. Wie Sie Bedürfnisse aus der Vergangenheit nachholen und alte Wunden heilen*, mvg, München, 3. Aufl. 2011
- Csíkszentmihályi, Mihály: *Flow. Das Geheimnis des Glücks*, Klett-Cotta, Stuttgart 1992
- Davis, Ronald D.: *Legasthenie als Talentsignal. Lernchance durch kreatives Lesen*, Knaur, München 1998
- Egle, Franz/Bens, Walter: *Talentmarketing. Strategien für Job-Search, Selbstvermarktung und Fallmanagement,* Gabler, Wiesbaden 2004
- Emrich, Hinderk/Schneider, Udo/Zedler, Markus: *Welche Farbe hat der Montag? Synästhesie: Das Leben mit verknüpften Sinnen*, Hirzel Verlag, Stuttgart/Leipzig 2002
- Fensterheim, Herbert/Baer, Jean: *Sag nicht Ja, wenn Du Nein sagen willst. Wie man seine Persönlichkeit wahrt und sich durchsetzt …*, Orbis Verlag, München, Sonderausgabe 1993
- Fietze, Katharina: *Kluge Mädchen – Frauen entdecken ihre Hochbegabung*, Orlanda Frauenverlag, Berlin 2010

- Freuwört, Eckhard: *Vernetzte Sinne. Über Synästhesie und Verhalten*, Books on Demand, Norderstedt 2004
- Garcia, Manon: *Sind Sie noch Katze oder schon Hund? Hochbegabung nach dem Testergebnis*, Books on Demand, Norderstedt 2010
- Harris, Thomas A.: *Ich bin o.k. Du bist o.k. Wie wir uns selbst besser verstehen und unsere Einstellung zu anderen verändern können*, Rowohlt TB, Reinbek 1994
- Helden, Raimund von: *Gesund in sieben Tagen. Erfolge mit der Vitamin-D-Therapie*, Hygeia, Dresden, 9. Aufl. 2013
- Hellwig, Mike: *Befreie dein inneres Kind, Wie Sie sich selbst geben, was Ihnen Ihre Eltern nicht gaben,* Herder Verlag, Freiburg i. Br. 2011
- Hensel, Ulrike: *Mit viel Feingefühl. Hochsensibilität verstehen und wertschätzen*, Junfermann, Paderborn 2013
- Kagan, Jerome: *Die Natur des Kindes*, Piper Verlag, München-Zürich 1987
- Klages, Wolfgang: *Der sensible Mensch. Psychologie, Psychopathologie, Therapie*, Enke Verlag, Stuttgart 1978
- Klein, Thomas: *Volkskrankheit Vitamin-B_{12}-Mangel*, Hygeia, Dresden, 4. Aufl. 2013
- Lackner, Maximilian: *Talent-Management spezial. Hochbegabte, Forscher, Künstler ... erfolgreich führen,* Gabler, Wiesbaden 2012
- McKay, Matthew/Fanning, Patrick/Honeychurch, Carole/Sutker, Catharine: *Selbstwert. Die beste Investition Ihres Lebens*, Junfermann, Paderborn, 4. Aufl. 2010
- Miller, Alice: *Das Drama des begabten Kindes und die Suche nach dem wahren Selbst*, Suhrkamp Verlag, Frankfurt a. M. 1983
- Müller, Eckhart H.: *Ausgebrannt – Wege aus der Burnout-Krise*, Herder Verlag, Freiburg i. Br. 2003
- Neubauer, Aljoscha/Stern, Elsbeth: *Intelligenz. Große Unterschiede und ihre Folgen*, DVA, München 2013
- Neumann, Matthias: *Bilder im Kopf: Zur Sequenz-Raum-Synästhesie*, nur als pdf unter www.vonmatthias.de

- Opherden, Armin: *Anton wurde kein Professor. Vom Scheitern eines Hochbegabten*, BookRix, Books on Demand, Norderstedt 2011
- Parlow, Georg: *Zart besaitet – Selbstverständnis, Selbstachtung und Selbsthilfe für hochsensible Menschen* Festland-Verlag, Wien 2004
- Preckel, Fanzis/Schneider, Wolfgang/Holling, Heinz (Hrsg.): *Diagnostik von Hochbegabung, Tests und Trends. Jahrbuch der pädagogisch-psychologischen Diagnostik N. F. Band 8*, Hogrefe Verlag, Göttingen 2010
- Reichenbach, Dr. Carl Ludwig Friedrich Freiherr von: *Wer ist sensitiv, wer nicht? Kurze Anleitung, sensitive Menschen mit Leichtigkeit zu finden*, Wilhelm Braumüller k. k. Hofbuchhändler, Wien 1856
- Reiz, Sonja: *Seelische Beschwerden – körperliche Ursachen*, GU-Verlag, München 2007
- Röhr, Heinz-Peter: *Vom Glück sich selbst zu lieben, Wege aus Angst und Depression*, Patmos Verlag, Ostfildern, 8. Aufl. 2011
- Rosenberg, Marshall B.: *Gewaltfreie Kommunikation, Eine Sprache des Lebens*, Junfermann, Paderborn, 11. Aufl. 2013
- Skarics, Marianne: *Sensibel kompetent. Zartbesaitet und erfolgreich im Beruf*, Festland-Verlag, Wien 2007
- Scheidt, Jürgen vom: *Das Drama der Hochbegabten. Zwischen Genie und Leistungsverweigerung*, Piper Verlag, München-Zürich, 4. Aufl. 2012
- Schmidbauer, Wolfgang: *Kassandras Schleier. Das Drama der hochbegabten Frau*, Orell Füssli Verlag, Zürich, 3. Aufl. 2013
- Schulz von Thun, Friedemann: *Miteinander reden, Störungen und Klärungen*, Rowohlt TB, Reinbek 1994
- Sellin, Rolf: *Wenn die Haut zu dünn ist. Hochsensibilität – vom Manko zum Plus*, Kösel-Verlag, München, 2. Aufl. 2011
- Shapiro, Francine: *Frei werden von der Vergangenheit: Trauma-Selbsthilfe nach der EMDR-Methode*, Kösel-Verlag, München, 2. Aufl. 2013
- Simon, Walter: *Gabals großer Methodenkoffer. Grundlagen der Kommunikation*, Gabal, Offenbach 2004

- Sinha, Jasmin Rani (Hrsg.): *Synästhesie der Gefühle. Tagungs- band zur Konferenz „Die fröhliche Sieben" Synästhesie, Perso- nifikation und Identifikation*, Verlag Synaisthesis, Luxemburg 2009
- Spitz, Jörg/Grand, William B.: *Krebszellen mögen keine Sonne. Vitamin D – der Schutzschild gegen Krebs, Diabetes und Herz- erkrankungen: Ärztlicher Rat für Betroffene*, Mankau Verlag, Murnau, 2. Aufl. 2011
- Stapf, Aiga: *Hochbegabte Kinder. Persönlichkeit Entwicklung Förderung*, Verlag C.H. Beck, München, 4. Aufl. 2008
- Tammet, Daniel: *Elf ist freundlich und Fünf ist laut: Ein genia- ler Autist erklärt seine Welt*, Heyne, München 2008
- Trappmann-Korr, Birgit: *Hochsensitiv – einfach anders und trotzdem ganz normal. Leben zwischen Hochbegabung und Reizüberflutung*, VAK Verlag, Kirchzarten 2010
- Trappmann-Korr, Birgit: *Perlen der Stille. Die innere Mitte wiederfinden mit der Silencer®-Methode*, VAK Verlag, Kirch- zarten 2014
- Trappmann-Korr, Birgit: *Der N-Faktor: Hochsensitivität und Persönlichkeit. Eine Studie*, Kindle Edition 2014
- Webb, James T.: *Doppeldiagnosen und Fehldiagnosen bei Hochbegabung, Ein Ratgeber für Fachpersonen und Betroffene*, Verlag Hans Huber, Bern 2015
- Weis, J. K.: *Lukas, Irrwege eines Hochbegabten. Roman*, Book- Rix, Kindle Edition, München 2013
- Wesa, Maike: *Sie nannten mich Sensibelchen. Warum hohe Sensibilität eigentlich genial ist. Erfahrungen einer Hochsensib- len*, Books on Demand, Norderstedt 2009
- Winner, Ellen: *Hochbegabt. Mythen und Realitäten von außer- gewöhnlichen Kindern*, Klett-Cotta, Stuttgart 1998
- Yudkin, John/Lustig, Robert: *Pur, Weiß, Tödlich. Warum der Zucker uns umbringt und wie wir das verhindern können*, Sys- temed Verlag, Lünen 2014
- Zehentbauer, Josef: *Körpereigene Drogen, Garantiert ohne Nebenwirkungen*, Patmos Verlag, Ostfildern, 7. Aufl. 2013

Nützliche Internetadressen

Autorin:
www.eliane-reichardt.de

Für den **„Online-Gesprächskreis"** benötigen Sie
ein Facebook-Profil: www.facebook.com/groups/HSHBSy

Prof. Dr. Elaine Aron:
www.hsperson.com

**Informations- und Forschungsverbund Hochsensibilität,
IFHS e. V. in Deutschland, Österreich und der Schweiz:**
www.hochsensibel.org
www.zartbesaitet.net
www.ifhs.ch

**(Berufs-)Verband pro Sensitivität und Empathie im Beruf,
VSEB e. V.:**
www.vseb.org

Hilfe für hochsensible Kinder und Jugendliche:
www.hochsensiblehilfe.de

Deutsche Gesellschaft für das hochbegabte Kind:
www.dghk.de

Fachportal Hochbegabung der Karg-Stiftung:
www.fachportal-hochbegabung.de

**Institut zur Förderung hoch begabter (und sensibler)
Vorschulkinder:**
www.ihvo.de

Denken in Bildern:
Dr. Linda Kreger Silverman:
www.visualspatial.org
www.gifteddevelopment.com

Informationen zum Irlen-Syndrom:
www.irlen-syndrom.de

Artikel auf Deutsch:
www.autismus-kultur.de/autismus/bildung/
lernstil-visuell-raeumlich.html

Weitere informative Websites:
www.hochsensibilitaet.ch
www.trappmann-korr.de
www.meinhochsensibleskind.de
www.hochsensibel-test.de
www.emoflex.com
www.silencer-online.com
www.evelynrittmeyer.de/ERC_Vortrag_Hochsensibilitaet.pdf

Register

Impressum

2. Auflage 2016

© 2016 by Irisiana Verlag, einem Unternehmen der Verlagsgruppe Random House GmbH, Neumarkter Str. 28, 81673 München

Alle Rechte vorbehalten. Vollständige oder auszugsweise Reproduktion, gleich welcher Form (Fotokopie, Mikrofilm, elektronische Datenverarbeitung oder andere Verfahren), Vervielfältigung und Weitergabe von Vervielfältigungen nur mit schriftlicher Genehmigung des Verlags.

Projektleitung
Andrei-Sorin Teusianu
Hannes Frisch

Redaktion
Claudia Fritzsche

Korrektorat
Susanne Schneider

Grafik / Satz / DTP
Christoph Dirkes
mediathletic bild + design,
Neuenkirchen
www. mediathletic. com

Umschlaggestaltung
*zeichenpool, München

Druck und Bindung
CPI books GmbH, Leck
Printed in Germany

Verlagsgruppe Random House
FSC © N001967

ISBN 978-3-424-15293-7